广西工业化与城镇化融合发展研究

GUANG XI GONG YE HUA YU CHENG ZHEN HUA
RONG HE FA ZHAN YAN JIU

吴寿平 著

中国财经出版传媒集团

经济科学出版社
Economic Science Press

图书在版编目（CIP）数据

广西工业化与城镇化融合发展研究/吴寿平著.—北京：经济科学出版社，2017.5
ISBN 978 - 7 - 5141 - 8140 - 1

Ⅰ.①广…　Ⅱ.①吴…　Ⅲ.①工业化 - 关系 - 城市化 - 发展 - 研究 - 广西　Ⅳ.①F429.67②F299.276.7

中国版本图书馆 CIP 数据核字（2017）第 141398 号

责任编辑：王柳松
责任校对：杨　海
责任印制：邱　天

广西工业化与城镇化融合发展研究

吴寿平　著

经济科学出版社出版、发行　新华书店经销
社址：北京市海淀区阜成路甲 28 号　邮编：100142
总编部电话：010 - 88191217　发行部电话：010 - 88191522
网址：www. esp. com. cn
电子邮件：esp@ esp. com. cn
天猫网店：经济科学出版社旗舰店
网址：http://jjkxcbs. tmall. com
北京财经印刷厂印装
880 × 1230　32 开　8.125 印张　200000 字
2017 年 5 月第 1 版　2017 年 5 月第 1 次印刷
ISBN 978 - 7 - 5141 - 8140 - 1　定价：36.00 元
（图书出现印装问题，本社负责调换。电话：010 - 88191510）
（版权所有　侵权必究　打击盗版　举报热线：010 - 88191661
QQ：2242791300　营销中心电话：010 - 88191537
电子邮箱：dbts@ esp. com. cn）

目　　录

第一章

工业化与城镇化融合
发展的基本理论

工业化与城镇化是一个国家或地区经济社会发展的必经阶段，也是经济现代化的必由之路（朱红根，刘小春和赵刚，2007）。[①] 发达国家的发展历程表明，工业化所带来的聚集经济促进了城镇化的发展（K. J. 巴顿，1986），[②] 城镇化发展所带来的结构变革反过来也促进了工业化，两者之间存在相互促进的关系；事实上，发达国家的经济现代化过程就是城镇化与工业化不断融合发展的过程（H. 钱纳里，M. 赛尔昆，1989）。[③] 近年来，中国城镇化与工业化步入全新的发展阶段，但是两者的发展也遇到了一些新问题（中国社会科学院工业经济研究所课题组，2010；[④] 沈可，章元，2013[⑤]）；而推进两者的融合发展不仅有利于破解发展中的难题，也有利于经济发展方式的转变和经济社会

---

① 朱红根，刘小春，赵刚．和谐社会背景下江西新型工业化与城镇化关系定量测评研究．江西农业大学学报（社会科学版），2007，6（3）：99 – 103.
② ［英］K. J. 巴顿．城市经济学理论和政策．上海社会科学院部门经济研究所城市经济研究室译，商务印书馆，1986.
③ H. 钱纳里，M. 赛尔昆．发展的格局：1950 ~ 1970. 李小青等译，中国财政经济出版社，1989.
④ 中国社会科学院工业经济研究所课题组．"十二五"时期工业结构调整和优化升级研究．中国工业经济，2010（1）：5 – 23.
⑤ 沈可，章元．中国的城市化为什么长期滞后于工业化——资本密集型投资倾向视角的解释．金融研究，2013（1）：53 – 65.

的可持续发展（刘吉超，2012）。[①] 可见，在当前新型工业化与新型城镇化已成为国家战略的背景下，研究城镇化与工业化的融合发展问题，具有非常重要的理论意义和现实价值。

文献检索表明，国内学者的相关研究主要集中于三个方面：一是从理论层面探讨两者的关系。研究认为，城镇化与工业化之间具有相互影响、相互渗透的协调关系，并认为工业结构的调整与升级是促进城市发展的核心动力，而且城镇化过程也是工业结构持续优化升级的动态过程（改革杂志社专题研究部，2012）。[②] 二是研究影响两者协调发展的关键因素。结果发现，户籍管理制度与土地制度（宋娟，2004）、[③] 劳动力转移（尹继东，张文，2007）、[④] 经济发展阶段与资本密集型投资倾向（沈可，章元，2013）[⑤] 等因素都影响着两者的协调发展。三是运用钱纳里标准值法和国际标准值法等方法测算两者的协调发展程度，测算结果却不尽相同。如刘盛和，陈田和蔡建明（2003）、[⑥] 李国平（2008）[⑦] 的研究显示，中国现阶段的城镇化与工业化存在失调和衰退，城镇化严重滞后于工业化，已经成为制约国民经济发展的新"瓶颈"；进一步研究发现，在中国工业化初级阶段，工业化是城镇化的强大引擎，工业区位结构调整所带来的城市规模拓

---

① 刘吉超. 工业化与城镇化融合发展是中国县域经济的新引擎. 未来与发展，2012，35（10）：11－14.

② 改革杂志社专题研究部. 工业化与城镇化融合发展：重庆例证. 重庆社会科学，2012（12）：12－19.

③ 宋娟. 城市化滞后于工业化问题剖析——一个新兴古典经济学的解释. 云南财经大学学报，2004，20（3）：50－51.

④ 尹继东，张文. 论我国工业化与城市化的双重演进——基于劳动力转移理论的实证分析. 南昌大学学报（人文社会科学版），2007（1）：90－95.

⑤ 沈可，章元. 中国的城市化为什么长期滞后于工业化——资本密集型投资倾向视角的解释. 金融研究，2013（1）：53－65.

⑥ 刘盛和，陈田，蔡建明. 中国非农化与城市化关系的省际差异. 地理学报，2003，58（6）：937－946.

⑦ 李国平. 我国工业化与城镇化的协调关系分析与评估. 地域研究与开发，2008（5）：6－12.

展和社会财富创造推动了城镇化进程（胡彬，2000；[①] 李霞，朱艳婷，2012[②]），但是，工业化产生的社会结构等不良后果却阻碍了城镇化的进程（吴力子，2001；[③] 张晓阳，2012[④]）；也有一些研究发现，中国城镇化与工业化之间存在协调发展的关系（郝华勇，2012）。[⑤] 这些成果为中国工业化与城镇化融合发展的研究打下了很好的基础。

第一节　概　念　界　定

一、工业化的概念界定

工业化是区域社会经济发展的具体体现，是通往现代化的必由之路。关于工业化的具体概念，目前仍未有统一的界定，对工业化的概念有着不同的理解。从生产工具角度诠释工业化，认为工业化是以机器生产取代手工操作为起源的现代工业发展过程（鲁道夫·吕贝尔特，1983），[⑥] 是一种社会生产方式变革（周天勇，2001）；[⑦] 也有从资源配置转换视角将工业化定义为资源配置由农业向工业转换的过程（西蒙·库兹涅茨，1989）；[⑧] 以及

---

① 胡彬. 从工业化与城市化的关系探讨我国城市化问题. 财经研究，2000（8）：46 - 52.
② 李霞，朱艳婷. 城乡二元体制下工业化与城镇化协调发展研究. 四川大学学报（哲学社会科学版），2012（3）：109 - 115.
③ 吴力子. 长江三角洲地区的工业化为何不导致城市化——江苏省城市化滞后原因实证分析. 南京社会科学，2001（7）：64 - 71.
④ 张晓阳. 构建贵州工业化与城镇化协调发展的联动机制. 贵州社会科学，2012（12）：95 - 98.
⑤ 郝华勇. 中部六省新型工业化与城镇化协调发展评价与对策. 湖南行政学院学报，2012（1）：52 - 64.
⑥ ［德］鲁道夫·吕贝尔特. 工业化史. 戴鸣钟译，上海译文出版社，1983.
⑦ 周天勇. 新发展经济学. 经济科学出版社，2001.
⑧ ［美］西蒙·库兹涅茨. 现代经济增长. 戴睿，易诚译，北京经济学院出版社，1989.

以制造业占国民生产总值的比重来衡量工业化水平，认为工业化是制造业和第二产业在国民生产总值的比重不断增加，从事制造业和第二产业的就业人口也呈现上升趋势，同时第一产业产值比重和就业人口比重呈现下降趋势，传统农业社会向现代工业社会转变的过程（H. 钱纳里，S. 鲁宾逊，M. 赛尔奎因，1995；① 卢毓俊，2012②）。

有学者从经济、社会、政治等角度来解释工业化，指出工业化就是农业人口比例减少，非农业人口增加，劳动分工日益复杂，人口增长率得到控制，核心家庭取代大家庭，工业生产方式和社会化大生产制度取代传统生产方式和小生产制度并成为社会中居支配地位的生产方式和生产制度的过程。另外，也有学者认为，工业化就是指，"一系列基要（strategical）生产函数连续发生变化的过程"，这种变化最先发生于某个生产单位的生产函数，然后形成一种社会生产函数而遍及整个社会（张培刚，1984）。③

目前，多数学者在工业化概念上形成一种共识，工业化就是一种经济结构演变过程，即工业化是产业结构、就业结构、社会结构由低级到高级不断进步的动态过程（朱海玲，龚曙明，2010），④ 它要求城镇化人口集中、生产要素集聚，城镇功能及城镇布局密度不断提高，使产业结构与城镇结构达到相互均衡，实现城乡互动（崔武德，彭虹，2012）。⑤

国内学者对此定义进行了完善，指出工业化是国家或地区通

———————

① H. 钱纳里，S. 鲁宾逊，M. 赛尔奎因. 工业化和经济增长的比较研究. 吴奇译，上海三联书店，1995.

② 卢毓俊. 工业化与城镇化对农业现代化的影响研究——基于"十二五"期间江西的发展规划. 农业经济，2012（1）：6-8.

③ 张培刚. 农业与工业化. 华中科技大学出版社，1984.

④ 朱海玲，龚曙明. 中国工业化与城镇化联动和互动的研究. 统计与决策，2010（13）：112-114.

⑤ 崔武德，彭虹. 国内外农村城镇化与工业化模式综述及经验借鉴. 中共铜仁市委党校学报，2012（6）：67-69.

过发展制造工业，并用它去影响和装备国民经济其他部门，使国家由农业国变为工业国的过程（郭克莎，周叔莲，2002）。[1] 戴魁早（2012）[2] 总结指出，工业化是工业产值和就业人口比重不断上升，而农业产值和就业人口比重不断下降的过程。并且表现为生产技术和社会生产力的变革，变革又引起经济结构的调整和变动，最终导致并表现为人们思想观念和文化素质上的变化、经济体制等的改革和变化，这种变化是一个急剧的和长期的经济结构全面变化的过程，既包括工业在国民生产总值中的比重上升所引致的产业结构的变化，也包括派生的就业结构、需求结构、供给结构和城乡人口分布结构的变化。

在中国进入工业化中期后，工业化概念有了新的内涵和特征，是指以信息化带动工业化，以工业化促进信息化，产业结构合理、产品科技含量高、经济效益好、资源消耗低、环境污染少、人力资源优势得到充分发挥的工业化。这个时期的工业化，不仅要考察第二产业产值（或收入）在国民生产总值（或国民收入）中的比重和工业就业人数在总就业人数中的比重，而且要考察工业经济中的结构与质量，考察工业经济是否具有可持续发展的能力。

也就是说，工业化是各种结构调整与升级的过程，是农业产业和农业劳动力转移、产业空间布局优化、技术为核心内驱动的经济结构演变过程。

二、城镇化的概念界定

城镇化水平是一个国家工业化、现代化的重要标志。城镇化

---

① 郭克莎，周叔莲. 工业化与城市化关系的经济学分析. 中国社会科学，2002（2）：44-55.

② 戴魁早. 基于新型工业化的广西工业结构优化升级研究. 广西师范大学出版社，2012.

（urbanization）的概念，早在 19 世纪由西班牙工程师塞达提出。所谓城镇化，就是农村人口不断向城镇转移，第二产业、第三产业不断向城镇聚集，从而使城镇数量不断增加，城镇人口规模与地域规模不断扩大的一种自然、社会历史过程，其实质就是人口和产业的城镇化，表现为就业结构的优化和产业结构的升级（冯尚春，2005）。①

城镇化是人类生产与生活方式由农村型向城市型转化的历史过程，是传统农业社会向现代城市社会发展、人口向城镇集中、城镇数量规模扩大、城镇现代化水平提高、城镇文明向农村扩散并最终达到城乡协调发展的过程。其核心是人口就业结构、产业结构的转化过程和城乡空间社区结构的变迁过程。城镇化主要表现为两个方面：一方面，表现在地理位置的转移和职业的改变以及由此引起的生产方式与生活方式的演变；另一方面，则表现为城镇人口和城市数量的增加、城镇规模的扩大以及城镇经济社会现代化和集约化程度的提高（姜爱林，2004）。② 城镇化作为一种历史过程；不仅是一个城镇数量与规模扩大的过程也是一种城镇结构和城镇功能转换、升级的过程；是农业人口和第一产业产值比重不断下降，非农业人口和第二产业、第三产业产值比重不断上升的过程；是农村不断转变为城镇的过程；是城镇生产生活方式不断向农村辐射和扩散的过程；是农业文明不断向工业文明、现代文明转化的过程。

在党的十五大以前，城镇化的概念大多限于理论界的讨论，城镇化的推进工作处于一种自发状态，缺乏政府主导的推动力量。在党的十五大以后，特别是在《国民经济和社会发展第十个五年计划》中，第一次专门制订了《城镇化发展重点专项规

① 冯尚春. 中国特色城镇化道路与产业结构升级. 吉林大学社会科学学报，2005，45（5）：128－132.
② 姜爱林. 城镇化与工业化互动关系研究. 宁夏党校学报，2004，6（3）：78－83.

划》，标志着城镇化的概念逐渐在政府决策中得到认同并逐步深化，其战略地位日益突出。在中国进入工业化中期后，城镇化的概念是指，在新型工业化的推动下，统筹城乡发展，实现城市现代化、集群化、生态化，全面提升城镇化质量和水平，最终把城镇建设成为集约高效、功能完善、环境友好、社会和谐、个性鲜明、城乡一体、宜居、宜商、宜业的综合体。

三、"两化"融合发展的概念界定

现代社会进步的历史过程，表现为工业化和城镇化两个特征，而工业化和城镇化是新一轮经济增长的两个重要驱动力，也是经济结构调整的必然要求。从工业革命以来的各国发展史来看，一个国家或地区要成功实现现代化，则必须在推进工业化的同时，同步推进城镇化。工业化与城镇化是经济社会发展的必经阶段，二者相互依存、相互作用、相互制约。一方面，工业化为城镇化提供一定的经济基础，带动城镇化的发展；另一方面，城镇化为工业化发展提供良好的载体与环境，是工业化的促进力量与前提条件。[①] 从本质上看，城镇化取决于工业化，工业化是城镇化的基本动力，工业化水平越高，城镇化水平越高。[②]

城镇化的产生与发展和工业化密切相关，工业化促进了城镇化的发展。[③] 一个国家或地区的工业化进程，就是由农业国或地区向工业国或地区转变的过程，农业劳动力向第二产业、第三产

① 李霞，朱艳婷．城乡二元体制下工业化与城镇化协调发展研究．四川大学学报（哲学社会科学版），2012（3）：109－115.
② H.钱纳里，M.赛尔昆．发展的格局1950－1970．李小青等译．中国财政经济出版社，1989.
③ ［英］K.J.巴顿．城市经济学理论和政策．上海社会科学院部门经济研究所城市经济研究室译．商务印书馆，1986.

业转移的过程，农村人口向城镇集聚的过程，农业产值比重不断下降、第二产业、第三产业产值比重不断上升的过程。而城镇化进程是农业人口向非农产业转移，农村人口向城镇转移，农民收入水平提高，国内有效需求与消费市场不断扩大，农村逐步融入现代市场经济的一个发展过程，包括一个国家城镇化率的提高和农村小城镇建设的过程。①

工业化与城镇化在进程上存在交叉和一致性。城镇化进程的推进将扩大城镇需求市场及为第二产业、第三产业提供充足的劳动力，从而带动区域产业结构的演变。而产业结构的调整和升级、产业的快速发展又将引起城镇化动力机制、城镇化模式、城镇化地域形态的变化，进而推动城镇化进程。这是因为城市基础设施的投资建设覆盖面广，能够有效地刺激区域经济增长。大规模的城市建设，将拉动钢铁、建材等区域基础产业部门的规模扩张，形成乘数效应，从而提高区域整体经济发展水平。

工业化、城镇化是经济发展中产业结构、人口结构、空间结构的变迁过程，伴随着工业化过程中产业结构的递次演进及生产的集中性和规模化，人口等生产要素逐步向城镇集中，由此引发人口及空间的城镇化进程；而城镇化的聚集效应，又为工业化的进一步发展创造需求，两者相辅相成、相互促进。② 工业化为城镇化提供支持，而城镇化为工业化创造需求，"两化"之间，相互促进，又互为动力。

党的十八大报告提出，坚持走中国特色新型工业化、信息化、城镇化、农业现代化道路。③ 工业化与城镇化的融合发展将

---

① 阳立高，廖进中，柒江艺. 城镇化拉动农业产业化发展研究——基于湖南省部分地区的数据分析. 湖南大学学报（社会科学版），2008（6）：46 – 51.
② 李霞，朱艳婷. 城乡二元体制下工业化与城镇化协调发展研究. 四川大学学报（哲学社会科学版），2012（3）：109 – 115.
③ 胡锦涛. 坚定不移沿着中国特色社会主义道路前进 为全面建成小康社会而奋斗——在中国共产党第十八次全国代表大会上的报告，人民出版社，2012.

是中国经济的方向（刘吉超，2012），① 融合发展是工业化的生命
力所在（童有好，2009），② 是国家或区域经济社会可持续发展的
新引擎。

但是，目前学者尚未对工业化与城镇化融合发展的概念进行
界定，也缺乏对二者进行深入的探索。

从目前的研究看，工业化与城镇化融合发展在广义上是指，
工业化与城镇化在发展阶段上的协调一致，就是城镇化的发展阶
段不能超越工业化的发展阶段，要与工业化的发展阶段相适应
（李霞，朱艳婷，2012；③ 张晓阳，2012④），具体而言，如果把
工业化和城镇化分别划分为初期、中期和后期三个阶段的话，在
所有可能的组合关系中，只有当工业化与城镇化分别同步进入相
同的阶段才表明它们在发展阶段上是协调的。

其中，要特别注意工业化和城镇化过程中出现的几个拐
点：工业产值超过农业产值、城镇产值超过农村产值、工业就
业人口超过农业就业人口和城镇人口超过农村人口等，通过观
察出现的先后顺序以及时间间隔的长短来判断工业化和城镇化
发展阶段的协调性。⑤ 工业化与城镇化的深度融合，实质上表现
为二者的良性互动，就是工业化促进就业和创新，促进各种生产
要素聚集，推动城镇化进程，而城镇化刺激需求，为工业化提供
更好的平台，为工业提供生产要素，减少交易成本，提供庞大的

---

① 刘吉超. 工业化与城镇化融合发展是中国县域经济的新引擎. 未来与发展，
2012（10）：11 – 14.
② 童有好. 信息化与工业化融合的内涵、层次和方向. 中国经济时报，2009 –
08 – 17.
③ 李霞，朱艳婷. 城乡二元体制下工业化与城镇化协调发展研究. 四川大学学
报（哲学社会科学版），2012（3）：109 – 115.
④ 张晓阳. 构建贵州工业化与城镇化协调发展的联动机制. 贵州社会科学，
2012（12）：95 – 98.
⑤ 刘辉. 贵州工业化与城镇化协调发展研究. 商业文化，2012（11）：397 –
398.

市场等。①

工业化与城镇化融合发展包含着极为丰富、复杂的内容，不仅表现为工业化与城镇化的阶段协调，以及发展方式、发展路径、发展目标的一致性，更多的是工业化发展模式与城镇化发展模式的高度匹配。工业化发展规划与城镇化发展规划密切配合，城镇人力资源、城市建设与工业资源的融合，工业与第三产业的融合，产业融合将成为工业化进程的主要趋势和重要特征。综上所述，工业化与城镇化融合发展就是工业化与城镇化发展阶段同步化，资源利用共享化，产业相互融合、渗透，构建工业现代化体系和实现城市现代化、集群化、生态化的发展过程。

第二节　工业化与城镇化融合发展的重要特征

一、工业化与城镇化融合发展具有明显的阶段性

世界工业化与城镇化发展的经验表明，工业化、城镇化发展具有明显的阶段性，二者存在着较明显的阶段对应。城镇化是工业化的必然伴侣，城镇化与工业化一样，也是经济社会发生巨大变革的过程，是任何国家由贫穷落后走向发达繁荣的必由之路，实现工业化和城镇化是发展中国家经济社会发展最主要的任务。② 城镇化是工业化的必然趋势和结果，是农业现代化的推动因素，是第三产业发展的强大动力，是工业化水平快速提高的催化力，而工业化又是提高城镇化水平的牵引力，在不同阶段相互

---

① 苏海棠. 贯彻落实十八大精神　推进柳州工业化和城镇化深度融合. 柳州日报，2013－02－04.

② 简新华，何志扬，黄锟. 中国城镇化与特色城镇化道路. 山东人民出版社，2010.

间发挥着不同的作用, 见图 1 - 1。

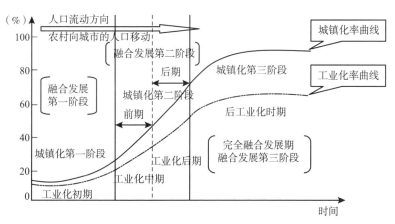

图 1 - 1 工业化与城镇化融合阶段性

前工业化时期, 主要以传统农业为主, 工业化和城镇化水平都比较低, 工业占国民经济总产值比重较低, 第一产业比重居首, 大中城镇较少, 为城镇化第一阶段。区域间的生产要素流动性差, 工业化与城镇化互动性较差, 工业化与城镇化融合尚未开始; 工业化初期, 轻纺织工业发展为主, 工业逐渐占据主导, 工业、劳动等要素向中心城市集聚, 第一产业比重下降, 第二产业比重不断上升, 城镇化率低于 30%, 城镇化进入第一阶段。逐渐形成城市增长极, 从而进一步推动工业化的发展, 工业化与城镇化逐渐融合。工业化中期, 以重工业发展为主, 工业化与城镇化同时进入加速发展阶段, 第一产业比重进一步降低, 第二产业比重高于第三产业比重, 城镇化率为 30% ~ 50%, 城镇化进入第二阶段。与工业化的互动性增强, 逐步完善城镇的各项功能, 工业吸纳大量的农村剩余劳动力, 为城镇化提供庞大的人口支撑, 并且工业创造的财富相当一部分直接或间接地用于城镇建设, 进一步强化和完善城镇各项功能, 逐渐形成城镇体系, 产业出现相互融合、渗透，工业化与城镇化逐步协调发展，进入融合发展时期；工业化后期，以高技术产业发展为主，第三产业发展迅速，第二产业、第三产业比重相当，城镇化率为50%～70%，城镇化发展快速，并形成合理的城市等级体系，产业集群大量出现，同时围绕大工业的发展，辅助性产业如物流业、服务业、教育、科研、信息产业等兴起，产业、生产要素由中心城市向周边辐射，城市空间不断拓展，城镇功能完善，形成合理的城市等级体系，出现大都市区和城市群，产业融合成为主要特征，工业化与城镇化进入融合发展快速期。后工业化时期，第一产业比重进一步下降，第三产业比重达到70%左右，工业化与城镇化发展缓慢，进入城市（工业）社会，农村人口的转化趋于停止，最后相对稳定在10%左右，城镇化主要表现为城镇人口内部流动，劳动力主要由第二产业向第三产业转移，基本实现了现代化，工业化与城镇化进入成熟阶段，长期保持相对稳定的水平，工业化与城镇化进入完全融合发展时期。

二、工业化与城镇化融合发展的表象是劳动力流动和转变

劳动力从乡村向城镇的转移，是伴随工业化与城镇化发展过程的必然现象（辜胜阻，易善策，郑凌云，2006）。[①] 随着一国人均国民收入水平（或人均国民生产总值）的提高，劳动力先由第一产业向第二产业转移，当人均国民收入水平（或人均国民生产总值）达到一定水平后，劳动力将从第二产业向第三产业转移，这是配第·克拉克对工业化划分阶段的依据。欧美发达国家的经验表明，工业化吸引着农村人口

---

① 辜胜阻，易善策，郑凌云. 基于农民工特征的工业化与城镇化协调发展研究. 人口研究，2006，30（5）：1-8.

向城镇集中，且工业化与农村人口的转移几乎是同步的（朱信凯，2005）。[①] 城镇化的表现形式为城市规模的扩大、城市数量的增多和农业人口向城镇转移。而从城镇化的内涵出发，城镇化推进不仅是城镇化率提高的过程，更主要是由城乡分离到城乡融合的过程，[②] 是第一产业、第二产业、第三产业劳动力结构转变的过程。

　　一般而言，前工业化时期，工业化与城镇化水平较低，主要以农业为主，劳动力也主要从事农业，劳动力的流动性差，工业化与城镇化融合尚未开始。进入工业化初期，经济发展以工业为中心，并以劳动密集型产业和资本密集型产业为主，需要大量劳动力，从而开始吸引大量农村剩余劳动力，推动工业化进程，伴随工业发展的同时，城镇化也有所提高。到工业化中期阶段，工业化与城镇化融合发展机制逐步形成，工业化和城镇化水平加速提高。农业劳动力比重进一步下降，工业劳动力人数急速膨胀。随着人口向城镇集中，工业化和城镇化水平在短时间内提升到较高水平，但同时也可能带来较为严重的"城市病"或陷入"中等收入陷阱"，这时工业化与城镇化进入融合发展时期。到工业化后期，劳动力转移方向改变，由工业劳动力逐步向服务业劳动力转移，工业化与城镇化融合发展机制完善，进入融合发展快速期；后工业化时期，进入城市（工业）社会，农村人口的转化趋于停止，城镇化主要表现为城镇人口内部流动，劳动力主要由第二产业向第三产业转移，工业化与城镇化进入完全融合发展阶段。

---

　　① 朱信凯. 农民市民化的国际经验及对我国农民工问题的启示. 中国软科学，2005（1）：28 – 34.

　　② 河北省社会科学基金项目课题组. 工业化与城镇化协调发展的问题研究. 河北日报，2009 – 4 – 5.

三、工业化与城镇化融合发展显著的特征是产业融合

产业融合是社会生产力进步和产业结构高度化的必然趋势，它拓展了产业发展空间，促使产业结构动态高度化与合理化，进而推动产业结构优化与产业发展（陈柳钦，2006）。① 随着产业融合在整个经济系统中越来越具有普遍性，它将导致产业发展基础、产业关联、产业结构演变、产业组织形态和产业区域布局等方面的根本变化，最终改变整个经济和社会的面貌（周振华，2003）。② 产业融合是工业化与城镇化发展到较高阶段的重要特征。因为随着工业化水平的提高，产业结构的高度化与合理化，产业间的关联性越来越密切，产业间逐渐出现交叉、渗透，并融合出现新产业。同时，随着城镇化水平的提高，在产业结构演变（工业化）过程中，中心城市逐渐形成具有高度社会经济一体化的连续区域，是产业结构调整与现代城镇化进程的一个重要特征。

工业化与城镇化融合发展显著的特征，就是产业间相互结合发展新产业，这是工业化与城镇化向高级阶段发展的趋势。产业融合不仅能够促进传统产业创新，推动产业结构优化升级，还能够衍生出新产业。另外，产业融合过程中市场边界模糊化、服务多元化，将对相关部门的就业产生直接而积极的影响，需要一大批复合型人才来推动新兴产业的发展，进而提升城镇人口素质。还将提供更多的就业岗位、增加就业机会和扩大就业规模，劳动力的转移更多地表现为城镇内部的职业转化。工业和城镇规划发展融为一体，产业与城镇发展浑然天成，产业融合成为工业化与城镇化发展的新趋势，"产城共建"成为新方向。

---

① 陈柳钦 . 产业发展的相互渗透：产业融合化 . 贵州财经学院学报，2006（3）：31-35.
② 周振华 . 产业融合：产业发展及经济增长的新动力 . 中国工业经济，2003（4）：46-52.

第三节　工业化与城镇化融合发展的主要模式

由于国家或地区的基础条件、科技文化、经济体制、政府政策等多种因素影响，并且影响工业化与城镇化发展的影响也并不完全一致，因而不同的国家或地区的工业化与城镇化融合发展也将呈现不同的模式。学者根据工业化与城镇化的相互协调阶段，将城镇化发展模式划分为三种模式：① 一是"同步城镇化"，即城镇化进程与工业化发展水平趋于一致；二是"过度城镇化"，即城镇化水平超过工业化和经济发展水平；三是"滞后城镇化"，即城镇化水平落后于工业化和经济发展水平。但有学者在此基础上又提出"逆城镇化"② 和"隐性超城市化"③，前者为大城市中心人口郊外化、大城市外围卫星城镇布局分散化，后者为工业产值中的很大部分是乡镇企业和农民工创造的，应当把这些农民及其供养的家庭人口也计算在内，城市人口才比较合理。目前，国内外工业化与城镇化互动发展模式主要有，美国的城市群与产业升级、德国的小城镇发展与产业空间重构、日本的产业扩张与大都市圈发展、韩国的工业化带动城镇化、中国新型城镇化战略模式、苏南城镇化模式（以乡镇工业为主导）、"珠三角"开放型工业城镇化模式、"产城融合"发展模式（城镇化与工业化同步推进）等模式。接下来，我们将对几个具有代表性的模式进行阐述。

① 景普秋，张复明. 工业化与城市化关系研究综述与评价. 中国人口·资源与环境，2003，13（3）：34 – 39.

② 辜胜阻，刘传江. 人口流动与农村城镇化战略管理. 华中理工大学出版社，2000；高佩义. 中外城市化比较研究. 南开大学出版社，1991.

③ 邓宇鹏. 中国的隐性超城市化. 当代财经，1999（6）：20 – 23.

一、国外工业化与城镇化融合发展模式

(一) 城市群与产业升级

随着城市人口的膨胀、资源的枯竭，在有限的城市承载能力下，一些城市将面临无序开发、人口过度集聚、经济生活环境恶化等"城市病"问题，而解决"城市病"最好的办法就是建设城市群。美国正是以城市群与产业升级来支撑经济社会发展的。美国城市数量较多（35153 个市、镇），且主要以中小城（镇）为主，而且城市聚集度较高。大量中小城（镇）围绕在大中城市周边，形成错落有致的密集的城市群（带），并且大、中、小城市（镇）相互配合、相互促进。城市群的形成和大量卫星城市的兴起，有效地抑制了大城市规模的过度膨胀和"城市病"等问题，形成在空间和产业布局上相互依存和功能互补的城镇体系。从区域布局看，美国有圣圣城市群（又称太平洋沿岸城市群，从圣弗朗西斯科—洛杉矶—圣迭戈）、波华城市群（又称大西洋沿岸城市群，从波士顿—纽约—华盛顿）和芝匹城市群（又称五大湖沿岸城市群，从芝加哥—底特律—匹兹堡）三大城市群。其中，大西洋沿岸城市群的城市最为集中，是世界上最早、最大的城市连续带。该城市群是伴随着产业结构调整而形成的，是美国最大的生产基地和商贸中心以及世界最大的国际金融中心。

20 世纪初期，大西洋沿岸城市群成为美国经济发展的重心与制造业密集区，到 20 世纪 60~80 年代，出现了经济增长乏力，工厂倒闭，产品滞销，而在城镇化方面表现出郊区化，人口、制造业也逐渐从城市迁出。随着大量制造业的迁出，各大城市逐步转变产业结构，由原来的制造业转变为贸易、旅游、商务等服务业，到 1985 年以后，产业结构性质基本上由工业型转变为服务型。从总体上看，随着产业结构的优化升级，美国东北地区郊区化进程加快，并形成了不同功能城市区域，多中心城市空间结构的城镇体系，各个相连的大城市逐渐交叉变成巨型城市带，对区域经济发展的带动作用和支撑作用不断增加，成为影响美国经济发展的重要因素。

（二）小城镇发展与产业空间重构

德国是一个以中小城镇崛起带动产业转型、产业重新布局来实现工业化与城镇化融合发展的国家。德国只有柏林市是大城市，人口约 340 万，其他都是 50 万左右人口的城市，全国 65% 的城镇人口居住在中小城镇，在德国工业化进程中，中小城镇的崛起成为德国工业化进程的显著特征。

德国的鲁尔区是德国煤炭工业和钢铁工业、重型机械为主的老工业区。20 世纪 60 年代，鲁尔区的煤炭工业和钢铁工业走向衰落，严重影响了德国工业经济发展，针对发展衰退状况，鲁尔区通过经济结构调整（发展新兴产业和改造传统产业）、区域产业空间重构与生态环境治理来进行经济的复兴。20 世纪 70 年代开始，新兴产业的发展和产业空间的重构极大地促进了鲁尔区工业化进程和城镇化发展，经济焕发了新的活力。现代科技园、工业园区的建设加速了原有产业的整合发展，更重要的是为新兴产业以及第三产业的发展提供了空间支撑。随着新兴产业的大发展和产业空间布局的重新构建（老工业逐渐向外围中小城镇转移），小城镇成为承接鲁尔工业区产业转移的前沿阵地，从而形成了全新的产业空间布局和工业化发展体系。

（三）产业扩张与大都市圈发展

第二次世界大战后，日本在短短 30 年内一跃成为世界第二经济大国，同时，城镇化水平从 1950 年的 37% 上升到 1975 年的 75.9%，在亚洲率先实现了国家城镇化。[①] 日本城镇化高度发展的标志不仅体现在人口城镇化水平方面，还体现在大城市圈、大都市带的生成和发展以及城乡一体化过程。[②] 首都圈、中部圈和近畿圈三大都市圈是日本人口产业最密集的地带，1975 年，三大都市圈三次产业就业人数分别占全国就业总数的 9%、37.9%、52.8%，到 2000 年分别为 3.20%、30.6% 和 64.80%。[③] 经过不断发展，日本都市圈实现了城镇发展的多核心化，形成了"多中心城市复合体"和城市职能互补的城镇发展体系。

日本的城镇化是以大城市优先发展，形成集聚效应、规模效应后，再向外扩散，形成扩散效应，波及周边地区和其他城镇。在日本从封建社会转入资本主义社会时，实质上当时的日本既无资产阶级这一阶层，也无任何工业基础。政府依靠由封建官僚和武士转身而来的财阀力量推动了初期的日本式工业化，从而造就了其工业化先从政客和商人集中的大中城市开始，再逐步向外辐射到周围其他地区和城镇，最终形成了现在分别以东京、大阪、名古屋为核心的首都圈、中部圈和近畿圈三大都市圈。[④] 也就是说，日本的工业化先是通过规模经济和聚集经济的传导，促使农村人口、农业生产要素和非农业经济活动不断地进行空间聚集而逐渐转化为城市的经济要素，促使大都市群的建立，然后向周围地区或城镇进行产业转移（扩张），从而促使工业化与城镇化水平的提高。

---

①④ 参见付恒杰. 日本城市化模式及其对中国的启示. 日本问题研究，2003（4）：18-21.

② 李辉，刘春艳. 日本与韩国城市化及发展模式分析. 现代日本经济，2008（4）：46-50.

③ 中国经济体制改革研究会日韩都市圈考察团. 日本都市圈启示录. 中国改革，2005（2）：69-71.

（四）工业化带动城镇化

韩国是在第二次世界大战后短时间内快速、成功地实现国家工业化和人口城镇化的典范，[①] 是工业化与城镇化相互推动的典型国家。韩国自第二次世界大战后，城镇化实现了一个飞跃式的发展过程，仅用50年的时间，就完成了从落后农业经济向发达工业经济的过渡，1950～1975年实现了城镇化水平达到50%，到1990年城镇化水平达到74.4%。20世纪50年代以来，随着迅速的国家工业化过程，韩国不仅在短时间内快速地实现了人口城镇化，而且人口城镇化进程与国家工业化相互促进、协调发展。[②]

韩国的城镇化发展随着工业化的发展而完成，工业化水平提高、产业结构调整和城市经济社会迅速发展成为韩国人口城镇化的主要动因。韩国工业化不仅为人口城镇化提供了动力源，而且产业结构的调整与升级加快了人口向城镇的聚集。20世纪60年代，韩国采取以出口为导向的外向型经济发展模型，大力发展以出口加工为主的轻工业，为其后的重工业和化学工业的发展奠定了基础，这期间也是韩国城镇化快速发展时期。随后，韩国的城镇化发展可以划分为4个阶段：第一阶段，城镇化快速发展期，1963年韩国政府制订了第一个经济振兴计划（"国土建设综合计划法"），加强大力发展劳动密集型轻工业，城镇吸纳了大量农村人口和农业剩余劳动力。第二阶段，城镇壮大发展期，即1972年开始的第一次国土开发计划时期，随着工业化程度的迅速提高，形成了以釜山为主的东南沿海经济发展区域增长极。第三阶段，城镇平衡发展期，即80年代的第二次国土开发计划时

---

① 李辉，刘春艳. 日本与韩国城市化及发展模式分析. 现代日本经济，2008（4）：46 - 50.

② 李辉. 韩国工业化过程中人口城市化过程的研究. 东北亚论坛，2005，14（2）：54 - 58.

期。20 世纪 80 年代后期，韩国大力发展技术和知识密集型产业，并制定了地区性发展均衡政策目标，形成了西海岸以城市为核心的区域增长极。第四阶段，全面发展期，即 90 年代的第三次国土开发计划时期，在东南沿海城市重点发展重化工业，并建立地方工业基地，迅速带动了韩国城镇化进程。

二、国内工业与城镇化融合发展模式

（一）新型城镇化战略模式

党的十六大提出，走新型工业化道路，大力实施科教兴国战略和可持续发展战略。实现工业化仍然是我国现代化进程中艰巨的历史性任务。信息化是我国加快实现工业化和现代化的必然选择。[1] 新型工业化实现了信息化与工业化的有机融合，是实现跨越式发展之路。[2]

随着新型工业化的不断推进，新型城镇化道路在 2005 年以后出现了专门的论述。新型城镇化是以新型工业化为动力，人口、经济、社会、资源和环境全面协调发展，[3] 是以城乡统筹、城乡一体、产城互动、节约集约、生态宜居、和谐发展为基本特征的城镇化。

新型城镇化是现代城镇与产业互融联动，不仅重视区域协调，促进城乡发展，充分发挥城镇化对工业化与农业现代化的带动作用，且更重视城镇质量的提升和居住环境的优化，提高城镇

① 江泽民. 全面建设小康社会 开创中国特色社会主义事业新局面——在中国共产党第十六次全国代表大会上的报告，人民出版社，2002.
② 吴寿平. 新型工业化是实现跨越式发展之路. 中国国情国力，2011（8）：11－13.
③ 刘奇葆. 以新型工业化与城镇化为动力 加快转变经济发展方式. 求是，2012（5）：5－18.

综合承载能力，实现工业与城市的可持续发展。新型工业化与新型城镇化在内涵上存在一致性，二者都是追求经济、资源、环境上的协调发展，都是以人为本的科学发展方式。

因此，二者在融合发展上更容易，并且是以工业化为核心，城镇化为依托，产业结构与空间结构进行动态调整，"两化"同步演进、互动发展。新型工业化与新型城镇化共同推进模式，已经成为中国改变多年来以工业化为主导的城镇化道路所造成的各种城市问题的主要途径，是优化城乡空间布局，破解城乡"二元结构"，实现中国现代工业化、城镇化和经济可持续发展的战略模式。

（二）苏南城镇化模式

20 世纪 80 年代初期，费孝通提出苏南城镇化模式通常是指，江苏省苏州、无锡和常州（有时也包括南京和镇江）等地区通过发展乡镇企业实现非农化发展的方式。[1]"苏南模式"是对苏南区域经济发展路径与特征的概括，其主要特征是发展乡镇企业，实质是推进农村工业化、农民非农化。它反映了在大中城市的辐射和带动下，乡镇企业异军突起，小城镇迅速发展，剩余劳动力转移得以实现，农村经济和国民经济总量大幅度增长。[2]

苏南模式的特色是"乡村为主导，乡镇企业拉动城乡经济发展"，[3]即苏南农民通过乡镇企业就地发展小城镇，实现农业剩余劳动力就地转移，并由农村小城镇化向企业城市化、城镇城市

---

① 单叶涛，罗娜，段进军. 苏南农村经济发展模式研究. 运城学院学报，2012，30（6）：71 - 74.
② 季小立. "苏南模式"的城市化及其演变. 人民网. http://su. people. com. cn/GB/channel3/20/200703/28/115. html.
③ 崔武德，彭虹. 国内外农村城镇化与工业化模式综述及经验借鉴. 中共铜仁市委党校学报，2012（6）：66 - 70.

化提升。苏南乡镇企业城镇化模式按其发展历程可以划分为三个阶段：第一阶段，农村工业化与城镇化，20 世纪 80 年代初期，在农村实行联产承包责任制的条件下，利用大量剩余农业劳动力率先发展乡镇企业推动农村工业化，实行就地转移非农劳动力，创新了城镇化模式；第二阶段，发展开放型经济，改革开放以来，苏南地区经过外向型经济到开放型经济再到国际化经济的演进，显著促进了出口规模的扩大和出口水平的提高；第三阶段，全面建设小康社会，随着中国工业化的全面推进，经济增长方式的改变，苏南抓住这个机遇启动了经济增长方式的转型，并且主动融入"长三角"发展城市集群，实现区域一体化，促进工业化与城镇化的深度融合。[1]

（三）珠江三角洲开放型工业城镇化模式

改革开放以来，珠江三角洲地区（通常又称为珠江三角洲经济圈）经济发展迅速，城镇化进程明显加快，其城镇化率已由 1978 年的不足 12% 上升为 2015 年的 84.12%，是中国最发达的经济区域之一。珠江三角洲地区借助我国港澳台地区的地缘优势通过"三来一补"成为海外加工工业资本的集聚区，外向型工业迅速发展，目前已具有了 2 个超级大城市，8 个大城市，13 个中等城市，369 个小城镇的城镇化规模体系。[2] 珠江三角洲的城镇化与外资密不可分，没有外资就没有珠江三角洲城镇化的迅速发展。珠江三角洲的城镇化，也因为外资形成了外向型城镇化模式。[3]

---

① 苏南模式：在创新中演进. 新华网江苏频道. http：//www. js. xinhuanet. com/xin_wen_zhong_xin/2009 – 08/28/content_17718584. htm.
② 龙晓柏. 科学把握城镇化发展理论前沿 推进广西城镇化与工业化互动发展. 广西经济，2010（9）：57 – 60.
③ 国研网宏观经济研究部. 新型城镇化之路——珠江三角洲城镇化发展特征与展望. 国务院发展研究中心信息网，2013 – 04 – 09.

随后，出现了同类、相似或关联企业在空间上的聚集（产业内聚集），从而扩大了乡镇企业规模，促进了更多的农业人口转化为非农业人口，直接推动了农村城镇化进程。另外，在20世纪80年代末期，珠江三角洲的经济社会发展出现了一个重要现象——"民工潮"，大量的农村剩余劳动力和科技人才涌入，不仅形成了一个丰富的劳动力市场，促进珠江三角洲的产业结构调整与升级，而且直接推动了珠江三角洲城镇人口数量和规模的增加，进而推进了该地区的城镇化水平。[①]

随着改革开放政策的不断深入，海外工业资本和工业技术大量引入直接促进了珠江三角洲地区的工业结构调整与升级，并促进了城镇的快速发展。1980年广东省深圳市经济特区的设立，更是加速了珠江三角洲地区城镇的高级化进程，形成了特征明显的依靠海外工业资本推动，以加工工业发展为动力的"珠江三角洲开放型工业城镇化模式"。

（四）"产城融合"发展模式

"产城融合"（也称"产业新城"）发展模式强调的是城市建设与产业发展的协调一致，实行双轮驱动，既强调城市建设，也大规模地发展产业，使两者相得益彰，相互促进。[②]

也就是说，产业和城市融合发展、产城互动、工业化与城镇化相互推进，实现产业培育与城市拓展同步规划、同步实施，推动工业化、信息化、城镇化协调发展。

中国在过去的几十年经济发展过程中，以工业化带动城镇化的发展方式，造成了城市形态与经济实力的不协调。随着城市问

① 许学强，李郇. 珠江三角洲城镇化研究三十年. 人文地理，2009（1）：1-6.
② 叶一剑. 城镇化的中国现象. 21世纪经济报道，2012-10-27. http://www.21cbh.com/HTML/2012-10-27/wNNjUxXzU0OTMwNg.html.

题的突出和居民生活质量的提高，产业与城市融合发展的工业园区建设成为当下许多城市实行工业化与城镇化融合发展的主要途径。工业园区建设不仅因为基于产业集群的工业园区能够提升地方工业化的质量，而且具有良好集聚效应的工业园区作为地方工业生产活动的主要空间载体，能从多方面、全方位地驱动城市空间结构演进，驱动地方城镇化发展。[①] 产城融合的工业园，突出了产业是城市兴旺的动力，城市是产业发展的载体，以产兴城，带动城镇化发展，最终实现产业、城市和人才的互动。[②] 郑州市郑东新区是实施"产城融合"发展模式的代表，不仅开创了郑州市现代化建设的新局面，而且促使郑东新区成为河南省乃至中部地区金融机构最密集、金融业态最丰富的区域之一，有效地加快了城镇化和城市现代化进程。实现了人是城市的核心、地是生产生活的载体、产业是发展的动力的人、地、产业同步发展的过程。[③] "新旧城互动、产城融合、园城互动"的发展模式，成为实施工业化与城镇化有机、深度融合发展的重要模式。

第四节　本 章 小 结

本章在现有工业化、城镇化及其工业化与城镇化协调发展研究的基础上，提出和界定工业化与城镇化融合发展的概念，并总结工业化与城镇化融合发展的重要特征，以及介绍国内外工业化与城镇化融合发展模式，得出以下一些主要结论：

① 徐维祥，唐根年，陈秀君. 产业集群与工业化、城镇化互动发展模式研究. 经济地理，2005（6）：868－872.

② 产业和城市在融合中发展——来自淇县推进产城互动的报道. 鹤壁日报，2012－08－24.

③ 周怀龙. 挖掘新型城市化的"内动力"——郑州市郑东区创新国土资源管理助推新型城镇化的探索. 中国国土资源网，2012－11－13. http：//www.gtzyb.com/yaowen/20121113_23320.shtml.

（1）工业化与城镇化融合发展包含极为丰富、复杂的内容，不仅仅表现为工业化与城镇化的阶段协调以及发展方式、发展路径、发展目标的一致性，更多的是工业化发展模式与城镇化发展模式的高度匹配，工业化发展规划与城镇化发展规划密切配合，城镇人力资源、城市建设与工业资源的融合，工业与第三产业的融合。因此，工业化与城镇化融合发展的概念界定为，工业化与城镇化发展阶段同步化，资源利用共享化，产业相互融合、渗透，构建工业现代化体系和实现城市现代化、集群化、生态化的发展过程。

（2）工业化与城镇化融合发展具有明显的阶段性，可以分为融合发展第一、二、三阶段，并且工业化与城镇化存在较明显的阶段对应。劳动力从乡村向城镇转移时伴随工业化与城镇化发展过程的必然现象，劳动力流动和转变是工业化与城镇化融合发展的重要表象。产城融合是社会生产力进步和产业结构高度化的必然趋势，是工业化与城镇化融合发展的显著特征。

（3）由于国家或地区的基础条件、科技文化、经济体制、政府政策等多重因素影响，并且影响工业化与城镇化发展的因素并不完全一致，因而不同的国家或地区工业化与城镇化融合发展也将出现不同的模式。国外工业化与城镇化融合发展模式主要有城市群与产业升级、小城镇与产业空间重构、产业扩张与大都市圈发展、工业化带动城镇化等模式，而国内的工业化与城镇化融合发展模式有新型城镇化战略模式、苏南城镇化模式、珠江三角洲开放型工业城镇化模式、"产城融合"发展模式等。

第二章

工业化与城镇化融合
发展的测算与比较

对工业化与城镇化关系的研究，始终绕不开对两者融合发展程度的衡量和测度，而目前已有的相关研究仍存在一些不足，一是所采用的衡量方法是分阶段的静态评价方法，而工业化与城镇化融合发展过程是相互作用的动态过程，静态评价方法无法刻画两者融合发展的演变过程。二是仅采用一个指标或几个指标来衡量城镇化和工业化，事实上，城镇化和工业化涉及水平、质量和结构变化等方方面面，已有研究选择的指标无法反映两者的全貌，因而无法反映中国工业化与城镇化融合发展的实际情况。基于此，力求弥补现有研究的不足，从以下几个方面做出努力：第一，将能反映变量之间的协同变动及其演进过程的耦合理论[1]引入城镇化与工业化融合发展模型，从理论和实证两个层面探讨城镇化和工业化融合发展（简称"两化"融合发展）的作用机理和演变过程。第二，构造涵盖水平、质量和结构等方面信息的评价指标体系来反映城镇化和工业化进程，这能够更为全面且准确地反映两者融合发展的实际状况。第三，考虑已有研究大多从省域层面展开，鲜有城市层面的相关研究，尤其是缺乏针对东中西部具有代表性城市的比较研究；为此，本章选取东中西部的代表

---

[1] 耦合理论具有传统实证方法所没有的一些优点，能够以系统论思想全面分析不同变量（要素）之间协同演变的动态过程，近年来，在经济学领域得到了越来越多的应用（吴恒文等，2006，2009；逯进，周惠民，2013）。

性城市——上海市、长沙市和南宁市进行测算和比较。

第一节　工业化与城镇化融合发展的评价指标体系构建

一、工业化与城镇化融合水平的测度方法

从国内外已有的文献来看，目前关于工业化与城镇化融合发展的测度方法有：（1）实际测度法（主要为钱纳里标准值法）；（2）经验判断法（主要为 IU、NU 比为 0.5 和 1.2 的国际标准值法）；（3）协调发展度模型。接下来，对这三类工业结构的测算方法做一些介绍，并分析三种方法各自的优点和缺点。

（一）实际测度法（钱纳里标准值法）

实际测度法就是根据相关数据，运用标准公式或者计算软件来计算相关系数或绘制图表，然后以此为依据判断工业化与城镇化之间的关系。钱纳里标准值法被广泛地应用于工业化与城镇化关系测度。钱纳里标准值法是由美国经济学家钱纳里在其 1975 年出版的《发展的模式：1950～1970》中提出，通过对世界上 90 个国家和地区的城镇化与工业化数据的研究，得出了钱纳里发展模型，提出了人均 GDP 是衡量地区城镇化与工业化水平的关键指标，人均 GDP 越高标志着城镇化与工业化水平也越高，见表 2-1。

表 2 - 1   钱纳里关于不同发展水平经济结构正常变化的统计分析

人均 GNP（美元）	工业增加值占GDP 比重（%）	非农产业增加值占 GDP 比重（%）	工业就业比重（%）	非农业就业比重（%）	城镇化率（%）
100 以下	17. 8	49. 2	7. 8	30. 2	12. 8
100	21. 0	56. 4	9. 1	35. 8	22. 0
200	28. 7	69. 5	16. 4	46. 5	36. 2
300	33. 0	75. 9	20. 6	53. 6	43. 9
400	36. 1	80. 0	23. 5	59. 0	49. 0
500	38. 3	82. 7	25. 8	63. 4	52. 7
800	42. 9	87. 7	30. 3	73. 3	60. 1
1000	44. 9	89. 6	32. 5	78. 2	63. 4
1000 以上	48. 8	91. 0	36. 8	87. 8	65. 8

注：人均 GNP 按 1964 年美元计算；
资料来源：冯邦彦，马星. 中国城市发展水平及省级差异. 经济经纬，2005
(1)：62 - 65.

钱纳里标准值法简便实用、数据来源方便、可操作性强（张锦玲，2007），[1] 但钱纳里标准值法是基于 90 个国家的 27 个变量与人均 GDP 的对应关系的一般模型，而并非仅城镇化率与人均 GDP 这一对变量的对应关系，存在着"基本模型"的"普适性"与"城镇化率与人均 GDP"这一特定关系的解释力差异（刘耀彬，王启仿，2004）。[2] 并且，刘耀彬和王启仿（2004）指出，钱纳里的"发展模式"是以人口规模 1000 万为前提，因此，任何不加修正而直接运用钱纳里标准值法来测度中国城镇化与工业化发展情况的做法是不恰当的，[3] 这种基于国际上的统一标准衡量全国城镇化或区域城镇化，忽视了区域地理基础和发展模式的

---

① 张锦玲. 福建省县域城镇化与工业化关系量化测度与分析. 武汉职业技术学院学报，2007，6（1）：34 - 37.
②③ 刘耀彬，王启仿. 改革开放以来中国工业化与城市化协调发展分析. 经济地理，2004（9）：600 - 603.

特殊性，判断结果对区域发展和城镇化的借鉴意义受到较大限制（黄群慧，2006；[①] 刘涛，曹广忠，边雪等，2010[②]）。因此，有学者对钱纳里标准值法进行了修正，先是将钱纳里一般发展模型指标中国家指标为 1000 万，修改为 13 亿人（中国人口为 13 亿人），以及进行货币的转换，将 1964 年美元换算成研究样本区间美元值的平均值，从而提出了修正的钱纳里标准值法（张颖，赵民，2003；[③] 王宁，赵凯，2012[④]）。修正的钱纳里标准值法能够更准确地针对各国或地区的工业化与城镇化协调程度进行测算，但是，在针对不同国家或地区时均需要进行相关指标调整，增加了复杂性程度和可操作性难度。

（二）经验判断法（IU、NU 比为 0.5 和 1.2 的国际标准值法）

经验判断法是在假定工业化与城镇化存在相关关系的前提条件下，以预先确定的标准为参考来确定工业化与城镇化之间存在的某一个固定范围内的比例关系，以此为标准来判断某一区域工业化与城镇化是否融合。主要做法是通常计算 IU 比（劳动力工业化率与城镇化率的比重）和 NU 比（劳动力非农化率与城镇化率的比重），然后，与国际标准值进行比较来考察一个国家或地区的城镇化与工业化融合发展的情况。该方法是根据 IU 比趋近 0.5，NU 比趋近 1.2 的经验值来判断，见表 2 - 2。

① 黄群慧. 中国城市化与工业化的协调发展问题分析. 学习与探索，2006（2）：213 - 218.
② 刘涛，曹广忠，边雪等. 城镇化与工业化及经济社会发展的协调性评价及规律性探讨. 人文地理，2010（6）：47 - 52.
③ 张颖，赵民. 论城市化与经济发展的相关性——对钱纳里研究成果的辨析与延伸. 城市规划汇刊，2003（4）：10 - 18.
④ 王宁，赵凯. 陕西省城镇化与工业化关系测度与分析. 湖北农业科学，2012，51（15）：3394 - 3397.

表 2 - 2 　　　　　IU、NU 与城镇化、工业化融合度分析

IU 指标值	NU 指标值	城镇化与工业化融合度
IU 趋于 0.5	NU 趋于 1.2	融合较好
IU < 0.5	NU < 1.2	城镇化超前
IU > 0.5	NU > 1.2	城镇化滞后

研究表明，无论是发达国家还是发展中国家，随着工业化、城镇化及劳动力非农化的推进，IU 越来越趋近 0.5，而 NU 越来越趋近 1.2。从表 2 - 2 中可以看出，当 IU 趋于 0.5、NU 趋于 1.2 时，说明该国家或地区工业化与城镇化融合得较好，工业化发展水平与城镇化进程趋于一致，即"同步城镇化"；当 IU < 0.5、NU < 1.2 时，说明该国家或地区城镇化水平超过工业化和经济发展水平，即出现了"过度城镇化"，城镇中不仅集中了从事非农产业的人口，而且集中了相对数量的农业人口，城镇化发展超前，且 IU 值、NU 值越小，城镇化发展超前越明显；当 IU > 0.5、NU > 1.2 时，说明该国家或地区城镇化水平落后于工业化和经济发展水平，即出现了"滞后城镇化"，从事非农业人口无法满足工业化进程，或者说非农业劳动者无法满足工业结构优化升级的需要。也就是说，大量从事非农产业的劳动力受到各种制约因素导致仍然分散在农村地区，未能向城镇聚集，从而导致城镇化发展滞后，而且，IU、NU 值越大，城镇化发展滞后越明显。

工业化是产业结构不断向高度化变动的过程，是第二产业劳动力（非农业劳动力）增加，第一产业劳动力（农业劳动力）减少的现象。而城镇化是农业人口向非农产业转移，农村人口向城镇转移，就业结构和产业结构升级的表现。从上文可以看出，IU、NU 比为 0.5 和 1.2 的国际标准值法能够准确地反映工业化与城镇化二者之间的关系。但是，经验判断法（IU、NU 比为 0.5 和 1.2 的国际标准值法）的主观性比较强，难以客观地体现

出工业化与城镇化融合的程度，并且仅从就业结构与城镇化之间的关系度量，难以全面评价工业化与城镇化融合发展的水平。

（三）协调度发展模型

协调度是度量系统之间或系统内部要素之间在发展过程中彼此和谐一致的程度，体现了系统由无序走向有序的趋势。[①] 协调度计算公式为：

$$C = \left| \frac{I(x) \cdot U(y)}{[I(x)/2 + U(y)/2]^2} \right|^k \qquad 式（2-1）$$

$$F = \kappa \cdot I(x) + \gamma \cdot U(y) \qquad 式（2-2）$$

$$D = \sqrt{C \cdot F} \qquad 式（2-3）$$

在式（2-4）中，C 为协调系数，其数值越大，表明工业化与城镇化的综合发展水平越高，$I(x)$ 为工业化综合评价指数，$U(y)$ 为城镇化综合评价指数；[②] k 为调整系数（$k \geqslant 2$）；F 为工业化与城镇化的综合评价指数，κ、γ 为待定权重；[③] D 为协调发展度，$D \in [0, 1]$，其数值越大，说明协调发展情况越好。协调发展度的分级标准，见表2-3。

表2-3 协调发展度等级划分及其标准

协调发展度	协调等级	$I(x) > U(x)$	$U(x) > I(x)$
0.90~1.00	优质协调	城镇化发展滞后	城镇化发展超前
0.80~0.89	良好协调	城镇化发展滞后	城镇化发展超前

---

① 吴跃明，郎东锋. 环境—经济系统协调度模型及其指标体系. 中国人口·资源与环境，1996（2）：47-50.

② $I(x)$ 和 $U(y)$ 的计算公式为：$I(x) = \sum_{i=1}^{n} \alpha_i Z(x_{ij})$，$U(x) = \sum_{i=1}^{n} \beta_i Z(y_{ij})$，式中，$Z(x_{ij})$ 表示工业化综合评价系统中第 j 年第 i 个指标标准化的数据；$Z(y_{ij})$ 表示城镇化综合评价系统中第 j 年第 i 个指标标准化的数据；α_i 为工业化评价系统中各指标的权重，β_i 为城镇化评价系统中各指标的权重。

③ 待定权重依据相关研究，工业化与城镇化是相互促进、互为因果、相互耦合的，可以考虑将权重均值取值为0.5。

协调发展度	协调等级	$I(x) > U(x)$	$U(x) > I(x)$
0.70 ~ 0.79	中级协调	城镇化发展滞后	城镇化发展超前
0.60 ~ 0.69	初级协调	城镇化发展滞后	城镇化发展超前
0.50 ~ 0.59	勉强协调	城镇化发展滞后	城镇化发展超前
0.40 ~ 0.49	轻度失调	城镇化发展滞后	城镇化发展超前
0.30 ~ 0.39	中度失调	城镇化发展滞后	城镇化发展超前
0.00 ~ 0.29	严重失调	城镇化发展滞后	城镇化发展超前

注：$I(x)$ 为工业化综合评价指数，$U(x)$ 为城镇化综合评价指数。

协调度发展模型是在综合评价指标体系上进行的测算，能够较全面、合理地反映工业化与城镇化的融合发展水平，但是，指标体系构建的科学性以及协调等级的划分均尚未形成统一标准。这些都极大地影响了运用协调度发展模型对工业化与城镇化融合发展水平的判断。也就是说，只要精心、综合、全面、科学地构建工业化与城镇化综合测度指标体系，将能够有效地避免不足之处。

二、工业化与城镇化融合发展的模型构建与理论分析——基于耦合理论的视角

与传统的实证方法相比，耦合理论具有如下一些优点：首先，不同于传统实证方法，耦合理论可以不考虑变量间的因果关系，能够以系统论的思想综合且全面分析不同变量（或各要素）之间的协同变动。其次，耦合理论能够体现变量所构成的系统从低级向高级、简单到复杂的演进过程；还能够反映系统内部各要素之间的相互影响、和谐发展的程度，即包括"量扩"（发展）和"质升"（协调）两个方面（逯进，周惠民，2013）。[1] 正是因为耦合

---

[1] 逯进，周惠民. 中国省域人力资本与经济增长耦合关系的实证分析. 数量经济技术经济研究，2013（9）：1 - 19.

理论的这些优点，近年来在经济学领域得到了越来越多的应用（吴跃明，郎东锋，1996；[①] 逯进，周惠民，2013[②]）。

城镇化与工业化的融合发展包含了融合与发展两个方面，体现为系统（及子系统）内部各要素之间的相互影响、相互分裂与融合的演进过程，以及系统内各要素结构不断优化升级；耦合所涵盖的"发展"体现的是，要素系统从低级向高级的演进过程，耦合所涵盖的"协调"体现的是系统各要素协调发展的程度。可见，耦合所涵盖的内容与融合发展的内涵基本一致。而且，从本章研究的目的（测算城镇化与工业化融合发展的动态演变过程）来看，耦合理论的实证思路也适用于本书的研究。基于此，借鉴逯进和周惠民（2013）的做法，运用耦合理论从理论和实证两个层面对城镇化与工业化的融合发展进行研究。理论模型的构建如下：

（一）城镇化与工业化融合发展的基本理论模型

1. 城镇化与工业化的系统发展模型

假设城镇化与工业化系统内相关函数具有严格拟凹性和规模报酬不变，系统也不受其他因素影响。并设 $C(x_t) = \sum_{i=1}^{n} \alpha_i Z(x_{it})$，$I(y_t) = \sum_{j=1}^{n} \beta_j Z(y_{jt})$，分别反映城镇化系统的综合水平和工业化系统的综合水平。在这个"城镇化与工业化"的系统中，两者存在相互影响、相互渗透的融合演化关系。其中，α_i、β_j 为权重，$Z(x_{it})$、$Z(y_{jt})$ 表示城镇化和工业化的指标，并且为消除量纲的

---

　　① 吴跃明，郎东锋. 环境—经济系统协调度模型及其指标体系. 中国人口·资源与环境，1996（2）：47-50.

　　② 逯进，周惠民. 中国省域人力资本与经济增长耦合关系的实证分析. 数量经济技术经济研究，2013（9）：1-19.

影响，进行了极差标准化处理。设 T 为两个系统所形成的总发展水平（也叫发展度），其公式为：

$$T_t = \theta C(x_t) + (1 - \theta)I(y_t) \qquad 式（2-4）$$

在式（2-4）中，θ、$1-\theta$ 分别为城镇化与工业化两个系统的权重，依据城镇化与工业化两个系统对综合系统的同等重要性，借鉴大多数研究的做法（逯进，周惠民，2013），将权重取值为0.5。

为了更直观地描述系统发展模型，根据式（2-4）定义为 $C(x)$ 与 $I(y)$ 的二维平面坐标，如图2-1所示。其中，T_1、T_2、T_3 表示系统等发展曲线，每条等发展曲线越向东北方向所代表的发展水平越高，并且，意味着城镇化与工业化存在替代效应。

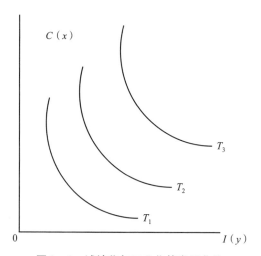

图2-1 城镇化与工业化等发展曲线

2. 城镇化与工业化的系统协调模型

协调度是度量系统内部要素之间或系统之间在发展过程中彼此和谐一致的程度，体现了系统由无序走向有序的趋势（吴跃明，郎东锋，1996；[①] 郝华勇，2012[②]）。城镇化与工业化的协调度，可以由如下计算公式表示：

$$Cv_t = \left| \frac{C(x_t) \times I(y_t)}{[C(x_t)/2 + I(y_t)/2]^2} \right|^{\varphi} \qquad 式（2-5）$$

在式（2-5）中，φ 表示调整系数，其取值范围为 $\varphi \leqslant 4$，基于涉及城镇化与工业化两个系统，可以考虑 $\varphi = 2$。Cv_t 表示 t 年的协调度，其数值越大表明城镇化系统与工业化系统的协调程度越高。

3. 城镇化与工业化的融合发展模型

系统发展模型只能反映出城镇化系统与工业化系统的综合发展水平，无法反映出两个系统之间的协调程度；而协调度模型只能反映出城镇化与工业化综合系统的协调程度，无法反映出综合系统的发展水平。因此，可以将城镇化与工业化系统发展模型与协调度模型进行整合，构造"城镇化—工业化"综合系统的融合发展模型，其公式为：

$$D_t = \sqrt{Cv_t \times T_t} \qquad 式（2-6）$$

在式（2-6）中，D_t 为 t 年的融合发展度，参考逯进和周惠民（2013）的做法、等级划分及标准，见表2-4。

表2-4　城镇化与工业化融合发展度等级划分及判断标准

D 值	类型	D 值	类型
0.00~0.29	严重融合衰退	0.60~0.69	初级融合发展
0.30~0.39	中度融合衰退	0.70~0.79	中级融合发展
0.40~0.49	轻度融合衰退	0.80~0.89	良好融合发展
0.50~0.59	勉强融合发展	0.90~1.00	优质融合发展

---

① 吴跃明，郎东锋. 环境—经济系统协调度模型及其指标体系. 中国人口·资源与环境，1996（2）：47-50.
② 郝华勇. 中部六省新型工业化与城镇化协调发展评价与对策. 湖南行政学院学报，2012（1）：52-64.

（二）城镇化与工业化融合发展的路径分析

城镇化与工业化的融合发展是城市建设与工业发展的必然选择，也是当地经济社会发展的方向，更是建设生态城市的必然阶段。假设存在行为人（政府）可选择城镇化或工业化发展政策，具有一定的倾向性，那么，可以运用埃奇沃思盒来对城镇化与工业化系统融合发展模型进行描述，见图 2 - 2。OFF' 的扇形区域为城镇化与工业化两个系统间融合的可能集。具体来说：

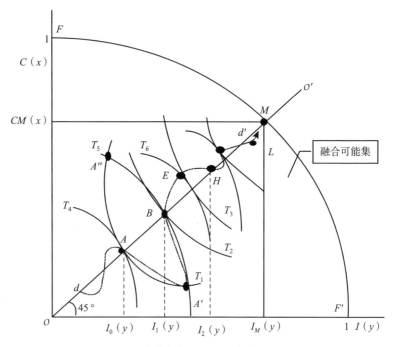

图 2 - 2　城镇化与工业化融合发展的路径

首先，假设某地区的城镇化与工业化融合度始点为 d 点，然后随着城市建设和工业发展，经过一段时间后，融合度由 d 点跃

迁到 A 点，表明城镇化与工业化实现了初级阶段（即工业化初期和城镇化前期阶段）的融合发展。

其次，在 A 点将可能出现三种发展趋势，一是城镇化与工业化同步发展，由 A 点跃迁到 B 点，共同达到更高的融合水平；二是城镇化进程快于工业化进程（超前城市化），由 A 点转移到 A'' 点，随后由 A'' 点向 B 点移动；三是城镇化进程滞后于工业化进程（滞后城镇化），由 A 点向 A' 点移动，随后由 A' 点向 B 点转移。值得注意的是，A'、A'' 点是两条发展水平线的交叉点，即 A' 可以朝 T_1 或者 T_5 发展水平移动，表现出截然相反的两种发展趋势，一种为工业化水平提升向城镇化收敛，另一种为工业化衰退向城镇化收敛。同理，A'' 点也可能出现类似情况，由于"城市病"的出现导致城镇化进程缓慢甚至倒退，由 A'' 点沿着 T_1 发展曲线向 A 点移动；也有可能城市达到一定规模后，发挥"城市效应"，吸引生产要素的集聚，从而加速城镇化进程，由 A'' 点沿着 T_5 发展曲线向 B 点移动。

最后，到达 B 点，[①] 城镇化和工业化都达到了一定水平，假设城镇化和工业化均到达了中期，这一阶段城镇化与工业化同时进入快速发展期，城镇化率为 30%～50%，二者的互动性增强，城市逐步完善其各项功能，工业则吸纳大量的农村剩余劳动力，为城市提供庞大的人口支撑，并且，工业创造的财富相当一部分直接或间接地用于城市建设，进一步强化和完善城市的各项功能。从而 B 点向 E 点移动，不断提高城镇化与工业化的融合发展水平。直到到达 H 点后，假设工业化达到后期，城市化率达到 50% 以上，在这一期间，较高程度的城市化能够利用聚集资源优势，吸引工业发展所需的人力、技术和资金等资源，从而促进工

①　B 点并不一定在 45 度射线的 OO' 线上，与逯进和周惠民（2013）认为最优点一定在 45 度射线上的观点不同，这是因为城镇化与工业化的融合并不是说这两个系统"五五开"，而是这两个系统的融合不存在帕累托改进，那么，在一定阶段 B 点就是最优融合点。E 点同理。

业结构优化升级。经过 H 点后，城镇化与工业化进入融合发展的快速期，两者融合程度的波动幅度变小、稳定性更高，最终到达 M 点（完全融合期）。[①]

由此可见，城镇化与工业化融合发展的过程是一个动态波动的过程（见图 2 – 2 中将各个点连起来的虚线 dd'），在城镇化与工业化水平不断提高过程中不断地靠拢→失调→收敛（融合）。在城镇化和工业化发展前期，融合程度较低，出现的波动较大，而随着城镇化和工业化水平的不断提高，融合程度也不断提高，并且具有相对的稳定性。融合路径并非是一条直线，而是一条曲线。

根据上面的分析，可以将两者融合发展的过程大致划分为 $I_0(y) \sim I_1(y)$、$I_1(y) \sim I_2(y)$ 和 $I_2(y) \sim I_M(y)$ 三个阶段：第一阶段，是以工业化子系统为主的阶段，在这一阶段，城镇化水平较低，自我发展能力不足，工业化的聚集经济是城镇化的基本动力（即工业发展推动着城市发展）。第二阶段，是以城镇化子系统为主导的阶段，该阶段城市功能逐步完善，但工业发展遇到了一些难题（经过第一阶段的发展，工业化所产生的环境恶化与资源紧缺等负面影响及其发展遇到的资源配置效率低等新问题制约了工业行业的可持续发展），城镇化可以通过聚集优质资源以及采用先进的管理理念和技术手段，推动工业行业不断优化升级及持续发展。第三阶段，是两个子系统相互促进的阶段，这个阶段两者都达到了较高水平，且都具备了较强的自我发展能力，能够实现两者之间的良性互动。在这三个阶段中，B 点和 H 点分别是第二阶段和第三阶段的"门槛点"，也是两者融合跃迁的关键点；比较起来，H 点更为重要；这是因为，经过该"门槛点"后，工业化与城镇化两个子系统能够互相促进，且两者融合得更

---

① 这一时期，城镇化主要表现为城市人口内部流动，工业化表现为第一产业、第二产业比重下降，第三产业高度发达，基本实现现代化，城镇化与工业化进入成熟阶段，长期保持相对稳定水平。

稳定。

三、工业化与城镇化融合发展的评价指标体系

工业化与城镇化一直以来都是学者极度关注的问题，但更多的是关注工业化进程、城镇化进程、产业结构调整与升级和"二元结构"等问题，对于工业化与城镇化水平衡量大多沿用工业总产值占 GDP 的比值（或工业就业比重、非农业就业比重等）、人口城镇化率（即城镇人口占总人口的百分比）来衡量。由于大多数国家的产值结构与就业结构的转变具有内在联系，工业比重与非农产业比重的变化趋势也比较一致，因此，在国外的一些论著中不同指标的使用没有产生太大的矛盾，但是，中国这几个方面的差别较大，就业结构的转变滞后于产值结构的转变。[①] 沿用产值结构指标或只用就业结构指标衡量中国工业化水平，以及单纯采用城镇人口占总人口的百分比来衡量城镇化水平均存在很大缺陷。工业化与城镇化均是比较复杂的系统，仅采用单一的指标来测定显然有很多缺陷，如不同的统计口径差异较大以及不能全面反映工业化、城镇化水平等问题。

工业化水平的测度，早在 20 世纪 30 年代德国经济学家霍夫曼就提出了霍夫曼比例（消费资料与资本资料之比），以及美国社会学家丹尼尔·贝尔（1984）[②] 提出的工业化发展三特征说（生产要素变化）；美国经济学家西蒙·库兹涅茨（1989）[③] 提出的工业化发展五阶段理论（产业结构变化）；美国发展经济学家

[①] 王宁，赵凯. 陕西省城镇化与工业化关系测度与分析. 湖北农业科学，2012，51（15）：3394 - 3397.

[②] ［美］丹尼尔·贝尔. 后工业社会的来临——对社会预测的一种探索. 高銛，王宏周，魏章玲译，商务印书馆，1984.

[③] 西蒙·库兹涅茨. 现代经济增长. 戴睿，易诚译，北京经济学院出版社，1989.

H. 钱纳里、S. 鲁宾逊和 M. 赛尔奎因（1989）[1] 提出的工业化发展三阶段六时期理论（人均收入变化）等。国内学者同样提出了一些工业化测度理论和方法，许剑毅（1999）[2] 提出的工业化测度理论（第一产业与第二产业增加值和从业人员之比）。韩兆洲（2002）[3] 提出的工业化进程新标准（第一产业与第二产业劳动生产率、增加值和劳动力变化）等。这些工业化进程测度标准在国内外都产生了一定的影响，但其侧重点均放在传统的工业化进程的测度上，且囊括面不广，尚不能全面地评价工业化水平。随后，也有学者根据中央提出的新型工业化标准进行深入研究，李美洲和韩兆洲（2007）[4] 从工业化进程指数、信息化指数、科技进步指数、经济效益指数、资源消耗指数、生态环境指数和人力资源指数等七个方面（包括 28 个细分指标）构建了一套评价指标来测试新型工业化的进程；而万红先和戴翔（2008）[5] 则从经济结构指标、科技与信息化指标、人力资源利用与劳动生产率、资源与环境状况四个方面构建了一套能够在一定程度上反映新型工业化内涵的指标体系；戴魁早（2012）[6] 从新型工业化的"三大战略导向"（自主创新、资源环境和人力资源）构建新型工业化的评价指标体系。现有文献中，对城镇化水平的研究构建了不同的指标体系，任海亮，双峰瑞和王建英（2010）采用经济状况、人口状况、环境状况和生活状况评价城镇化水平；[7] 赵凯和王

① H. 钱纳里，S. 鲁宾逊，M. 赛尔奎因. 工业化和经济增长的比较研究. 吴奇译，上海三联书店，1989.

② 许剑毅. 新中国五十年——工业化进程. 中国统计出版社，1999.

③ 韩兆洲. 工业化进程统计测度及实证分析. 统计研究，2002（10）：6 - 8.

④ 李美洲，韩兆洲. 新型工业化进程统计测度及实证分析. 经济问题探索，2007（6）：10 - 14.

⑤ 万红先，戴翔. 安徽新型工业化水平测度研究. 安徽广播电视大学学报，2008（2）：28 - 32.

⑥ 戴魁早. 基于新型工业化道路的广西工业结构优化升级研究. 广西师范大学出版社，2012.

⑦ 任海亮，双峰瑞，王建英. 河北省城镇化水平评价研究. 中国城市经济，2010（5）：206 - 207.

宁（2012）从人口构成和人口素质、经济发展水平和经济结构、城市基础设施、城市建设与服务水平等方面，[①] 并在构建的指标体系基础上采用迷糊综合评价法、主成分分析法和层次分析法以及变异系数、熵值法等来测算城镇化水平指数。

从已有的工业化、城镇化评价指标体系可以看出，这些指标未能全面地体现出工业化、城镇化发展水平、质量、结构等方面，指标覆盖面还存在一些缺陷。基于此，在完善现有工业化、城镇化水平评价指标体系的基础上，秉承全面、科学的理念构建工业化与城镇化融合发展水平评价指标体系。

（一）工业化与城镇化融合发展水平评价指标选取

工业化与城镇化融合发展研究涉及工业化和城镇化两个系统，在构建评价指标体系时必须在这两个系统的评价基础上进行，使所选取的指标体系能够全面、科学、合理地反映出工业化与城镇化的融合发展水平。参考国内学者的相关研究，从发展水平、发展质量、科技创新、经济效益和结构变化5个衡量类型17个指标来综合评价工业化水平，从发展水平、社会发展、居民生活、基础设施、生态环境和结构变化7个衡量类型20个指标来综合评价城镇化水平，见表2-5。

表2-5 区域工业化与城镇化融合发展水平的评价体系

目标层	准则层（衡量类型）	指标层	单位	权重
工业化水平评价指标体系	发展水平	人均GDP	元/人	0.015
		工业总产值比重	%	0.040
		非农产业产值比重	%	0.020

① 赵凯，王宁. 陕西城镇化水平的区域差异及其变化趋势探析. 西北农林科技大学学报（社会科学版），2012，12（1）：61-65.

续表

目标层	准则层 （衡量类型）	指标层	单位	权重
工业化水平评价指标体系	发展质量	轻重工业比		0.040
		每万元工业总产值消费能源	吨标准煤	0.074
		工业废水排放达标率	%	0.054
		工业固体废物综合利用率	%	0.054
	科技创新	技术进步	%	0.168
		工业企业专利申请数	项	0.08
		技术装备率	元/人	0.038
	经济效益	企业成本费用利润率	%	0.028
		工业产品销售率	%	0.034
		工业全员劳动生产率	元/（人·年）， 按增加值计	0.079
		工业增加值率	%	0.042
	结构变化	市场结构	%	0.067
		产业结构	%	0.101
		对外贸易依存度	%	0.067
城镇化水平评价指标体系	发展水平	人口城镇化水平	%	0.129
		非农业人口占总人口比重	%	0.129
		第三产业比重	%	0.055
	社会发展	每千人拥有卫生技术人员数	人	0.015
		人均邮电业务量	元/人	0.012
		城镇登记失业率	%	0.044
		人口受教育程度	人	0.036
	居民生活	城镇人均可支配收入	元	0.028
		城镇居民家庭恩格尔系数	%	0.026
		农民人均纯收入与城镇人均可支配收入比		0.021
		人均消费支出	元/人	0.019

续表

目标层	准则层 （衡量类型）	指标层	单位	权重
城镇化 水平评 价指标 体系	基础设施	人均住房建筑面积	平方米	0.070
		人均城市道路面积	平方米	0.038
		城市用水普及率	%	0.059
		每万人拥有公共交通车辆数	标台	0.019
	生态环境	建成区绿化覆盖率	%	0.071
		工业废水排放达标率	%	0.062
		森林覆盖率	%	0.055
	结构变化	城市首位度		0.034
		就业结构	%	0.078

注：①技术进步以高新技术产业产值占 GDP 比重来衡量；②市场结构以非国有企业产值占 GDP 比重来衡量；③产业结构以第二产业占 GDP 比重来衡量；④外贸依存度＝进出口贸易总额/GDP×100%；⑤人均受教育程度以每万人在校大学生数来衡量；⑥城市首位度计算公式为：S＝P1/P2（两城市首位度指数），P1 为首位城市人口规模，P2 为第二大城市人口规模；⑦就业结构以第三产业从业人员占总从业人员比重来衡量。

（二）数据处理

为了避免各指标度量单位不一致而对计算结果产生影响，我们将各指标归一化处理，归一化方法为：

$$r_{ij} = (f_{ij} - f_{min}) / (f_{max} - f_{min}) \qquad 式（2-7）$$

式中：r_{ij}表示第 i 种指标，第 j 年或地区的归一化指标值；f_{ij}表示第 j 年或地区的实际值；f_{max}、f_{min}分别指第 i 种指标的最大值和最小值。

（三）工业化与城镇化融合发展水平评价指标权重确定

在多指标综合评价中，权重的确定方法有主观赋权法（层次分析法、德尔菲法、因子分析法等）和客观赋权法（主成分分析法、熵值法、变异系数法等），也有学者运用综合赋权法，即将两种赋权方法相结合而期望得出较为符合实际的权重。这里，拟选择层次分析法的赋权方法来对工业化水平、城镇化水平的各项指标赋予相应的权重。层次分析法（analysis hierarchy process）是美国匹兹堡大学萨蒂（Saaty）于20世纪70年代初提出的一种多目标决策评价方法。其核心思想是建立层次结构模型，构造判断矩阵，利用求特征值的方法确定各评价因素指标权重。

按照所构建的工业化水平评价指标体系、城镇化水平评价指标体系的层次分析结构来确定各个指标的权重。由矩阵 $A = (a_{ij})_{n \times n}$，$a_{ij} > 0$，$a_{ji} = \dfrac{1}{a_{ij}}$ 计算的最大特征值 $\lambda_{\max}$ 和对应的特征向量 σ，$A_\sigma = \lambda_{\max,\sigma}$，其中，$\sigma = (\sigma_1, \sigma_2, \cdots, \sigma_n)^T$；并将向量 σ 归一化，即可以得到 n 个指标的权重。其次，采用"5/5 – 9/1标度"来构造判断矩阵，详细的标度体系如表2 – 6，相应的随机一致性指标 RI 见表2 – 7。同时，针对其中各指标的重要性取向，主要采取咨询专家意见来判断。

表2 – 6　　　　　　　　　"5/5 ~ 9/1"标度体系

取值含义	5/5 – 9/1 标度
i 与 j 相同重要	5/5 = 1
i 与 j 稍微重要	6/4 = 1.5
i 与 j 明显重要	7/3 = 2.333
i 与 j 强烈重要	8/2 = 4
i 与 j 极端重要	9/1 = 9
介于上述相邻两级之间重要程度比较	6.5/3.5　5.5/4.5 7.5/2.5　8.5/1.5
j 与 i 的比较	上述各数的倒数

资料来源：引自苏为华．多指标综合评价理论与方法研究．中国物价出版社，2001.

表 2 - 7   "5/5 ~ 9/1"标度值的随机一致性指标 **RI** 值

阶数 n	3	4	5	6	7	8	9
RI	0.1690	0.2598	0.3287	0.3694	0.4007	0.4167	0.437

1. 工业化水平评价指标体系指标权重确定

采用"5/5 ~ 9/1 标度"构造准则层对工业化水平评价指标体系的目标层与准则层判断矩阵 A – B，见表 2 – 8。

表 2 - 8   工业化水平评价指标体系的 **A – B** 判断矩阵

A	B_1	B_2	B_3	B_4	B_5
B_1	1	1/4	1/4	1/2.33	1/2.33
B_2	4	1	1	1	1/1.5
B_3	4	1	1	2.33	1
B_4	2.33	1	1/2.33	1	1
B_5	2.33	1.5	1	1	1

为方便计算，将上述矩阵记作 I_A，简写为：

$$I_A = \begin{bmatrix} 1 & 0.25 & 0.25 & 0.43 & 0.43 \\ 4 & 1 & 1 & 1 & 0.67 \\ 4 & 1 & 1 & 2.33 & 1 \\ 2.33 & 1 & 0.43 & 1 & 1 \\ 2.33 & 1.5 & 1 & 1 & 1 \end{bmatrix} \quad 式（2-8）$$

根据以上方法，准则层与指标层的判断矩阵为：

$$I_{B1} = \begin{bmatrix} 1 & 0.43 & 0.67 \\ 2.33 & 1 & 2.33 \\ 1.5 & 0.43 & 1 \end{bmatrix} \quad 式（2-9）$$

$$I_{B2} = \begin{bmatrix} 1 & 0.67 & 0.67 & 0.67 \\ 1.5 & 1 & 1.5 & 1.5 \\ 1.5 & 0.67 & 1 & 1 \\ 1.5 & 0.67 & 1 & 1 \end{bmatrix} \qquad \text{式 (2-10)}$$

$$I_{B3} = \begin{bmatrix} 1 & 2.33 & 4 \\ 0.43 & 1 & 2.33 \\ 0.25 & 0.43 & 1 \end{bmatrix} \qquad \text{式 (2-11)}$$

$$I_{B4} = \begin{bmatrix} 1 & 0.67 & 0.43 & 0.67 \\ 1.5 & 1 & 0.43 & 0.67 \\ 2.33 & 2.33 & 1 & 2.33 \\ 1.5 & 1.5 & 0.43 & 1 \end{bmatrix} \qquad \text{式 (2-12)}$$

$$I_{B5} = \begin{bmatrix} 1 & 0.43 & 1.5 \\ 2.33 & 1 & 1.5 \\ 0.67 & 0.67 & 1 \end{bmatrix} \qquad \text{式 (2-13)}$$

运用 AHP 软件计算判断矩阵的一致性检验及层次单排序。检验结果见表 2-9。

表 2-9　　　　　工业化各判断矩阵一致性检验结果

判断矩阵	λ_{max}	CI	RI	CR
I_A	5.134	0.034	1.120	0.30
I_{B1}	3.018	0.009	0.580	0.016
I_{B2}	4.021	0.007	0.900	0.008
I_{B3}	3.011	0.005	0.580	0.009
I_{B4}	4.041	0.014	0.900	0.016
I_{B5}	3.080	0.040	0.580	0.069
层次总排序	—	0.006	0.710	0.008

由表 2-9 可以看出，各判断矩阵的 CR 均小于 0.05，可以认为层次单排序的结构有满意的一致性。因此，层次单排序结构

依次为:

$$W_{I_A} = \begin{bmatrix} 0.075 \\ 0.222 \\ 0.286 \\ 0.183 \\ 0.235 \end{bmatrix}, \quad W_{I_{B1}} = \begin{bmatrix} 0.201 \\ 0.536 \\ 0.263 \end{bmatrix}, \quad W_{I_{B2}} = \begin{bmatrix} 0.181 \\ 0.331 \\ 0.244 \\ 0.244 \end{bmatrix},$$

$$W_{I_{B3}} = \begin{bmatrix} 0.588 \\ 0.279 \\ 0.133 \end{bmatrix}, \quad W_{I_{B4}} = \begin{bmatrix} 0.152 \\ 0.186 \\ 0.434 \\ 0.228 \end{bmatrix}, \quad W_{I_{B5}} = \begin{bmatrix} 0.275 \\ 0.482 \\ 0.243 \end{bmatrix}$$

式（2-14）

最后，得出层次总排序，即工业化水平评价体系各指标的权重向量为:

$$\tilde{\alpha}_i = (0.015,\ 0.040,\ 0.020,\ 0.040,\ 0.074,\ 0.054,$$
$$0.054,\ 0.168,\ 0.080,\ 0.038,\ 0.028,\ 0.034,$$
$$0.079,\ 0.042,\ 0.067,\ 0.101,\ 0.067) \qquad 式（2-15）$$

2. 城镇化水平评价指标体系指标权重确定

采用"5/5-9/1标度"，构造准则层对城镇化水平评价指标体系目标层与准则层的判断矩阵 A-B，见表2-10。

表2-10　　城镇化水平评价指标体系的 A-B 判断矩阵

A	B_1	B_2	B_3	B_4	B_5	B_6
B_1	1	2.33	2.33	2.33	1.5	4
B_2	1/2.33	1	1.5	1/1.5	1/2.33	1/1.5
B_3	1/2.33	1/1.5	1	1/1.5	1/2.33	1/1.5
B_4	1/2.33	1.5	1.5	1	1.5	2.33
B_5	1/1.5	2.33	2.33	1/1.5	1	1.5
B_6	1/4	1.5	1.5	1/2.33	1/1.5	1

为方便计算，将上述矩阵记作 U_A，简写为：

$$U_A = \begin{bmatrix} 1 & 2.33 & 2.33 & 2.33 & 1.5 & 4 \\ 0.43 & 1 & 1.5 & 0.67 & 0.43 & 0.67 \\ 0.43 & 0.67 & 1 & 0.67 & 0.43 & 0.67 \\ 0.43 & 1.5 & 1.5 & 1 & 1.5 & 2.33 \\ 0.67 & 2.33 & 2.33 & 0.67 & 1 & 1.5 \\ 0.25 & 1.5 & 1.5 & 0.43 & 0.67 & 1 \end{bmatrix}$$

式（2-16）

根据以上方法，准则层与指标层的判断矩阵为：

$$U_{B1} = \begin{bmatrix} 1 & 1 & 2.33 \\ 1 & 1 & 2.33 \\ 0.43 & 0.43 & 1 \end{bmatrix}$$ 式（2-17）

$$U_{B2} = \begin{bmatrix} 1 & 1.5 & 0.25 & 0.43 \\ 0.67 & 1 & 0.43 & 0.25 \\ 4 & 2.33 & 1 & 1.5 \\ 2.33 & 4 & 0.67 & 1 \end{bmatrix}$$ 式（2-18）

$$U_{B3} = \begin{bmatrix} 1 & 1 & 1.5 & 1.5 \\ 1 & 1 & 1.5 & 1 \\ 0.67 & 0.67 & 1 & 1.5 \\ 0.67 & 1 & 0.67 & 1 \end{bmatrix}$$ 式（2-19）

$$U_{B4} = \begin{bmatrix} 1 & 2.33 & 1.5 & 2.33 \\ 0.43 & 1 & 0.67 & 2.33 \\ 0.67 & 1.5 & 1 & 4 \\ 0.43 & 0.43 & 0.25 & 1 \end{bmatrix}$$ 式（2-20）

$$U_{B5} = \begin{bmatrix} 1 & 1.5 & 1 \\ 0.67 & 1 & 1.5 \\ 1 & 0.67 & 1 \end{bmatrix}$$ 式（2-21）

$$U_{B6} = \begin{bmatrix} 1 & 0.43 \\ 2.33 & 1 \end{bmatrix}$$ 式（2-22）

运用 AHP 软件计算判断矩阵的一致性检验及层次单排序。检验结果，见表 2 –11。

表 2 –11 城镇化水平判断矩阵一致性检验结果

判断矩阵	λ_{max}	CI	RI	CR
U_A	6. 200	0. 040	1. 240	0. 032
U_{B1}	3. 000	0. 000	0. 580	0. 000
U_{B2}	4. 115	0. 038	0. 900	0. 042
U_{B3}	4. 062	0. 021	0. 900	0. 023
U_{B4}	4. 103	0. 034	0. 900	0. 038
U_{B5}	3. 074	0. 037	0. 580	0. 064
U_{B6}	2. 000	0. 000	0. 000	0. 000
层次总排序	—	0. 030	0. 639	0. 047

由表 2 –11 可以看出，各判断矩阵的 CR 均小于 0.1，可以认为层次单排序的结构有满意的一致性。因此，层次单排序结构依次为：

$$W_{U_A} = \begin{bmatrix} 0.313 \\ 0.107 \\ 0.094 \\ 0.186 \\ 0.188 \\ 0.112 \end{bmatrix}, \quad W_{U_{B1}} = \begin{bmatrix} 0.412 \\ 0.412 \\ 0.176 \end{bmatrix}, \quad W_{U_{B2}} = \begin{bmatrix} 0.136 \\ 0.111 \\ 0.415 \\ 0.339 \end{bmatrix},$$

$$W_{U_{B3}} = \begin{bmatrix} 0.302 \\ 0.273 \\ 0.233 \\ 0.202 \end{bmatrix}, \quad W_{U_{B4}} = \begin{bmatrix} 0.378 \\ 0.202 \\ 0.316 \\ 0.104 \end{bmatrix},$$

$$W_{I_{B5}} = \begin{bmatrix} 0.379 \\ 0.331 \\ 0.289 \end{bmatrix}, \ W_{I_{B5}} = \begin{bmatrix} 0.300 \\ 0.700 \end{bmatrix} \qquad 式 (2-23)$$

最后，得出层次总排序，即城镇化水平评价体系各指标的权重向量为：

$$\tilde{\beta}_i = (0.129, \ 0.129, \ 0.055, \ 0.015, \ 0.012, \ 0.044, \ 0.036,$$
$$0.028, \ 0.026, \ 0.021, \ 0.019, \ 0.070, \ 0.038, \ 0.059,$$
$$0.019, \ 0.071, \ 0.062, \ 0.055, \ 0.034, \ 0.078) \qquad 式 (2-24)$$

第二节　广西工业化与城镇化融合发展水平的总体判断

工业化与城镇化融合发展水平的判断对国家或区域制定经济社会发展决策有着重要的影响，因为工业化与城镇化之间的关系状况有城镇化滞后于工业化、城镇化超前于工业化和城镇化与工业化协调发展三种情况。城镇化超前，大量农村人口涌入城镇地区，而城镇地区又无充足的非农业就业机会为他们提供就业岗位，从而导致失业严重、住房短缺、治安恶化、环境污染等一系列与城市过度膨胀有关的难以解决的社会经济问题；城镇化滞后则难以发挥城镇的集聚效应，不利于区域经济的快速发展；只有工业化与城镇化融合发展、协调发展才能够有效地促进工业化与城镇化的进程以及整个经济社会的发展。接下来，将以国际标准值法、协调发展度模型来探讨1978～2011年广西工业化与城镇化融合发展水平。

一、国际标准值法对广西工业化与城镇化融合发展水平的判断

根据前面介绍的 IU、NU 比为 0.5 和 1.2 的国际标准值法对

1978~2011年广西工业化与城镇化融合发展水平进行判断。
1950~1980年，无论是发达国家还是发展中国家，随着工业化、
城镇化和非农化的协调发展，I/U越来越接近0.5，N/U越来越
接近1.2，IU、NU比为0.5和1.2的国际标准值法也就成为判断
一个国家或地区工业化与城镇化是否协调发展的基本方法。

工业化率是指，工业劳动力占国内总劳动力的比重，用I表
示，以第二产业从业人员占总从业人员的比重来衡量；非农业率
指，非农产业劳动力占国内总劳动力的比重，用N表示，以第二
产业、第三产业从业人员占总从业人员的比重来衡量；城镇化率
指，城镇人口占总人口比重，用U表示。IU是指，工业化率与
城镇化率的比值，NU是指，非农化率与城镇化率的比值。下面，
就用国际标准值法对广西工业化与城镇化之间的关系进行分析，
见表2-12。

表2-12　　　　1978~2011年广西工业化与城镇化融合发展水平

年份	I（%）	N（%）	U（%）	IU	NU
1978	10.500	19.500	10.582	0.992	1.843
1979	10.000	17.500	11.124	0.899	1.573
1980	9.500	16.900	11.249	0.844	1.502
1981	7.700	16.900	11.376	0.677	1.486
1982	8.000	17.300	11.428	0.700	1.514
1983	7.800	17.300	11.546	0.676	1.498
1984	7.800	18.000	11.692	0.667	1.540
1985	8.800	19.600	12.161	0.724	1.612
1986	9.300	20.800	12.392	0.750	1.678
1987	9.900	22.100	12.724	0.778	1.737
1988	10.200	23.100	13.014	0.784	1.775
1989	9.900	22.500	13.253	0.747	1.698
1990	9.800	23.500	15.100	0.649	1.556

年份	I (%)	N (%)	U (%)	IU	NU
1991	9.900	24.300	16.000	0.619	1.519
1992	10.600	26.500	16.700	0.635	1.587
1993	11.100	29.900	18.000	0.617	1.661
1994	11.500	32.000	19.000	0.605	1.684
1995	11.800	33.600	18.450	0.640	1.821
1996	11.700	33.800	20.000	0.585	1.690
1997	11.500	34.500	21.000	0.548	1.643
1998	11.300	35.200	21.100	0.536	1.668
1999	11.000	35.600	21.300	0.516	1.671
2000	10.800	38.800	28.150	0.384	1.378
2001	10.700	39.100	28.200	0.379	1.387
2002	10.400	39.160	28.300	0.367	1.384
2003	10.730	40.180	29.060	0.369	1.383
2004	10.830	42.170	31.700	0.342	1.330
2005	11.910	43.800	33.620	0.354	1.303
2006	12.101	44.891	34.640	0.349	1.296
2007	15.132	45.070	36.240	0.418	1.244
2008	15.150	45.410	38.160	0.397	1.190
2009	18.122	45.203	39.200	0.462	1.153
2010	18.700	49.281	40.110	0.466	1.229
2011	19.100	50.003	41.800	0.457	1.196

资料来源：历年《广西统计年鉴》，中国统计出版社。

从表 2 - 12 和图 2 - 3 可以看出，1978 ~ 2011 年广西的工业化率、非农化率和城镇化率都呈现出增长态势，但各指标增长幅度不同，可以明显地看出劳动力非农化率和城镇化率明显快于劳动力工业化率。劳动力工业化率（I）增长缓慢，从 1978 年的 10.5% 增长到 2011 年的 19.1%，33 年来仅增长了 8.6%，年平均增长率①为 1.83%；劳动力非农化率（N）增长较迅速，从 1978 年的 19.5% 增长到 2011 年的 50%，年平均增长率为 2.89%；另外，城镇化率（U）的变化同样较大，从 1978 年的 10.58% 增长到 2011 年的 41.8%，年平均增长率为 4.25%。

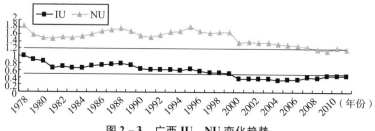

图 2 - 3　广西 IU、NU 变化趋势

资料来源：根据历年《广西统计年鉴》（中国统计出版社出版）相关数据整理计算而得。

从 IU、NU 看，IU 值小于 1，表明广西工业化率始终低于城镇化率，城镇中存在着第一产业、第三产业的劳动力。NU 值大于 1，表明广西农村中始终存在着一定的非农劳动力。根据 IU、NU 比的 0.5 和 1.2 国际标准值法以及广西 IU、NU 变化趋势，可以将其划分为 4 个阶段：第一阶段为 1978～1988 年，城镇化滞后于工业化；第二阶段为 1989～1999 年，城镇化超前于工业化；第三阶段为 2000～2007 年，城镇化超前于工业化；第四阶段为 2008～2011 年，工业化与城镇化融合发展。

1978～1988 年，这一阶段 IU 比大于 0.5，NU 比也大于 1.2，说明大量从事工业和其他非农业生产经营的劳动人口长期滞留在农村地区，未能向城镇转移，城镇化发展不足，即城镇化滞后于工业化，非农业从业人口无法满足工业化进程。1990～1999 年，

---

①　年平均增长率计算公式为 $\gamma = (x_t / x_0)^{1/n} - 1$，其中，$x_t$ 为末期，x_0 为基期，n 为样本区间数。

IU 比趋近 0.5，NU 比大于 1.2，且呈现增加趋势，表明城镇化快于工业化发展，并且城镇开始吸引大量非农产业的人口，但又无法满足工业结构调整与升级的需要，从而导致工业化发展滞后。2000～2007 年，IU 比小于 0.5，NU 比大于 1.2，表明城镇化超前于工业化，但是，NU 比又大于 1.2，说明城镇中不仅集中了从事非农产业的人口，而且集中了相对数量的农业人口。2008～2011 年，IU 比趋近 0.5，NU 比趋近 1.2，表明广西工业化与城镇化发展较为协调，二者融合发展较好，工业化发展水平与城镇化进程趋于一致，实现了"同步城镇化"。

二、协调发展系数对广西工业化与城镇化融合发展水平的判断

根据构建的区域工业化与城镇化水平评价指标体系，测算出广西 1978～2011 年工业化水平指数与城镇化水平指数，并在此基础上，运用协调度发展模型进行广西工业化与城镇化融合发展水平的测算，见表 2-13、图 2-4。

表 2-13　　广西工业化、城镇化水平指数及融合发展水平

年份	工业化水平指数	城镇化水平指数	$I(x) - U(x)$	协调系数	融合发展水平
	$I(x)$	$U(x)$		$C(K=4)$	D
1978	0.256	0.180	0.076	0.883	0.439
1979	0.240	0.213	0.027	0.986	0.473
1980	0.192	0.143	0.050	0.915	0.392
1981	0.184	0.148	0.036	0.955	0.398
1982	0.177	0.167	0.011	0.996	0.414
1983	0.193	0.183	0.010	0.997	0.433
1984	0.224	0.204	0.020	0.991	0.460
1985	0.217	0.233	-0.017	0.995	0.473

续表

年份	工业化水平指数	城镇化水平指数	$I(x) - U(x)$	协调系数	融合发展水平
	$I(x)$	$U(x)$		$C(K=4)$	D
1986	0.278	0.270	0.009	0.999	0.523
1987	0.290	0.287	0.003	1.000	0.537
1988	0.274	0.261	0.013	0.998	0.516
1989	0.237	0.272	-0.036	0.981	0.500
1990	0.223	0.293	-0.070	0.929	0.490
1991	0.229	0.331	-0.102	0.873	0.494
1992	0.303	0.367	-0.065	0.963	0.568
1993	0.389	0.390	-0.001	1.000	0.624
1994	0.392	0.423	-0.031	0.994	0.636
1995	0.366	0.416	-0.050	0.984	0.620
1996	0.322	0.449	-0.127	0.895	0.587
1997	0.323	0.507	-0.185	0.816	0.582
1998	0.336	0.488	-0.152	0.871	0.599
1999	0.350	0.526	-0.176	0.848	0.609
2000	0.385	0.582	-0.197	0.843	0.639
2001	0.385	0.559	-0.174	0.871	0.641
2002	0.406	0.562	-0.156	0.900	0.660
2003	0.430	0.564	-0.134	0.930	0.680
2004	0.465	0.640	-0.175	0.903	0.706
2005	0.484	0.674	-0.190	0.896	0.721
2006	0.510	0.751	-0.241	0.862	0.737
2007	0.549	0.739	-0.190	0.916	0.768
2008	0.595	0.762	-0.166	0.941	0.799
2009	0.611	0.795	-0.184	0.933	0.810
2010	0.728	0.775	-0.047	0.996	0.865
2011	0.796	0.829	-0.033	0.998	0.901

资料来源：根据历年《广西统计年鉴》《中国统计年鉴》《中国高新技术产业统计年鉴》《中国城市统计年鉴》及《新中国 60 年统计资料汇编》、中国经济金融数据库（CCER）的相关数据整理计算而得。

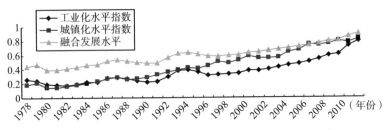

图 2 - 4　广西工业化与城镇化水平指数及二者融合发展水平

资料来源：根据历年《广西统计年鉴》《中国统计年鉴》《中国高新技术产业统计年鉴》《中国城市统计年鉴》及《新中国 60 年统计资料汇编》、中国经济金融数据库（CCER）的相关数据整理计算而得。

（一）广西工业化与城镇化水平整体上均呈现出快速上升的趋势

1978～2011 年，广西工业化水平呈现出上升趋势，从 1978 年的 0.256 增长到 2011 年的 0.796，33 年间增长了 0.54，年平均增长率为 3.5%，特别是近 15 年以来增长快速，这也说明广西工业化近些年来发展快速，工业总产值占 GDP 比重也于 2011 年达到了 41.39%。从广西工业化水平指数变化趋势可以将其分为两个阶段：第一阶段（1978～1995 年），工业化水平不稳定期，呈现波浪式上升趋势；第二阶段（1996～2011 年），工业化水平快速上升期。

1978～2011 年，广西城镇化水平出现快速上升趋势，从 1978 年的 0.18 增长到 2011 年的 0.829，增长了 0.649，年平均增长率为 4.743%。从城镇化率（城镇人口占总人口比重）看，广西城镇化率同样出现了快速增长趋势，从 1978 年的 10.58%，增长到 2011 年的 41.8%，增长了 31.22%。

总体来看，广西工业化与城镇化水平均呈现上升趋势，并根据二者的趋势可以将其分为两个阶段：第一阶段（1978～1988 年），城镇化水平滞后于工业化水平阶段；第二阶段（1989～

2011年），城镇化水平超前于工业化水平阶段。第一阶段，城镇化发展水平低于工业化发展水平，这时期广西城镇化率也未超过15%，说明城镇建设比较落后，这与广西经济欠发达有密切的联系；第二阶段，城镇化水平出现了较快速的发展，并于1989年出现了逆转，城镇化水平超过了工业化水平。与IU、NU比的0.5和1.2国际标准值法分析结果相比，得出的结果基本一致。

（二）广西工业化与城镇化融合发展水平逐年提升

从表2-12可以看出，广西工业化与城镇化融合发展的水平不断提升，从1978年的0.4385，增加到2011年的0.901，增加0.463。为了进一步对广西工业化与城镇化融合发展进行总体判断，参照区域协调度等级划分表，见表2-4，对广西1978～2011年的区域协调度进行等级评价，见表2-14。

表2-14　　　　　广西工业化与城镇化融合发展等级
判断（1978～2011年）

协调等级	严重失调	中度失调	轻度失调	勉强协调
年份		1980～1981	1978、1979、1982～1985、1990～1991	1986～1989、1992、1996～1997
协调等级	初级协调	中级协调	良好协调	优质协调
年份	1993～1995、1998～2003	2004～2008	2009～2010	2011

从表2-14中可以看出，广西工业化与城镇化融合发展过程经历了7个协调等级。1980～1981年，协调发展度处于0.3～0.39，属于中度失调类；1978～1979年、1982～1985年、1990～1991年，广西工业化与城镇化融合发展的协调发展度处于0.4～0.49区间，属于轻度失调类；1986～1989年、1992年、1996～

1997 年的协调发展度处于 0.5 ~ 0.59 区间，属于勉强协调类；1993 ~ 1995 年、1998 ~ 2003 年的协调发展度处于 0.6 ~ 0.69 区间，属于初级协调类；2004 ~ 2008 年的协调发展度处于 0.7 ~ 0.79 区间，属于中级协调类；2009 ~ 2010 年的协调发展度处于 0.8 ~ 0.89 区间，属于良好协调类；2011 年的协调发展度为 0.901，属于优质协调类。总体来看，广西工业化与城镇化融合转变经历了一个较长期的过程，由中度失调到优质协调的转变，1978 ~ 1996 年期间出现了些许波动，这期间也正是广西进行工业结构调整期，1997 ~ 2011 年广西进入了工业化与城镇化融合发展时期。

第三节　广西工业化与城镇化融合发展水平的区域差异

工业化与城镇化融合发展是一个由失调到协调的动态过程，在时间上存在着明显差异性。工业化与城镇化是两个复杂的系统，在相互融合过程中受到诸多内在因素和外在因素影响，进而影响各区域的工业化与城镇化融合发展水平，导致工业化与城镇化的相互融合存在明显的阶段性，并在不同的发展阶段具有差异性（改革杂志社专题研究部，2012）。① 广西壮族自治区的各市的经济发展水平、工业化进程、城镇化进程、科技创新能力、基础设施建设、城市发展历史等方面都存在差异，工业化与城镇化的融合也必然存在差异。为了充分地了解广西工业化与城镇化融合发展水平，进一步验证工业化与城镇化融合存在区域差异，必须对广西工业化与城镇化融合发展水平进行深入研究。接下来，以

---

① 改革杂志社专题研究部. 工业化与城镇化融合发展：重庆例证，重庆社会科学，2012（12）：12 - 19.

IU、NU 比为 0.5 和 1.2 的国际标准值法和协调发展度来验证。

一、国际标准值法对广西的市域工业化与城镇化融合发展水平的区域差异分析

由表 2 - 15 可知，2011 年广西的 14 个市的 IU 比都小于 1，说明广西工业化率始终低于城镇化率，城市中存在着大量的第一产业、第三产业的劳动力；NU 比除了南宁市、贺州市和崇左市小于 1 外，其余市均大于 1，说明除南宁市、贺州市和崇左市，其他市始终在农村存在一定非农劳动力，未能够有效地向城市集聚。广西壮族自治区的各市中城镇化率最高的为南宁市，城镇化率为 54.55%，之后是柳州市为 51.3%，最低的河池市仅为 33%，低于广西城镇化率为 40.2%；劳动力工业化率最高的是百色市为 28.472%，之后是梧州市为 27.815%，最低的是崇左市为 7.15%；劳动力非农化率最高是北海市为 65.551%，之后，是百色市为 57.543%，表明其劳动力从事第二产业、第三产业者居多，最低的是崇左市，仅为 22.731%。从 IU 和 NU 比看，可以将广西的 14 个市的工业化与城镇化融合发展大致分为 4 个区域：

表 2 - 15　　广西的市域工业化与城镇化融合发展水平
对比分析（2011 年）

城市	I（%）	N（%）	U（%）	IU	NU
南宁市	17.331	49.939	54.550	0.318	0.915
柳州市	21.279	56.102	51.300	0.415	1.094
桂林市	21.456	45.538	41.200	0.521	1.105
梧州市	27.815	50.854	41.500	0.670	1.225
北海市	15.242	65.551	51.300	0.297	1.278
防城港市	17.163	51.814	47.000	0.365	1.102
钦州市	27.222	48.803	37.500	0.726	1.301

续表

城市	I（%）	N（%）	U（%）	IU	NU
贵港市	24.057	50.683	39.200	0.614	1.293
玉林市	26.462	48.301	40.800	0.649	1.184
百色市	28.472	57.543	34.000	0.837	1.692
贺州市	18.333	35.000	37.000	0.495	0.946
河池市	9.114	35.170	33.000	0.276	1.066
来宾市	14.605	40.957	36.500	0.400	1.122
崇左市	7.150	22.731	35.000	0.204	0.649

资料来源：笔者根据《广西统计年鉴（2012）》（中国统计出版社出版）相关数据整理计算而得。

第一类区域为城镇化超前于工业化水平区域，主要包括南宁市、防城港市、贺州市、河池市、崇左市。这几个城市的 IU 比分别为 0.318、0.365、0.495、0.276、0.204，均小于 0.5；NU 比分别为 0.915、1.102、0.946、1.066、0.629，也均小于 1.2。因此，这 7 个区域城镇化水平超前于工业化水平。

第二类区域为工业化与城镇化融合发展区域，主要包括柳州市、桂林市、梧州市、玉林市和来宾市。IU 比分别为 0.415、0.521、0.670、0.649、0.400，均趋近 0.5；而 NU 比分别为 1.094、1.105、1.225、1.184、1.122，均趋近 1.2。因此，综合来看，这些区域工业化与城镇化融合较好。

第三类区域为城镇化水平滞后于工业化水平区域，主要包括钦州市、贵港市和百色市。这些城市的 IU 比分别为 0.726、0.614、0.837，均大于 0.5；NU 比分别为 1.301、1.293、1.692，均大于 1.2。因此，这 4 个区域城镇化水平滞后于工业化水平。

第四类区域为无法判断区，这个区域为北海市，IU 比为 0.297，远小于 0.5，表明城镇化水平超前于工业化水平，但是 NU 比为 1.278，又大于 1.2，表明该区域城镇化水平滞后于工业化水平。出现这种情况，主要是因为 IU、NU 比为 0.5 和 1.2 的国际标准值法仅是从劳动力就业结构角度来考察工业化与城镇化融合，无法准确地考察北海市这种城镇化率较高以及城镇中集聚了大量的非农业人口和农业人口、农村中也滞留了一定非农业人口的城市。

二、协调发展度模型对广西的市域工业化与城镇化融合发展水平的区域差异分析

根据构建的区域工业化与城镇化水平评价指标体系，测算出广西 2011 年市域工业化、城镇化水平指数，并运用协调发展度模型测算出广西的市域工业化与城镇化融合发展水平，见表 2 - 16。

从表 2 - 13 中可以看出，广西的 14 座城市的工业化水平和城镇化水平存在较大差异，评价最高的是梧州市为 0.585，之后是桂林市为 0.506、柳州市为 0.478，评价较低的是钦州市为 0.231；城镇化水平评价最高的是南宁市为 0.697，之后是北海市为 0.658、柳州市为 0.629，评价较低的是崇左市为 0.329，这与城镇化率的判断一致。对比工业化水平指数与城镇化水平指数，发现除了防城港市和崇左市，其他 12 市均为城镇化水平超前于工业化水平。

表 2 - 16　　　　广西 2011 年市域工业化、城镇化
水平指数及融合发展水平

城市	工业化水平指数	城镇化水平指数	$I(x) - U(x)$	协调系数	融合发展水平
	$I(x)$	$U(x)$		$C(K = 4)$	D
南宁市	0.415	0.697	- 0.282	0.767	0.653
柳州市	0.478	0.629	- 0.151	0.928	0.717

续表

城市	工业化水平指数	城镇化水平指数	$I(x) - U(x)$	协调系数	融合发展水平
	$I(x)$	$U(x)$		$C(K=4)$	D
桂林市	0.506	0.613	-0.106	0.964	0.735
梧州市	0.585	0.613	-0.028	0.998	0.773
北海市	0.308	0.658	-0.350	0.570	0.525
防城港市	0.409	0.409	0.000	1.000	0.640
钦州市	0.231	0.560	-0.328	0.469	0.431
贵港市	0.313	0.435	-0.121	0.899	0.580
玉林市	0.400	0.591	-0.191	0.860	0.652
百色市	0.472	0.503	-0.031	0.996	0.697
贺州市	0.296	0.454	-0.158	0.834	0.559
河池市	0.378	0.413	-0.035	0.992	0.626
来宾市	0.340	0.477	-0.138	0.891	0.603
崇左市	0.413	0.329	0.084	0.950	0.594

注：①构建的区域工业化与城镇化融合发展水平评价体系中个别指标数据缺失，故采取指标替代法，工业化水平评价指标体系中工业废水达标率、技术装备率，分别换成污水处理率、科学技术支出占地方财政支出比重；城镇化水平评价指标体系中人均消费支出、工业废水达标率，分别换成城镇居民人均生活消费性支出（元）、生活垃圾无害化处理率；②原始数据中，广西壮族自治区各市进出口总额单位为万美元，这里以人民币对美元的年平均汇率换算成人民币。

资料来源：笔者根据《广西统计年鉴（2012年）》、广西壮族自治区各市国民经济和社会发展统计公报、广西壮族自治区知识产权局的相关数据整理计算而得。

依照协调发展度等级划分及其标准，将广西2011年市域工业化与城镇化融合发展水平划分为4个等级，即轻度失调、勉强协调、初级协调和中级协调，见表2-17。可以看出，只有钦州市为轻度失调类，协调发展度为0.431；北海市、贵港市、贺州市和崇左市为勉强协调类，其协调发展度分别为0.525、0.580、0.559和0.594；南宁市、防城港市、玉林市、百色市、河池市和来宾市为初级协调类，其协调发展度分别为0.653、0.640、

0.652、0.697、0.626 和 0.603；柳州市、桂林市和梧州市为中级协调类，其协调发展度分别为 0.717、0.735、0.773。从以上 IU、NU 比为 0.5 和 1.2 的国际标准值法和协调发展度模型的分析，可以得出广西的市域工业化与城镇化融合发展存在区域差异。

表 2 - 17　　广西 2011 年市域工业化与城镇化融合发展等级判断

协调等级	轻度失调	勉强协调	初级协调	中级协调
年份	钦州市	北海市、贵港市、贺州市、崇左市	南宁市、防城港市、玉林市、百色市、河池市、来宾市	柳州市、桂林市、梧州市

第四节　工业化与城镇化融合发展水平的横向比较

一、研究对象与数据说明

选取东部地区的上海市、中部地区的长沙市、西部地区的南宁市作为城镇化与工业化融合发展的实证检验对象。改革开放以来，上海市的城市建设和经济发展取得了令人瞩目的成绩，成为中国的经济中心、金融中心，繁荣的国际大都市，是"长三角"城市群的核心城市，具有显著的代表性。长沙市是中部地区的重要城市，长江中游城市群的中心城市之一，"长株潭"城市群的核心城市，中南地区重要的工商业城市，也是全国"两型社会"实验区。[①] 南宁市是华南地区的大城市，北部湾经济区核心城市，中国面向东盟国

---

①　"两型社会"实验区是指，全国资源节约型和环境友好型社会建设综合配套改革试验区的简称，2007 年 12 月 14 日国务院正式批准武汉城市圈和"长株潭"城市群为"两型社会"实验区并赋予先行先试的政策创新特权。

家的区域性国际城市。此外，长沙市和南宁市都是正在逐步形成及壮大的城市群的核心城市，这两个城市的发展将关系到长株潭城市群和北部湾经济区城市群的壮大和发展。因此，选取上海市、长沙市、南宁市作为研究对象，具有一定的区域代表性。

考虑到数据的可得性和连续性，选取 1978～2013 年为样本区间。数据主要来源于《上海统计年鉴》《长沙统计年鉴》《长沙市国民经济和社会发展统计公报》《湖南统计年鉴》《南宁统计年鉴》和《中国城市统计年鉴》。

为了避免各指标度量单位不一致而对计算结果产生的影响，我们对原始数据进行极差标准化处理。将正向指标运用公式 $Z_{ij} = \dfrac{(x_{ij} - \min X_{ij})}{(\max X_{ij} - \min X_{ij})}$ 进行标准化处理，而负向指标则运用公式 $Z_{ij} = \dfrac{(\max X_{ij} - x_{ij})}{(\max X_{ij} - \min X_{ij})}$ 进行标准化处理。

二、实证分析与结果解释

（一）城镇化与工业化综合指数分析

三个城市的相关数据标准化后，再对各指标相应的权重进行逐层加权求和，可以得到各个城市工业化与城镇化两个子系统的发展水平。在这里，分别用工业化指数和城镇化指数表示，测算结果，见表 2－18。

表 2－18　　上海市、长沙市和南宁市城镇化与工业化综合评价指数

年份	城镇化综合评价指数			工业化综合评价指数		
	上海	长沙	南宁	上海	长沙	南宁
1978	0.167	0.163	0.115	0.270	0.118	0.095
1979	0.194	0.168	0.111	0.267	0.159	0.088

续表

年份	城镇化综合评价指数			工业化综合评价指数		
	上海	长沙	南宁	上海	长沙	南宁
1980	0.216	0.183	0.147	0.308	0.198	0.092
1981	0.228	0.205	0.163	0.327	0.218	0.129
1982	0.235	0.223	0.209	0.310	0.219	0.161
1983	0.246	0.230	0.213	0.301	0.202	0.148
1984	0.278	0.243	0.230	0.271	0.202	0.174
1985	0.286	0.263	0.223	0.294	0.209	0.196
1986	0.291	0.282	0.210	0.284	0.239	0.194
1987	0.307	0.274	0.163	0.285	0.257	0.166
1988	0.321	0.271	0.155	0.308	0.270	0.158
1989	0.324	0.284	0.154	0.327	0.298	0.149
1990	0.338	0.337	0.204	0.310	0.300	0.192
1991	0.365	0.312	0.228	0.301	0.264	0.213
1992	0.374	0.260	0.211	0.300	0.249	0.228
1993	0.391	0.298	0.224	0.308	0.296	0.243
1994	0.420	0.303	0.212	0.343	0.316	0.290
1995	0.399	0.340	0.243	0.354	0.335	0.282
1996	0.451	0.350	0.23	0.340	0.354	0.288
1997	0.496	0.410	0.271	0.391	0.363	0.285
1998	0.503	0.391	0.27	0.406	0.330	0.283
1999	0.521	0.320	0.264	0.406	0.325	0.291
2000	0.533	0.310	0.262	0.435	0.368	0.259
2001	0.561	0.343	0.276	0.461	0.378	0.271
2002	0.585	0.355	0.276	0.478	0.390	0.232
2003	0.609	0.390	0.251	0.510	0.378	0.216
2004	0.636	0.460	0.271	0.528	0.461	0.239
2005	0.646	0.496	0.324	0.553	0.483	0.288
2006	0.678	0.508	0.368	0.561	0.460	0.291
2007	0.716	0.571	0.397	0.617	0.477	0.326

年份	城镇化综合评价指数			工业化综合评价指数		
	上海	长沙	南宁	上海	长沙	南宁
2008	0. 745	0. 603	0. 443	0. 646	0. 494	0. 378
2009	0. 768	0. 619	0. 422	0. 641	0. 504	0. 399
2010	0. 771	0. 641	0. 452	0. 719	0. 524	0. 406
2011	0. 796	0. 672	0. 544	0. 801	0. 563	0. 489
2012	0. 829	0. 734	0. 583	0. 846	0. 648	0. 504
2013	0. 862	0. 733	0. 594	0. 910	0. 690	0. 571

资料来源：笔者根据所构建指标体系和模型计算得出。

从表 2-18 中可以看出，三个城市的工业化与城镇化指数总体都呈现上升趋势，两个指数样本期间（1978～2013 年）均有持续增长。从时间序列来看，无论是城镇化指数还是工业化指数，都呈现出阶段性特征：1990 年以前，虽然有小幅度上升，但波动幅度较大；1990～2000 年，两个指数都在小幅度波动中稳定增长；2000 年以后，则呈现出持续快速上升的趋势，波动次数和幅度出现得更少。这意味着，这一期间上海市、长沙市与南宁市的城镇化与工业化都在快速发展。同时，随着 20 世纪 90 年代全面展开的经济领域改革，改革导致了城市与工业发展模式进行了相应调整，这一期间，城镇化与工业化都在这种调整中不断发展，因而表现为上海市、长沙市和南宁市两个指数都在波动式上升；而进入 21 世纪后，在中国经济结构不断调整的背景下，随着城镇化相关政策措施的实施，有力地推进了城镇化和工业化，因而表现为三个城市的两个指数处于快速增长阶段。

比较来看，上海市的城镇化指数与工业化指数都呈现出平稳的攀升趋势，增幅分别为 414. 786%、236. 786%。长沙市和南宁市的城镇化指数和工业化指数虽然整体呈现出上升趋势，但上升过程中均存在较大波动；其中，长沙市城镇化指数与工业化指数的增幅分别为 350.152% 、484.708% ，南宁市城镇化指数与工业化指数的增幅分别为 417.547% 、503.742% 。分地区比较还可以发现，上海市城镇化指数与工业化指数均最大，长沙市次之，南宁市最小；这意味着，城镇化与工业化两个子系统存在着东、中、西部地区由高到低的梯度分布规律。

表 2-19 反映的是四个时间段（1978～1989 年、1990～1999 年、2000～2009 年、1978～2013 年）城镇化与工业化指数的年均增长率结果，从中可以发现：

（1）各个城市的城镇化指数与工业化指数均有较高的增长率，城镇化指数的年均增长率差别不大（年均增长率都为 4.5% 左右），而工业化指数年均增长率存在较大差异，南宁市的工业化指数年均增长率高于长沙市 0.1% ，高于上海市 1.6% ；此外，除了长沙市 1990～1999 年的城市化指数出现负增长以外，三个城市其余时间段的指数均有大幅增长。

（2）从各时间段城镇化增长率变化来看，各城市、各时期均表现出较大的差异性。其中，1978～1989 年城镇化年均增长率表现为上海市大于长沙市，南宁市最小，即呈现东、中、西部地区递减的规律。但是，2000～2013 年，城镇化年均增长率表现为长沙市与南宁市显著高于上海市，说明这时期长沙市与南宁市城市建设取得了长足发展，而上海市在经过前两个时期的高速发展后，城镇化进程已经进入成熟阶段，增速逐渐缓慢下来。

（3）从各时间段工业化增长率变动趋势来看，在经过结构调整后，工业化进程均有显著的增长；改革开放至 1990 年以前的这个时间段，长沙市的工业化增长趋势最为迅猛，年均增长率达到 8.043% 。但是，在 1990～1999 年，长沙市工业化指数年均增长率明显低于上海市和南宁市，可见，在这一期间，长沙市工业化发展由高速增长期进入低迷期。

（4）从各城市不同时间段的增长速度来看，西部地区的南宁市城镇化与工业化指数年均增长率呈现递增态势，并逐步高于东、中部地区城市。这很可能意味着，中国的城镇化与工业化存在着逐渐收敛的趋势，这为南宁市在未来以城镇化与工业化融合发展实现跨越式发展以及缩小城市经济社会发展差距提供了潜在保障。

表 2 – 19　　　　上海市、长沙市和南宁市城镇化与工业化

综合评价指数年均增长率　　　　单位：%

指标	城市	1978 ~ 1989 年	1990 ~ 1999 年	2000 ~ 2013 年	1978 ~ 2013 年
城镇化	上海	5.647	4.433	3.491	4.657
	长沙	4.732	− 0.531	6.328	4.268
	南宁	2.492	2.594	6.040	4.672
工业化	上海	1.600	2.732	5.415	3.431
	长沙	8.043	0.795	4.592	5.028
	南宁	3.847	4.280	5.826	5.121

（二）城镇化与工业化的融合发展分析

在对三个城市的工业化和城镇化两个子系统进行分析以后，接下来，根据式（2 – 4）和式（2 – 5）计算出两个系统的发展度和协调度，并进一步运用式（2 – 6）计算城镇化系统与工业化系统的融合度 D，测算结果见表 2 – 17。从表 2 – 17 中可以看出，三个城市的"城镇化与工业化"综合系统融合度总体上均呈现出波浪式增长态势（尽管有些时间段融合度也会出现下降）。

比较而言，上海市的融合度较高，均值为 0.654；之后是长沙市，两者的融合度均值为 0.588，南宁市的融合度最低，均值为 0.501；这意味着，中国的城镇化与工业化融合发展可能存在

东、中、西部地区由高到低的变化规律。此外，三个城市的融合度增长也有着不同特征，上海市工业化与城镇化的融合度在整个样本区间内均表现为持续递增，然而，长沙市与南宁市的融合度尽管在 2000 年以后增长较为稳定，但这以前波动幅度却很大，有时甚至还会出现负增长。

从融合度的增长率来看，三个城市的表现也大不相同。上海市、长沙市和南宁市融合度值分别由 1978 年的 0.442、0.365 和 0.321 上升至 2013 年的 0.941、0.841 和 0.763，增幅分别达到 112.825%、130.784% 和 138.026%，与之对应的年均增长率分别为 16.461%、17.419% 和 18.445%。可见，1978～2013 年，南宁市工业化与城市化融合度的增幅和年均增长率最高，长沙市次之，上海市最低。这意味着：（1）西部地区城镇化与工业化融合发展的速度可能最快，之后是中部地区，东部地区最低；（2）虽然东部地区"两化"的融合度高，但中西部地区的快速发展不断缩小与东部地区的差距，因而，城镇化与工业化融合发展程度可能存在区域间收敛；（3）中西部地区可以通过推进"两化"的融合发展，有力地推进经济社会的跨越式发展，快速地追赶东部地区。

值得指出的是，从图 2－5 中融合度增长率的变动趋势可知，三个城市的"两化"融合发展在早期波动较大，而随着时间的推移波动越来越小，且为正增长率。这说明城镇化与工业化融合发展的早期二者更多的是磨合、调整，而一旦到了初级融合发展阶段就不容易出现衰退，二者融合发展得更稳定。

接下来，我们通过不同时间段的融合发展类型来探讨三个城市"两化"融合发展的路径。为了便于分析，我们根据表 2－4 和表 2－20 对三个城市在不同时间段的融合发展类型进行了归类，结果见表 2－21。总体来看，三个城市在 1978～1989 年和 1990～1999 年两个时间段都为波动和融合衰退并存期，在这一期间，长沙市与南宁市"两化"融合发展的波动较大，而上海市则较为平稳；2000～2013年间，三个城市的"两化"融合都处于快速发展期，这一期间，上海市、长沙市与南宁市的融合度增幅分别高达36.591%、45.726%和49.6579%。

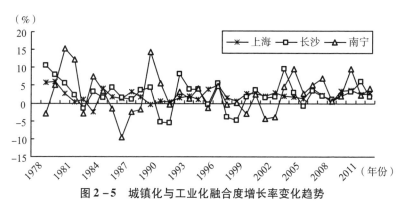

图2-5　城镇化与工业化融合度增长率变化趋势

资料来源：根据历年《湖南统计年鉴》《长沙统计年鉴》《上海统计年鉴》《广西统计年鉴》的相关数据整理计算而得。

表2-20　　　上海市、长沙市和南宁市城镇化与工业化
融合度的测算结果

年份	上海	长沙	南宁	年份	上海	长沙	南宁
1978	0.442	0.365	0.321	1984	0.505	0.478	0.441
1979	0.468	0.404	0.311	1985	0.526	0.486	0.456
1980	0.496	0.435	0.327	1986	0.536	0.507	0.448
1981	0.510	0.460	0.377	1987	0.543	0.515	0.406
1982	0.512	0.470	0.423	1988	0.560	0.520	0.396
1983	0.518	0.463	0.410	1989	0.570	0.539	0.389

续表

年份	上海	长沙	南宁	年份	上海	长沙	南宁
1990	0.568	0.563	0.445	2002	0.722	0.609	0.500
1991	0.572	0.533	0.469	2003	0.742	0.619	0.481
1992	0.574	0.504	0.468	2004	0.757	0.679	0.503
1993	0.583	0.545	0.482	2005	0.770	0.700	0.551
1994	0.595	0.566	0.489	2006	0.780	0.694	0.566
1995	0.601	0.589	0.509	2007	0.812	0.718	0.595
1996	0.625	0.587	0.503	2008	0.830	0.733	0.637
1997	0.656	0.620	0.527	2009	0.833	0.741	0.640
1998	0.666	0.596	0.525	2010	0.862	0.756	0.653
1999	0.670	0.568	0.526	2011	0.894	0.780	0.716
2000	0.689	0.578	0.510	2012	0.915	0.828	0.733
2001	0.708	0.599	0.523	2013	0.941	0.843	0.763

资料来源：根据历年《长沙统计年鉴》《上海统计年鉴》《湖南统计年鉴》《广西统计年鉴》的相关数据整理计算而得。

城镇化与工业化的融合发展是一个逐步跃迁的动态过程，最终目标是优质融合。那么，各个城市的"两化"融合发展路径怎样呢？是否实现了优质融合呢？从表2-21可以发现：（1）总体上，上海市的城镇化与工业化融合路径比较平稳，而长沙市和南宁市"两化"融合发展过程的波动较大，有些时间段甚至出现了融合倒退现象。（2）在三个城市的"两化"融合发展过程中，随着融合类型的不断跃迁，各融合阶段所历经的时间也在逐渐缩短；如上海市经历了14年勉强融合发展以及6年中级融合期，才进入良好融合期，而良好融合期仅5年就进入了优质融合期；其他两个城市也类似。（3）不同城市的融合发展路径差异明显。上海市的城镇化与工业化融合发展路径比较平缓且起点较高，即在经过3年的轻度融合衰退期就迅速地进入了勉强融合发展期，再经过长时期的勉强融合发展阶段后，跃迁至初级融合发展期。接着，再经历了 6 年的中级融合期和 5 年的良好融合发展阶段，最终跃迁至优质融合发展阶段。而长沙市与南宁市"两化"融合发展的起点较低，而且，在经历了较大时间的轻度融合衰退和勉强融合发展阶段才实现跃迁；南宁在轻度融合衰退阶段历经了三个时间段，分别为 1978～1987 年、1990～1994 年和 2002～2003 年，直到 2008 年才步入初级融合发展阶段，并经过 3 年的初级融合发展最终跨越至中级融合发展阶段；此外，这两个城市都还没有实现优质融合。(4) 不同城市"两化"融合发展的阶段性时间上不同步。具体来说，上海市在 2001 年融合度已跃迁至中级融合发展，而长沙市延迟至 2007 年达到，南宁市更是 2011 年才达到；而当东部城市上海市 2013 年已经进入优质融合发展阶段时，中部城市长沙市处于良好融合发展阶段，而西部地区南宁市仍属于中级融合阶段；由此可见，三个城市的"两化"融合发展存在东部、中部、西部地区的梯队跃迁规律，即东部地区城市"两化"融合发展走在前列、中西部城市在后面追赶。(5) 与东部地区上海市比较起来，中西部地区的长沙市和南宁市以更短的时间实现初级融合和中级融合发展阶段的跃迁。这很可能意味着，融合度相对落后的中西部城市可以借鉴东部地区城市"两化"融合发展的先进经验，抓住后发优势实现"两化"融合的跨越式发展。

表 2-21　　城镇化与工业化融合发展时间段类型的判断

城市	融合类型						
	中度融合衰退	轻度融合衰退	勉强融合发展	初级融合发展	中级融合发展	良好融合发展	优质融合发展
上海		1978～1980 年	1981～1994 年	1995～2000 年	2001～2006 年	2007～2011 年	2012～2013 年
长沙	1978 年	1978～1987 年 1990～1994 年	1986～1996 年 1998～2001 年	1997～2002～2006 年	2007～2011 年	2012～2013 年	

续表

城市	融合类型						
	中度融合衰退	轻度融合衰退	勉强融合发展	初级融合发展	中级融合发展	良好融合发展	优质融合发展
南宁	1978～1981 年	1978～1987 年 1990～1994 年 2002～2003 年	1995～2001 年 2004～2007 年	2008～2010 年	2011～2013 年		

总的来看，东中西部地区三个代表性城市的"两化"指数呈现出波动式上升趋势，并表现出东中西部地区由高到低的梯队分布；而从"两化"指数的增长率看，却呈现出反向的梯队分布，即西部地区南宁市高于中部地区长沙市，东部地区上海市最低；东中西部地区各城市"两化"融合度均呈现出不断增长态势，但融合度存在着东中西部地区由高到低的梯队分布规律；不同城市的融合发展路径差异明显，与东部地区上海市相比，中西部地区的长沙市与南宁市以更短的时间实现初级融合和中级融合发展阶段的跃迁。由于数据收集的限制，本章仅选择东中西部地区三个代表性城市进行了实证分析，地级市层面的实证考察更能反映中国"两化"融合发展的全貌，因此，今后需要进一步对这一领域进行更全面的研究。

第五节 本 章 小 结

本章在理论分析的基础上，构建了一套工业化与城镇化融合发展的评价指标体系来评价工业化与城镇化融合发展水平或进程，并对广西工业化与城镇化融合发展水平的区域差异进行了分析，以及选取南宁市与上海市、长沙市的工业化与城镇化融合发展进行了横向比较，得到以下一些结论：

（1）将耦合理论纳入工业化与城镇化融合发展框架中，分析得出工业化与城镇化的融合发展是一个逐步跃迁的动态过程，最终目标是优质融合。工业化与城镇化在二者水平不断提高过程中不断地靠拢→失调→收敛（融合），这种发展路径并非是一条直线，而是一条曲线。不同城市的融合发展路径存在差异，在各城市"两化"融合发展过程中，随着融合类型的不断跃迁，各融合阶段所历经的时间在逐渐缩短且更稳定。

（2）工业化与城镇化融合发展评价指标体系从发展水平、发展质量、科技创新、经济效益和结构变化5个衡量类型17个指标来综合评价工业化水平，从发展水平、社会发展、居民生活、基础设施、生态环境和结构变化7个衡量类型20个指标来综合衡量城镇化水平。前期，广西工业化与城镇化的水平都比较低，因此，融合度也较低，并且波动较大，随着城镇化与工业化进程的推进，二者的融合度也逐步跃迁，并逐渐稳定下来。总体上看，广西工业化与城镇化水平均呈现上升趋势，融合发展的水平不断提升，融合发展过程经历了7个协调等级，其融合转变经历了一个较长期的过程。2011年后，广西工业化与城镇化融合发展进入了一个全新的发展阶段。

（3）广西的14个地级市不仅工业化水平和城镇化水平存在区域差异，而且，工业化与城镇化融合发展也存在明显的区域差异。各地级市的工业化水平和城镇化水平较低，并普遍存在工业化滞后于城镇化的现象，各地级市虽然已经表现出工业化与城镇化融合发展的趋势，但还无法实现持续有效地融合发展。

（4）通过南宁市与上海市、长沙市的工业化与城镇化融合发展的对比分析得出，东中西部地区各城市"两化"融合度呈现出不断增长的态势，但融合度存在着东中西部地区由高到低的梯队分布规律；不同城市的融合发展路径差异明显，与东部地区上海市比较，中西部地区的长沙市与南宁市以更短的时间实现初级融合和中级融合发展阶段的跃迁。

第三章

工业化与城镇化融合
发展的经济效应

　　城镇化、工业化对经济社会的发展具有十分重要的推动效应，工业化与城镇化的融合将产生更为显著的经济效应，主要有经济增长效应、收入增长效应和社会福利效应。现有文献尚未从理论和实证方面对工业化与城镇化融合发展的经济效应进行深入探讨，为拓展理论和实证研究提供政策参考依据，对工业化与城镇化融合发展的经济增长效应、收入增长效应和社会福利效应进行理论分析，分别构建柯布—道格拉斯生产函数、联立方程、社会福利模型，并利用广西的数据实证检验其经济效应。

第一节　工业化与城镇化融合
发展的经济增长效应

一、工业化、城镇化与经济增长

　　城镇化、工业化、经济增长一直以来都是经济学的主要研究对象，并且是学者们一直重视的研究项目和重大课题。城镇化、工业化对经济社会的发展具有十分重要的推动效应，且城镇化与工业化能否协调发展事关一个国家或地区经济增长速度的快慢和效率的高低。工业化代表着以工业部门为代表的社会生产力越来越先进，并逐渐推动第三产业和农业现代化发展，使得整个经济系统拥有了更强大的生产能力，这本身就体现了经济增长的内涵。而城镇化通过刺激消费需求也对经济增长起了重要的助推作用。目前，国内外学者针对工业化与城镇化的融合发展对经济增长的影响研究还比较少，主要集中于工业化与经济增长（或产业结构与经济增长）、城镇化与经济增长方面的研究。

工业化与经济增长的研究，主要集中探讨产业结构（工业结构）变化对经济增长的影响。经济增长理论学者和以潘德为代表的产业经济学家们，视产业结构调整为推动经济增长的重要因素，并进行了大量的实证与理论分析，他们的研究加速了产业经济理论与经济增长理论的融合，为我们研究工业结构与经济增长间的相互影响机制提供了一个平台。产业结构主要是以调整产业间组合以形成规模效应和提升要素利用效率来促进经济增长（吴寿平，2012）。[①] 研究表明，第三产业的发展是推动中国经济快速增长的重要拉动力，但是第三产业的膨胀式发展会挤出第一产业、第二产业对经济的推动作用。因此，中国经济要实现持续发展就十分有必要调整经济结构，提升第一产业、第二产业的贡献率，提高经济发展质量（刘伟，李绍荣，2002）。[②] 此外，产业结构是资本、劳动力和技术等要素的结合方式，不同的产业结构意味着不同的产出结果，并且结构变化与经济发展之间是相互促进的，结构调整与优化将促进经济快速地增长，而经济增长又进一步促使各产业间的结构调整，也就是说，结构的调整与优化是经济增长的源泉（葛新元，王大辉，袁强等，2000）。[③] 进一步

---

① 吴寿平．广西工业结构变化及其影响因素．广西师范大学，2012.

② 刘伟，李绍荣．产业结构与经济增长．中国工业经济，2002（5）：14–21.

③ 葛新元，王大辉，袁强等．中国经济结构变化对经济增长的贡献的计量分析．北京师范大学学报（自然科学版），2000，36（1）：48.

说，结构变化与经济增长间存在互动关系（陈平，李广纵，2001），① 结构变化通过改变需求结构和要素结构等方面来刺激经济增长（汪红丽，2002）。②

工业化的发展对经济发展起推动作用（吴巧生，2010），③ 研究表明，工业增长、生产率增长与国内生产总值（GDP）增长之间存在密切的关系，这种关系也被称为卡尔多 - 凡登定律④（Kaldor，1966）。也有学者指出，工业化阶段本质特质是工业结构变化，也是衡量产业结构层次的标志。目前，工业在国民生产总值中约占50%，处于主导地位，是衡量国家或地区经济增长潜力和实力的重要标志（马永红，2002）。⑤ 工业化与经济增长存在着内在的相关性，对经济增长具有直接推动效应和间接拉动效应。

城镇化与经济增长的命题，源于发展经济学中的城乡人口迁移模型和内生经济增长模型。在区域经济发展过程中，提高城市化水平对促进经济增长的作用十分显著，⑥ 特别是城市群对经济增长也发挥着越来越重要的新引擎作用（吴福象，刘志彪，2008）。⑦

---

① 陈平，李广众. 中国的结构转型与经济增长. 世界经济，2001（3）：20.

② 汪红丽. 经济结构变迁对经济增长的贡献——以上海为例的研究 1980 ~ 2000. 上海经济研究，2002（8）：10 - 15.

③ 吴巧生. 中国工业化进程中的能源消耗强度变动及影响因素——基于费雪（Fisher）指数分解方法的实证分析. 经济理论与经济管理，2010（5）：44 - 50.

④ 卡尔多—凡登定律（kaldor-verdoorn law）是工业引导型增长模型，核心是说，第二产业的生产率最高且生产率提高最快，带动经济增长。卡尔多认为，工业特别是制造业，具有非常强的正外部性，当工业生产增长、产出扩张时，劳动力资源就会从那些具有隐性失业和剩余劳动力的部门中转移过来。这种转移不会在这些部门中引起产出的下降，反而会使这些部门的劳动生产率提高。从这个意义上讲，工业部门，尤其是工业中的制造部门，被看作是经济增长的发动机。另外，从国际收支的约束来看，如果工业部门能够高速增长，就会大大缓解国际收支问题，从而引发整个经济的高速增长。

⑤ 马永红. 工业结构调整与结构优化升级研究. 哈尔滨金融高等专科学校学报，2002（3）：29 - 30.

⑥ 甄峰，欧向军，王春慧等. 江苏省城市化战略调整研究. 长江流域资源与环境，2011（7）：813 - 818.

⑦ 吴福象，刘志彪. 城市化群落驱动经济增长的机制研究——来自"长三角"16 个城市的经验证据. 经济研究，2008（11）：126 - 136.

也有学者通过 1976～2007 年世界 38 个国家城市化和人均 GDP 的实证检验，认为城市化的集聚效应可以保持中国经济的可持续增长（陈昌兵，张平，刘霞辉，张自然，2009），[①] 而张志勇和李连庆（2012）选取 1978～2009 年山东省城镇化水平与人均 GDP 的数据分析城镇化水平与经济增长间的均衡关系，得出二者变动具有同向性，并且短期内城镇化对经济增长的拉动作用要强于经济增长对城镇化的影响，城镇化对经济增长的长期影响则更为显著。[②] 另外，也有学者研究了城镇化的经济增长效应。傅鸿源，钟小伟和洪志伟（2000）对 1850～1993 年美国、1820～1988 年英国、1890～1990 年加拿大的非连续序列数据对城镇化与经济增长进行了实证检验，证明二者存在互动关系，并且城镇化水平每提高 1%，相应的美国、英国和加拿大的人均 GDP 将增加 3.774%、3.7% 和 4.75%。[③] 而国内，王小鲁（2002）估算认为，目前中国城镇化处于加速增长阶段，城镇化对经济增长的净贡献（指的是扣除外部成本以后的贡献）可以达到 3.6%，[④] 但卢大公（2006）基于柯布—道格拉斯生产函数，假定资本和技术不变的情况下，对 1996～2004 年中国的相关数据进行实证分析，估算城镇化对经济增长的拉动效应为年均 7.18% 的水平。[⑤]

工业化、城镇化对经济增长具有推动作用已经成为共识，但是，尚缺乏对工业化与城镇化融合发展的经济增长效应分析。将工业化与城镇化融合发展纳入经济增长模型中是极为必

---

①　陈昌兵，张平，刘霞辉，张自然. 城市化、产业效率与经济增长. 经济研究，2009（10）：4－21.

②　张志勇，李连庆. 城镇化水平与经济增长互动效应的动态分析. 山东财政学院学报，2012（5）：64－70.

③　傅鸿源，钟小伟，洪志伟. 城市化水平与经济增长的中外对比研究. 重庆建筑大学学报（社科版），2000（3）：19－24.

④　王小鲁. 城市化与经济增长. 经济社会体制比较，2002（1）：23－32.

⑤　卢大公. 城市化水平对地区经济增长计量分析. 辽宁经济管理干部学院学报，2006（6）：37－38.

要的，不仅是经济增长的根本要求，更是工业化和城镇化高度化的内在要求。

二、广西工业化与城镇化对经济增长的推动作用分析

(一) 变量选取与多元线性模型

选取人均 GDP 衡量经济增长，工业总产值比重衡量工业化率，人口城镇化水平衡量城镇化率。并依此建立多元线性模型为：

$$GDP_t = c + \alpha \mathrm{Ind}_t + \beta Urb_t + \varepsilon_t \qquad 式（3-1）$$

在式（3-1）中，GDP_t 表示经济增长，Ind_t 表示工业化，Urb_t 表示城镇化；c 为常数，α、β 为回归系数，ε_t 为残差项。

(二) 数据变换

基于选取变量的单位不统一，国民生产总值单位为亿元，工业化率与城镇化率为%，为避免数据的度量单位对数据分析的结果产生影响，我们对数据进行无量纲化处理。对 GDP、工业化率和城镇化率进行均值化处理。均值化方法，[1][2] 即：

$$x'_{ij} = \frac{x_{ij}}{\bar{x}_j} \qquad 式（3-2）$$

均值化方法，即令均值化后各指标的均值都为1，其方差为：

---

[1] 张卫华，赵铭军．指标无量纲化方法对综合评价结果可靠性的影响及其实证分析．统计与信息论坛，2005（3）：33-36；马立平．统计数据标准化——无量纲化方法．北京统计，2000（3）：34-35．

[2] 均值化方法在消除量纲和数量级影响的同时，保留了各变量取值差异程度上的信息，差异程度越大的变量对综合分析的影响也越大。该无量纲化方法在保留原始变量变异程度信息时，并不是仅取决于原始变量标准差，而是原始变量的变异系数，也就保证了保留变量变异程度信息的同时数据的可比性问题。

$$\mathrm{var}(x_j') = E\left[(x_j' - 1)^2\right] = \frac{E(x_j - \bar{x}_j)^2}{\bar{x}_j^2} = \frac{\mathrm{var}(x_j)}{\bar{x}_j^2} = \frac{(\sigma_j)^2}{\bar{x}_j}$$

式（3 - 3）

即均值化后各指标的方差是各指标变异系数 x 的平方，它保留了各指标变异程度的信息。[①]

（三）广西工业化与城镇化对经济增长的推动作用的实证结果分析

运用 EViews 6.0 计量软件对式（3 - 1）回归，结果见表 3 - 1。

表 3 - 1　　　广西工业化与城镇化对经济增长的推动作用

变量	系数	标准误差	t - 统计量	P 值
Ind	3.1226	0.7053	4.4275	0.0001
Urb	1.6570	0.2333	7.1011	0.0000
C	- 3.7910	0.5473	- 6.9263	0.0000

注：R - squared 为 0.9076，F - statistic 为 152.2409。

得出回归方程为：$GDP_t = -3.791 + 3.1226\mathrm{In}d_t + 1.627Urb_t$。从表 3 - 1 和回归方程我们可以看出，工业化对 GDP 的推动系数为 3.1226，而城镇化对 GDP 的推动系数为 1.627，工业化对经济增长的推动力明显要比城镇化的推动力大；也可以解释为工业化率和城镇化率每提高 1%，则将分别推动经济增长提高 3.1226%、1.6527%。

虽然经济增长、工业化与城镇化的实证回归能够体现出工业化与城镇化对经济增长的推动作用，但无法体现出工业化与城镇化融合发展对经济增长的推动作用，因此，接下来对广西工业化

---

① 叶宗裕. 关于多指标综合评价中指标正向化和无量纲化方法的选择. 浙江统计，2003（4）：24 - 25.

与城镇化融合发展对经济增长的推动效应进行定量分析。

三、广西工业化与城镇化融合发展的经济增长效应定量分析

(一) 模型构建

根据本节研究目的，构建扩展的柯布—道格拉斯生产函数。为了简化分析，作如下假设：①劳动力具有同质性，个体间不存在差异，且能够自由流动；②生产函数的规模报酬不变；③技术进步是希克斯中性。按照假设条件，建立如下的柯布—道格拉斯生产函数：

$$Y_t = Ae^{\lambda t}K_t^{\alpha}H_t^{\beta}\left[D_t\left(\mathrm{Ind}_t \right)^{\gamma}\left(Urb_t \right)^{\theta} \right]e^{\varepsilon} \qquad 式（3-4）$$

在式（3-4）中，t 表示时间；Y、A、K、H、D_t、Ind 和 Urb 分别为真实产出、技术水平、物质资本存量、人力资本存量、工业化与城镇化融合度系数、工业化水平和城镇化水平；对式（3-4）取自然对数可以得出如下形式：

$$\ln Y_t = \ln A + \lambda t + \alpha \ln K_t + \beta \ln H_t + \ln D_t + \gamma \ln \mathrm{Ind}_t + \theta \ln Urb_t + \varepsilon_{it}$$
$$式（3-5）$$

对式（3-5）两边同时对时间 t 求微分，可以得到：

$$\frac{\Delta Y_t}{Y_{t-1}} = \lambda + \alpha\left(\frac{\Delta K_t}{K_{t-1}} \right) + \beta\left(\frac{\Delta H_t}{H_{t-1}} \right) + \frac{\Delta D_t}{D_{t-1}} + \gamma\left(\frac{\Delta \mathrm{Ind}_t}{\mathrm{Ind}_{t-1}} \right)$$
$$+ \theta\left(\frac{\Delta Urb_t}{Urb_{t-1}} \right) + \Delta\varepsilon_t \qquad 式（3-6）$$

在式（3-6）中，α、β、γ 和 θ 分别是物资资本、人力资本、工业化与城镇化的产出弹性。我们可以将其转化为：

$$y_t = \lambda + \alpha k_t + \beta h_t + d_t + \gamma \mathrm{Ind}_t + \theta Urb_t + \mu_t \qquad 式（3-7）$$

在式（3-7）中，y_t、k_t、h_t、d_t、Ind_t 和 Urb_t 分别为产出增长

率、物质资本的增长率、人力资本的增长率、工业化与城镇化的融合系数、工业化率和城镇化率。

　　另外，参照李芝倩（2007）[1]劳动力流动对经济增长影响的分析视角，并加以改进。因为工业化与城镇化的高度化都体现在劳动力流动上，[2] 所以，以劳动力流动的视角来进一步考察工业化与城镇化融合发展对经济增长的影响。劳动力流动相关的人力资本水平的提高，主要是由劳动力受教育程度和劳动力流动过程的"干中学"所导致的。因此，人力资本的形成，是由劳动力受教育程度和"干中学"的综合结果：

$$\dot{H} = \delta H_c + \eta M \qquad\qquad 式（3-8）$$

在式（3-8）中，$\dot{H}$ 表示人力资本增量，H_c 表示农村地区受教育人口的数量，M 为当期农村劳动力流动数量；δ 为学习系数，δH_c 表示与劳动力流动相关的通过教育所能够获得的人力资本数量；η 为技能增进系数，ηM 表示 t 期每一个农村流动劳动力由于流动过程中的技能效应所获得的人力资本数量。对式（3-8）两边除以 L，因此，人均人力资本增量为：

$$\dot{h} = \frac{\delta H_c}{L} + \frac{\eta M}{L} = \delta h_c + \eta m_L \qquad 式（3-9）$$

在式（3-9）中，h_c 表示农村受教育人口所占比重；m_L 表示农村流出劳动力在劳动力总量中所占的比重，即劳动力流动率。对

---

　　① 李芝倩. 中国农村劳动力流动的经济增长效应分析. 江苏省外国经济学说研究会 2007 年学术年会。

　　② 工业化和城镇化的发展都将带动要素结构的变化，特别是劳动力的流动；工业化是劳动力在产业间的流动，而城镇化是劳动力在地域上的流动；随着工业化水平的提升，特别是当由传统农业社会转向工业社会时，大量的农村剩余劳动力向城镇转移，由农业向第二产业、第三产业转移，致使原先分散居住在广大农村的人口向不同规模的城镇集聚；城镇化是劳动力资源配置的调节器，伴随着城镇化发展进程，劳动力在城乡之间、地区之间和部门之间合理流动，城镇化广义上就是人口（劳动力）由农村向城镇的流动，城镇规模的扩大、基础设施的逐步完善，进而影响城乡居民的构成和资本流向，农村剩余劳动力和资本不断融入城镇，聚集在城镇形成聚集经济效应，从而又促进工业化与城镇化的发展。另外，劳动力的流动和转变，是工业化与城镇化融合发展的特征之一。

式（3-9）积分得：

$$h = \int (\delta h_c + \eta m_L) dm_L \qquad \text{式（3-10）}$$

将式（3-10）代入式（3-7）中，得出模型为：

$$y_t = \lambda + \alpha k_t + \beta \int (\delta h_c + \eta m_L) dm_L + d_t$$
$$+ \gamma \text{Ind}_t + \theta Urb_t + \mu_t \qquad \text{式（3-11）}$$

从式（3-11）中可以看出，产出增长率受到以下因素的影响：物质资本增长率、人力资本增长率、劳动力流动率、工业化与城镇化融合系数、工业化率和城镇化率等。

（二）变量选取说明

（1）产出增长率（y_t）。国家或区域的产出是以 GDP 来衡量，因此，这里以实际 GDP 增长率[①]来衡量产出增长率，见图 3-1。

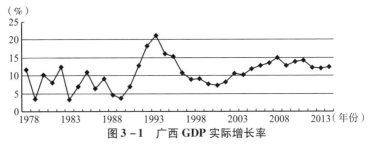

图 3-1　广西 GDP 实际增长率

资料来源：历年《广西统计年鉴》，中国统计出版社。

（2）物质资本增长率（k_t）。物质资本增长率等于本期物质资本存量减去上期物质资本存量并除以上期物质资本存量乘以

---

① 实际 GDP 增长率（又称实质 GDP 增长率）是指，实际 GDP 的年度增长率，是以本地生产总值平减物价指数计算得出的实际 GDP，消除了通货膨胀等因素；实际 GDP 增长率 =（本期实际 GDP - 上期实际 GDP）/上期实际 GDP×100%。

100%，也就是说，要先对物质资本存量进行测算。如何对资本存量进行测算是一个较为复杂的过程，目前，学者主要以资本租赁价格度量法和永续盘存法两种方法来度量资本存量。这里，采用确定以1978年为基准年后，运用永续盘存法以不变价格计算的方法。这一方法公式为：

$$K_t = K_{t-1}(1 - d_t) + I_t \qquad 式（3-12）$$

在式（3-12）中，t 为年份；K_t 为在 t 期的资本存量，K_{t-1} 为在 $t-1$ 期的资本存量（这里采用张军、吴桂英、张吉彭，2004）的方法，[①] 初始的资本存量用基期的固定资本额的10%来衡量）；I_t 为 t 年投资形成的资本增量，这里以全社会固定资产投资额相邻两年的差值来表示，并通过固定资产投资价格指数进行平减；d_t 为 t 年固定资产的折旧率，这里采取5%的固定资产折旧率。计算结果见图3-2。

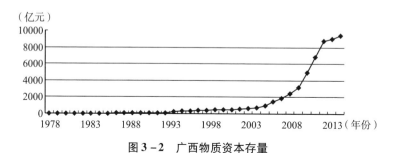

图3-2 广西物质资本存量

资料来源：历年《广西统计年鉴》《中国统计年鉴》，中国统计出版社。

（3）人力资本增长率（h_c）。人力资本存量是能够较好地反映人力资本投入状况的指标。因此，建立人均受教育年限计算体系来衡量人力资本，计算公式如下：

---

① 张军，吴桂英，张吉彭. 中国省级物质资本存量估算：1952～2000. 经济研究，2004（10）：35-44.

$$H_t = \sum_{i=1}^{5} HE_{it} \cdot h_i \qquad \text{式 (3-13)}$$

在式 (3-13) 中，H_t 为 t 年从业人员人均受教育年限；HE_{it} 为 t 年第 i 学历的从业人数占总从业人口比例；h_i 为第 i 学历水平的受教育年限。$i = 1$，2，3，4，5 分别表示大专及以上（含大专、本科和研究生）、高中（含中专）、初中、小学、未上过学。将就业人员所受的不同教育程度赋予不同的受教育水平年限：大专及以上为 16 年、高中为 12 年、初中为 9 年、小学为 6 年、未上过学为 0 年。[①] 根据式 (3-13) 计算得出人力资本水平，见图 3-3。

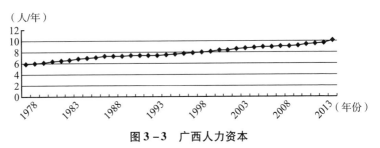

（人/年）

图 3-3 广西人力资本

资料来源：历年《广西统计年鉴》《中国劳动统计年鉴》，中国统计出版社。

（4）劳动力流动率（m_L）。采用农村劳动力流动率来反映劳动力流动的活跃程度，能够有利于减少由于劳动力流动规模数据较大而对拟合效果产生的扰动性。[②] 目前，虽然劳动力流动出现不同规模的返乡现象，但是，劳动力的流动方向主要还是从农村向城镇的流动，因此，测算的劳动力流动率是以农村劳动力向城镇流出为度量条件的。采用李勋力和李国平（2005）[③] 的方法，

① 李国璋，周彩云，江金荣. 区域全要素生产率的估算及其对地区差距的贡献. 数量经济技术经济研究，2010（5）：49-61.
② 李芝倩. 中国农村劳动力流动的经济增长效应分析. 江苏省外国经济学说研究会 2007 年学术年会.
③ 李勋力，李国平. 农村劳动力转移模型及实证分析. 财经研究，2005（6）：79-85.

其农村转移到城镇就业的劳动力的估算方法为：城镇从业人员减去城镇职工人数，得到进入城市就业的"农民工"人数，再加上农村从业人员数减去农业就业人数（第一产业从业人员）得到农村中非农劳动力数量，二者之和就是农村转移劳动力总量。基于此，计算得出广西 1978～2011 年劳动力流动率，① 见表 3－2 和图 3－4。

表 3－2　　　　广西农村劳动力流动（流出）率（1978～2011 年）

年份	广西农村流出劳动力（万人）	劳动力流动率（%）	年份	广西农村流出劳动力（万人）	劳动力流动率（%）
1978	47.6000	2.5414	1993	338.0000	13.0552
1979	20.4700	1.0712	1994	395.0000	14.0270
1980	12.5700	0.6449	1995	444.0000	15.2735
1981	7.2100	0.3698	1996	460.0000	15.6676
1982	17.3600	0.8903	1997	491.0000	16.3015
1983	24.8500	1.2740	1998	530.0000	17.1743
1984	45.0000	2.3065	1999	556.0000	17.6676
1985	82.4000	4.0472	2000	675.0000	21.0740
1986	111.0500	5.1460	2001	707.5000	21.6493
1987	136.2000	5.9528	2002	996.0000	29.8382
1988	161.3400	6.9245	2003	1060.0000	31.1033
1989	164.8100	6.9132	2004	1179.0000	33.8210
1990	182.9000	7.4990	2005	1272.0000	35.9729
1991	218.8000	8.7801	2006	1339.0000	37.3188
1992	255.4000	10.0789	2007	1382.0000	38.0611

---

①　劳动力流动率＝（城镇从业人员－城镇职工人数＋农村从业人员－第一产业从业人员）/劳动力总数量。

续表

年份	广西农村流出劳动力（万人）	劳动力流动率（%）	年份	广西农村流出劳动力（万人）	劳动力流动率（%）
2008	1474.0000	40.1854	2011	1583.3865	41.9218
2009	1526.7559	41.2748	2012	1623.7834	42.6435
2010	1527.0020	40.9165	2013	1665.9013	43.03867

注：农村流出劳动力为流动到城镇的农村劳动力。

资料来源：根据历年《广西统计年鉴》及《新中国60年统计资料汇编》相关数据，并由笔者整理计算而得。

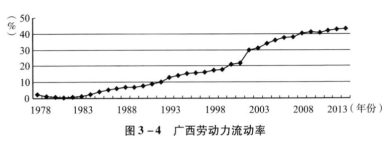

图3-4　广西劳动力流动率

资料来源：根据历年《广西统计年鉴》及《新中国60年统计资料汇编》相关数据，并由笔者整理计算而得。

（5）工业化与城镇化融合系数（d_t）。根据第二章工业化与城镇化融合发展水平的判断中协调发展系数模型进行测算得出，测算结果见图3-5。

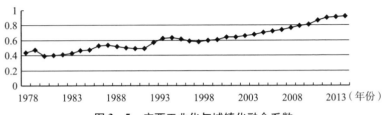

图3-5　广西工业化与城镇化融合系数

资料来源：历年《广西统计年鉴》，中国统计出版社。

（6）工业化率（Ind_t）。工业化水平的衡量，国际上主要有人均生产总值、工业增加值占全部生产总值的比重、工业总产值占国民生产总值的比重、非农产业产值占国民生产总值比重、三次产业结构和就业结构等，采用工业总产值占国民生产总产值的比重来衡量广西工业化水平，见图 3 - 6。

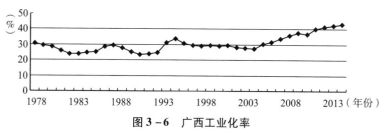

图 3 - 6　广西工业化率

资料来源：根据历年《广西统计年鉴》（中国统计出版社出版）相关数据整理计算而得。

（7）城镇化率（Urb_t）。城镇化率是一个国家或地区经济发展水平的重要标志，也是衡量一个国家或地区社会组织程度和管理水平的重要标志。城镇化主要表现为农业人口转化为城市人口的过程，即以农村人口不断向城市转移和聚集为特征的一种历史过程。因此，这里以人口城镇化水平（人口城镇化水平 = 市镇人口/总人口）表示城镇化率，见图 3 - 7。

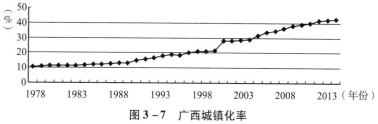

图 3 - 7　广西城镇化率

资料来源：根据历年《广西统计年鉴》（中国统计出版社出版）相关数据计算整理而得。

（三）ADF 单位根检验

在计量分析过程中，为了得到真实回归结果，需要先检验数据的平稳性，采用迪基和福勒（Dickey, Fuller, 1981）所提出的 ADF 单位根检验方法来检验序列是否平稳，结果见表 3-3。

从 ADF 单位根检验结果可以看出，变量产出增长率（y_t）、城镇化率（Urb_t）、劳动流动率（m_t）、物质资本增长率（k_t）、工业化率（Ind_t）、人力资本增长率（h_t）和工业化与城镇化融合系数（d_t）的一阶差分在 1% 显著性水平下同时满足 P 值小于 5%。即一阶差分后的 5 个变量是平稳序列，那么，变量都是 $I(1)$ 序列，满足协整检验需要序列同阶单整的条件，因此，接下来，就可以进一步对变量进行协整检验和其他分析。

表 3-3　　　　　　　　　　单位根检验结果

变量	截距项	时间趋势项	滞后阶数	ADF 统计量	1%临界值	5%临界值	P 值	结论
y_t	有	无	2	-2.8201	-3.6617	-2.9604	0.0671	不平稳
Urb_t	有	有	0	-1.5959	-4.2627	-3.5530	0.7729	不平稳
m_t	有	无	0	1.2781	-3.6463	-2.9540	0.9980	不平稳
k_t	无	无	0	-5.3935	-2.6369	-1.9513	0.0000	平稳
Ind_t	有	无	1	-1.0684	-3.6537	-2.9571	0.7159	不平稳
h_t	无	无	0	-0.9000	-2.6392	-1.9517	0.3187	不平稳
d_t	有	无	4	1.5406	-3.6793	-2.9678	0.9990	不平稳
Δy_t	有	无	3	-3.4593	-3.6793	-2.9678	0.0168	平稳
ΔUrb_t	有	有	1	-6.1778	-4.2846	-3.5629	0.0001	平稳
Δm_t	有	无	0	-5.5727	-3.6537	-2.9571	0.0001	平稳
Δk_t	无	无	0	-12.6483	-2.6392	-1.9517	0.0000	平稳

续表

变量	截距项	时间趋势项	滞后阶数	ADF统计量	1%临界值	5%临界值	P值	结论
ΔInd_t	有	无	0	-3.6460	-3.6537	-2.9571	0.0102	平稳
Δh_t	无	无	0	-9.2580	-2.6392	-1.9517	0.0000	平稳
Δf_t	有	无	1	-4.4123	-3.6617	-2.9604	0.0015	平稳

注：Δ 表示一阶差分；截距项、趋势项根据时间序列的线性图判断（如果时间序列的线性图呈现出明显随着时间递增或递减的趋势，但是趋势线不算太陡，就可以选择含有截距项；如果图形随着时间的推移而出现快速增长，就可以选择有截距项又有时间趋势项，然后，还可以通过检验截距和时间趋势项的显著性作最后判断）；由SIC准则确定滞后阶数。

（四）协整检验

协整检验主要有两种方法：E－G两步法和约翰逊检验法。前者使用较为方便，只需对其回归残差进行单位根检验其平稳性，但在小样本的情况下，OLS协整估计将可能出现实质性的偏差。另外，E－G两步法仅适用于两变量之间的协整检验。而对于多变量之间的协整关系检验普遍采用约翰逊和朱塞路斯（Johansen，Juselius，1990）提出的极大似然检验法，即约翰逊检验法。由于VAR模型不用区分外生变量和内生变量，所有变量均被视为内生变量，变量彼此之间是动态关系，采用约翰逊检验方法能够得到较高的检验势。并且，这里涉及多个变量，因此，采用约翰逊检验方法优于E－G两步法，基于此，采用约翰逊检验方法对变量进行协整检验，其结果见表3－4。

在进行协整检验之前，需要先确定VAR模型的滞后阶数。对于VAR模型的滞后阶数的判断，主要通过滞后排除检验和AR根图表（lag exclusion tests and AR roots graph & table）来判断。通过反复测试，选取1作为VAR模型的滞后阶数，即可以建立VAR（1）模型。

表 3 – 4 协整检验结果

原假设	最大特征值	迹统计量（P 值）	λ – max 统计量（P 值）
$r = 0$	0.9038	229.2107（0.0000）***	74.9093（0.0000）***
$r \leqslant 1$	0.8600	154.3015（0.0000）***	62.91462（0.0000）***
$r \leqslant 2$	0.6710	91.3869（0.0004）***	35.57652（0.0311）**
$r \leqslant 3$	0.6107	55.8103（0.0075）***	30.18518（0.0226）**
$r \leqslant 4$	0.3425	25.6252（0.1403）	13.42002（0.4143）
$r \leqslant 5$	0.2568	12.2051（0.1474）	9.495384（0.2472）
$r \leqslant 6$	0.0812	2.7098（0.0997）	2.709757（0.0997）

注：r 代表协整向量数量，***、** 分别表示在 1%、5% 的水平下显著。

从表 3 – 4 可以看出，各变量之间存在协整关系，并且至少存在三个协整关系，充分说明了 y_t、k_t、$h_{c,t}$，$m_{L,t}$、d_t、Ind_t、Urb_t 之间存在协整关系，但是，要进一步知道各变量之间的相关因果关系，还需要采用 Granger 因果关系检验方法进一步验证。接下来，对这几个变量间的格兰杰因果关系进行进一步检验。

（五）格兰杰因果检验

此处，在协整和误差修正模型的基础上来进行变量间的因果检验。[①] 这种方法能够考察变量间短期因果关系的同时，还能够反映出长期的因果关系。户田和菲利普斯（Toda, Phillips, 1993）指出，利用协整和误差修正模型的联合检验因果关系更为有效，因此，采用向量误差修正模型（VEC）基础上的沃尔德联合检验来确定各变量之间的因果关系。在 VAR（1）模型基础上估计变量的 VEC 模型，检验结果表明，VEC 模型整体对数似然函数值足够大（176.0355），同时 AIC 和 SC 相当小，分别为 –6.6272 和 –3.4209，说明模型整体解释能力较强。对向量误差修正模型（VEC）各系数显著性的 Wald 联合检验，结果见表 3 – 5。

---

① 相关内容见张晓峒（2002）和王少平（2003）。

表 3 - 5　因果关系检验结果

Granger 结果		短期 Granger 原因							长期 Granger 原因
		Δy_t	ΔUrb_t	Δm_t	Δk_t	ΔInd_t	Δh_t	Δd_t	
Δy_t	χ^2 统计值 （P 值）	— 	4.9259*** （0.0265）	7.5537**** （0.0060）	6.6523**** （0.0099）	5.2340*** （0.0222）	0.0077 （0.9300）	1.7536 （0.1854）	25.4849**** （0.0003）
ΔUrb_t	χ^2 统计值 （P 值）	0.1839 （0.6680）	— 	1.5001 （0.2207）	0.0022 （0.9628）	0.6356 （0.4253）	0.1805 （0.6709）	2.8508** （0.0913）	4.1709 （0.6536）
Δm_t	χ^2 统计值 （P 值）	0.0309 （0.8605）	6.6758**** （0.0098）	— 	0.2796 （0.5970）	17.0343**** （0.0000）	0.6001 （0.4385）	7.4481**** （0.0064）	27.5592**** （0.0001）
Δk_t	χ^2 统计值 （P 值）	3.8947*** （0.0484）	3.7806** （0.0519）	3.2759** （0.0703）	— 	0.0919 （0.7617）	2.1763* （0.1401）	2.7165* （0.0993）	21.2053**** （0.0017）
ΔInd_t	χ^2 统计值 （P 值）	5.2037*** （0.0225）	0.1067 （0.7439）	0.2684 （0.6044）	0.0352 （0.8513）	— 	0.1782 （0.6729）	3.6932** （0.0546）	22.4011**** （0.0010）
Δh_t	χ^2 统计值 （P 值）	0.2489 （0.6178）	0.0220 （0.8822）	0.0009 （0.9759）	0.3554 （0.5511）	6.7920**** （0.0092）	— 	2.4424* （0.1181）	19.5283**** （0.0034）
Δd_t	χ^2 统计值 （P 值）	4.8174*** （0.0282）	6.0833*** （0.0136）	5.0802*** （0.0242）	0.0655 （0.7979）	2.3955* （0.1217）	0.3056 （0.5804）	— 	14.1580*** （0.0279）

注：****、***、**、* 分别表示在 1%、5%、10%、15% 的显著水平下拒绝原假设（原假设 H_0 为各项系数为零）。

从表 3 - 5 的检验结果可以看出，长期中，城镇化率（Urb_t）、劳动流动率（m_t）、物质资本增长率（k_t）、工业化率（Ind_t）、人力资本增长率（h_t）和工业化与城镇化融合系数（d_t）是 GDP 增长率（y_t）的格兰杰因果关系。而短期内，物质资本增长率（k_t）、工业化率（Ind_t）和工业化与城镇化融合系数（d_t）是 GDP 增长率（y_t）的格兰杰因果关系。城镇化率（Urb_t）、劳动流动率（m_t）和人力资本增长率（h_t）不是 GDP 增长率（y_t）的格兰杰因果关系，但在长期中却是 GDP 增长率（y_t）的格兰杰因果关系。这是因为广西的城镇化在短期内超前于工业化，二者的融合度不高或不稳定，以及劳动力流动更多的是流向广东、湖南等省。另外，还能够看出，长期内工业化与城镇化融合系数是城镇化率（Urb_t）、劳动流动率（m_t）、物质资本增长率（k_t）、工业化率（Ind_t）、人力资本增长率（h_t）的格兰杰因果关系。说明工业化与城镇化的融合发展在长期内将促进城镇化、工业化、劳动力流动、物质资本和人力资本的发展，从而进一步促进经济增长。短期内，工业化与城镇化融合系数是 GDP 增长率（y_t）、城镇化率（Urb_t）、劳动流动率（m_t）和工业化率（Ind_t）的格兰杰因果关系。工业化与城镇化融合发展在短期内直接促进经济、城镇化和工业化的发展，并加速农村劳动力的流转。

（六）脉冲响应函数

协整检验只是分析长期关系，而格兰杰因果检验也只是检验变量间长期和短期的因果关系的信息，但是，一个变量对另一个变量的作用无法动态地显示出来。因此，有必要引入脉冲响应函数来深入探讨变量之间的动态影响关系。脉冲响应函数是以考察扰动项影响各变量来进行刻画的。这里，利用提出的广义脉冲响应函数（Pesaran, Shin, 1998）进行分析，能够更好地避免研究过程中采用乔列斯基（Cholesky）分解技术对变量排序的依赖。图 3 – 8 ~ 图 3 – 14 为 VAR（1）模型的脉冲响应函数刻画图。图 3 – 8 ~ 图 3 – 14 中，横轴表示一个变量对另一个变量冲击作用的响应期数（单位：年），纵轴则表示冲击效应的百分比。

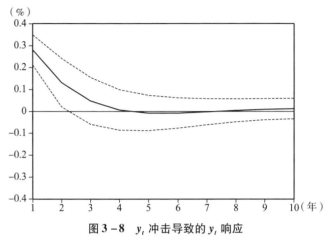

图 3 – 8　y_t 冲击导致的 y_t 响应

资料来源：笔者根据变量数据，运用 Eviews 6.0 作脉冲响应函数得出。图 3 – 9 ~ 图 3 – 14 是用相同方法得出。

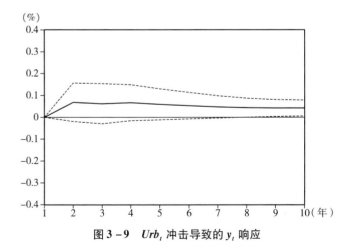

图 3 – 9　Urb_t 冲击导致的 y_t 响应

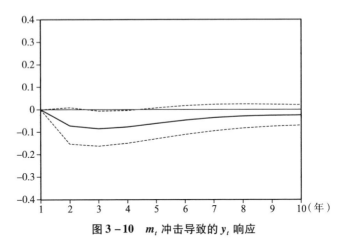

图 3 – 10 m_t 冲击导致的 y_t 响应

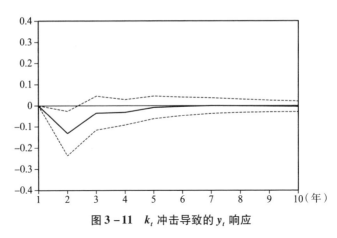

图 3 – 11 k_t 冲击导致的 y_t 响应

（1）GDP 增长率（y_t）对自身的冲击效应。从图 3 – 8 中可以看出，在第一年 GDP 增长率就能够带给自身较大的冲击，之后随之递减，到第四年时趋于 0，呈现出效应递减，这与实际情况相类似。

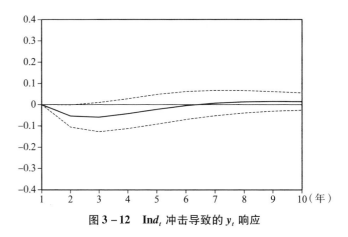

图3-12 Ind_t 冲击导致的 y_t 响应

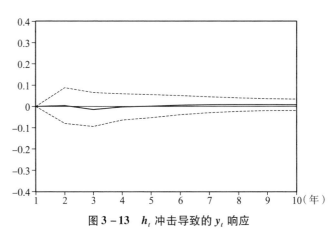

图3-13 h_t 冲击导致的 y_t 响应

（2）城镇化率（Urb_t）对 GDP 增长率（y_t）的冲击效应。从图3-9中可以看出，城镇化率对 GDP 增长率的冲击在第1年就迅速上升，并在第2年达到最大值，随后一直保持这个效应。这充分说明，发展城镇化能够迅速、长久持续地促进 GDP 增长，也验证了城镇化是经济增长持续发展的巨大引擎之说。

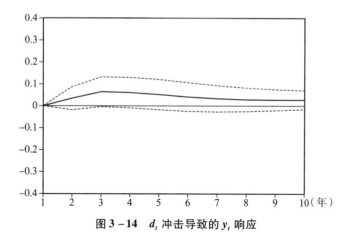

图 3 - 14 d_t 冲击导致的 y_t 响应

（3）劳动流动率（m_t）对 GDP 增长率（y_t）的冲击效应。从图 3 - 10 中可以看出，劳动流动率对 GDP 增长率的冲击一直是负向效应，并且在第 3 年时达到最小值，但在第 10 年时逐渐趋向于 0。这说明，目前广西劳动力流动并未适应经济增长的需要，也验证了前面分析广西城镇化与工业化融合发展时得出的城镇中不仅集中了从事非农产业的人口，也集中了相对数量的农业人口，说明广西农村劳动力流动量大，但尚未及时进行转化，并且转化时期较长。

（4）物质资本增长率（k_t）对 GDP 增长率（y_t）的冲击效应。从图 3 - 11 中可以看出，在第 1～6 年前物质资本增长率对 GDP 增长率的影响都是负向效应，并在第 2 年时达到最小值；到第 6 年后，物质资本增长率对 GDP 增长率的影响趋于 0。这说明，广西物质资本存量的增长短期内并未促进经济增长，反而制约经济增长，这并不是说就不需要物质资本，物质资本投入仍然是拉动经济增长的"三驾马车"之一，而出现这种情况，只能够说明物质资本转化拉动经济增长的动力和资本投入结构、方向等问题所致。

（5）工业化率（Ind_t）对 GDP 增长率（y_t）的冲击效应。从图 3 - 12 中可以看出，在第 1 ~ 6 年中，工业化率对 GDP 增长率的影响为负向效应，并且在第 3 年达到最小值，而从第 6 年后为正向效应，且呈现递增趋势。这说明，传统的粗放式、高能耗、低产出的工业化发展道路，以及以资源换产业的方式已经制约着经济发展，需要走新型工业化道路，以及开辟工业化与城镇化融合发展的道路才能实现经济的可持续发展。

（6）人力资本增长率（h_t）对 GDP 增长率（y_t）的冲击效应。从图 3 - 13 中可以看出，人力资本增长率对 GDP 增长率的影响虽然为正向效应，但是冲击基本趋于 0。表明广西尚未发挥人力资本对 GDP 增长的促进作用，同时也说明广西的人才培养还相对较为落后，还需要加大对人才培养、劳动力技能培养以及高新人才引进等方面的工作。

（7）工业化与城镇化融合系数（d_t）对 GDP 增长率（y_t）的冲击效应。从图 3 - 14 中可以看出，工业化与城镇化融合发展能够持续对 GDP 增长起正向效应，对经济增长发挥促进作用，并在第 3 期时达到最大值。

（七）方差分解

脉冲响应函数刻画的是一个变量对另一个变量的冲击效果，而方差分解（variance decomposition）则提供了分析一个变量冲击所导致另一个变量变化（通常以方差度量）的贡献度，更好地对各变量间的冲击响应进行评价。因此，我们运用西蒙斯（Sims，1980）的方差分解方法来进一步分析各变量对工业结构变化（INST）冲击所带来的贡献度，结果见表 3 - 6。

表 3 - 6   经济增长（y_t）的方差分解

时期	S. E.	y_t	Urb_t	m_t	k_t	Ind_t	h_t	d_t
1	0. 2803	100. 0000	0. 0000	0. 0000	0. 0000	0. 0000	0. 0000	0. 0000
2	0. 3566	75. 3791	3. 7030	4. 1228	13. 5914	2. 2566	0. 0134	0. 9336
3	0. 3867	65. 6157	5. 7334	8. 3133	12. 3939	4. 2319	0. 1504	3. 5615
4	0. 4079	58. 9933	7. 8430	11. 0136	11. 7337	4. 8903	0. 1385	5. 3876
5	0. 4206	55. 4986	9. 3598	12. 4888	11. 0731	4. 8716	0. 1314	6. 5769
6	0. 4287	53. 4690	10. 5546	13. 2231	10. 6690	4. 7019	0. 1470	7. 2355
7	0. 4342	52. 1269	11. 4816	13. 5775	10. 4009	4. 6103	0. 1762	7. 6266
8	0. 4386	51. 0954	12. 2549	13. 7496	10. 1931	4. 6074	0. 2112	7. 8885
9	0. 4426	50. 2140	12. 9473	13. 8414	10. 0103	4. 6378	0. 2433	8. 1059
10	0. 4467	49. 3920	13. 6164	13. 9024	9. 8389	4. 6571	0. 2702	8. 3230

资料来源：笔者根据变量数据，运用 Eviews 6.0 作方差分解得出。

从表 3 - 6 中可以看出，GDP 增长率（y_t）对自身的贡献呈现出贡献度递减趋势，这与脉冲响应得出的结论一致。而城镇化率增长率（Urb_t）对 GDP 增长率（y_t）的贡献呈现出递增趋势，并在第 10 期达到 13.6164%。劳动流动率（m_t）对 GDP 增长率（y_t）的贡献同样呈现出递增趋势，并在第 10 期达到 13.9024%。物质资本增长率（k_t）对 GDP 增长率（y_t）的贡献在第 2 期就达到最大值（13.5914%），但随后就呈现出递减趋势，到第 10 期时减少至 9.8389%。工业化率（Ind_t）对 GDP 增长率（y_t）的贡献在第 2 期出现较大的增长，此后一直维持在 4.5% ~ 5%。人力资本增长率（h_t）对 GDP 增长率（d_t）的贡献呈现出递增趋势，并且贡献度在第 2 期时由 0.0134% 迅速增长至 0.1504%，随后贡献度逐年增加，相对于其他变量，人力资本对经济增长的贡献度较小。工业化与城镇化融合系数（h_t）对 GDP 增长率（y_t）的贡献呈现出递增趋势，并且贡献度在第 2 期时由 0.9336% 迅速增加至 3.5615%，随后贡献度逐年增加，且在第 10 期时达到 8.323%。整体上看，除了 GDP 增长率和物质资本对经济增长的贡献度是递减的外,其余变量均呈现出递增趋势;另外,除了人力资本对经济增长的贡献不是很显著外,其余变量均对经济增长提供了较为显著的贡献。

第二节 工业化与城镇化融合 发展的收入增长效应

一、工业化、城镇化与收入增长

改革开放以来,中国经济高速发展,城镇化和工业化进程加快,居民收入水平有了显著提高。随着经济的快速增长,广西人均 GDP 从 1978 年的 225 元,增长到 2013 年的 30588 元,是 1978 年的 135.95 倍,年平均增长率为 15.07%。同时,城镇居民收入和农民纯收入也出现了较大增长,城镇居民可支配收入由 1978 年的 289.2 元,增加到 2013 年的 23305 元,是 1978 年的 80.58 倍,年平均增长率为 13.36%;农民纯收入由 1978 年的 55.65 元,增加到 2013 年的 6791 元,是 1978 年的 122.03 倍,年平均增长率为 14.71%。但是,相比而言,农民收入与城镇居民收入相差甚远,2013 年,农民纯收入仅为城镇居民可支配收入的 29.14%。

现代发展经济学理论认为,从传统农业社会向现代社会转变的过程就是城市化与工业化的过程,经济社会从城乡二元结构逐渐过渡至城乡融合的过程(许秀川,王钊,2008)。城镇化、工业化与居民收入增长的影响随着城镇化、工业化和经济增长的不断发展,越来越受到学者们的关注。目前,现有文献主要集中于城镇化或工业化与城乡(区域)收入差距的研究,而对居民收入的研究也主要集中于城乡收入差距、收入分配、收入结构、收入的影响因素等方面。

经济理论和西方发达国家的实践早已证明，当一国的工业化发展到一定水平时，城市就会发挥一种聚集效应，人口、资本和技术就会向城市集中，农业人口越来越少，城市人口越来越多，从而推进城镇化进程。工业化和城镇化的不断推进，将会对各阶层的收入产生收入增长效应或收入衰减效应，以及形成不同的收入分配机制。因为随着工业化水平与城镇化水平的不断提高，劳动力、资本、技术等生产要素高度集中在城镇，产业结构由第一产业、第二产业为重心向第二产业、第三产业转变，并且从事第二产业、第三产业的劳动报酬远远大于农业所得。农民作为理性的经济人，必将受到利益驱使，导致大量农民涌入城市谋生，寻求高收益、高质量的生活，从而提高农民收入水平。目前，关于工业化、城镇化对居民收入的研究主要是探讨工业化、城镇化对城乡收入差距的影响，并形成了三种主要观点：一是工业化、城镇化扩大了城乡收入差距（陈迅，童华建，2007）；① 二是工业化、城镇化缩小了城乡收入差距（陆铭，陈钊，2004）；② 三是工业化、城镇化的发展在短期内扩大了城乡收入差距，但从长期来看，工业化或城镇化的这种负面影响将逐渐减弱，最终将反过来缩小城乡收入差距（李静，2007；③ 陈晓毅，2010④）。

工业化与城镇化的不断发展，将促进农业剩余劳动力向工业、服务业转移，使农业生产率与工业生产率及服务业生产率趋于均等，从而增加农民收入，实现城乡收入的均衡（刘地久，2005）。⑤

① 陈迅，童华建. 城市化与城乡收入差距变动的实证研究——基于1985～2003年中国数据. 生产力研究，2007（10）：64 – 65，106.
② 陆铭，陈钊. 城市化、城市倾向的经济政策与城乡收入差距. 经济研究，2004（4）：50 – 58.
③ 李静. 城市化对城乡收入差距影响实证分析. 合作经济与科技，2007（2）：54 – 55.
④ 陈晓毅. 城市化、工业化与城乡收入差距. 经济经纬，2010（6）：21 – 24.
⑤ 刘地久. 农民收入：工业化的首选目标. 陕西师范大学学报（哲学社会科学版），2005，34（1）：77 – 83.

但是，在城镇化前中期，城镇将大量占用资源、劳动力和技术，并且集聚效应明显，能够极大地提高城镇居民的收入水平，但是这种生产要素的漏斗效应，造成城镇与农村的收入差距加大。只有城镇化进入中后期，形成扩散效应，才能促进农村居民收入的增长，形成生产要素的回流效应。同理，工业化的发展历程也是如此，前中期为了加速工业化发展，集全国或区域的资源大力发展产业并且向城镇集聚，从而提高城镇居民收入，到了中后期，工业开始反哺农业，向乡村扩散，形成扩散效应，极大地促进农民收入。例如，工业化前中期，劳动力、资本和技术都为工业服务，忽视农业农村的发展，当工业化发展到一定程度时，市场内需不够或产业转型需求，国家或区域开始大力发展现代化农业，将农副产品进行深加工，形成产业链，且工业向城镇郊区转移，辐射周边乡村，从而提高农民收入。也有学者指出，城镇居民收入与农村居民收入的差距扩大是工业化过程中自然因素和制度因素共同作用的结果（曾国安，2007），[①] 也就是说，工业化与城镇化进程必将导致居民收入的增长效应因区位因素的不同而不同，同时，也说明工业化与城镇化对居民收入的影响巨大。

　　基于此，不少学者对工业化或城镇化与城乡收入进行了研究。宋元梁和肖卫东（2005）通过建立动态计量模型分析城镇化与农民收入增长的关系，指出中国城镇化发展与农民收入增长之间存在着较强的正向交互响应作用，而且其长期的响应作用程度更显著、更稳定，认为加速城镇化进程是持续增加农民收入的根本路径选择和重要途径。[②] 而杨天宇（2005）认为，由于人力资本的差距和政策倾斜以及城市劳动力和进城农民工在正规部门和非正

---

　　① 曾国安. 论工业化过程中导致城乡居民收入差距扩大的自然因素与制度因素. 经济评论，2007（3）：41-47.

　　② 宋元梁，肖卫东. 中国城镇化发展与农民收入增长关系的动态计量经济分析. 数量经济技术经济研究，2005，22（9）：30-39.

规部门的收入存在较大差异，从而导致收入差异的单调上升，[1]同时，农村劳动力还有可能对城市非技术劳动力的就业产生替代性，城市失业率会由此上升，从而扩大城市内部的收入差距（赵人伟，李实，1999）。[2] 另外，还有学者认为，居民收入增长缓慢、乏力，最根本的原因在于城市化与工业化的不协调，城市化滞后导致过多的农民拥挤在有限的土地上，单位土地承载的人口过多，从根本上制约着农民收入的增长，而城市化超前则造成土地浪费，城镇滞留大量的农业劳动力以及部分工人，从而影响居民收入的增长。[3]

综上所述，目前，工业化或城镇化与收入增长的研究主要集中于收入差异，对农民收入的影响机制研究，整体上得出的结论为工业化与城镇化是居民收入增长的根本选择路径和重要途径。但是，高经济增长率、高工业化率、低城镇化率、高城乡收入差异并存，可能是因为在工业化与城镇化发展过程中，二者的良性互动关系并未形成。即工业化与城镇化并未融合发展，由此导致工业化、城镇化对居民收入增长的影响各异，导致城乡二元经济结构随经济增长不但未趋于融合反而越趋扩大。因此，有必要深入探讨工业化、城镇化对城镇居民收入和农村居民收入的增长效应。

二、广西工业化与城镇化融合发展的收入增长效应定量分析

（一）计量模型的构建

本节将城镇化、工业化、居民收入和经济增长作为互为影响

① 杨天宇. 城市化对我国城市居民收入差距的影响. 中国人民大学学报，2005（4）：71－76.

② 赵人伟，李实. 中国居民收入分配再研究. 中国财政经济出版社，1999.

③ 张文华. 论城市化与中国农民收入问题的相互关系——兼论农村剩余劳动力的转移. 山东农业大学学报（社会科学版），2003，5（1）：46－49.

的内生变量，给出以下联立方程组来处理内生性问题，联立方程模型的一般形式如下：

$$RI_t = c_1 + \beta_1 Urb_t + \beta_2 Ind_t + \beta_3 GDP_t + \beta_4 L_t$$
$$+ \beta_5 K_t + \beta_6 RI_{t-1} + \mu_{1t} \qquad\qquad 式（3-14）$$

$$Urb_t = c_2 + \beta_7 Ind_t + \beta_8 GDP_t + \beta_9 L_t + \beta_{10} K_t$$
$$+ \beta_{11} RI_t + \beta_{12} Urb_{t-1} + \mu_{2t} \qquad\qquad 式（3-15）$$

$$Ind_t = c_3 + \beta_{13} Urb_t + \beta_{14} GDP_t + \beta_{15} L_t + \beta_{16} K_t$$
$$+ \beta_{17} RI_t + \beta_{18} Ind_{t-1} + \mu_{3t} \qquad\qquad 式（3-16）$$

$$GDP_t = c_4 + \beta_{19} Urb_t + \beta_{20} Ind_t + \beta_{21} L_t + \beta_{22} K_t$$
$$+ \beta_{23} RI_t + \beta_{24} GDP_{t-1} + \mu_{4t} \qquad\qquad 式（3-17）$$

在式（3-14）~式（3-17）中，$c_1 \sim c_4$ 为常数项，$\beta_1 \sim \beta_{24}$ 为回归系数，$\mu_{1t} \sim \mu_{4t}$ 为残差项，Inc_t 为居民收入，为更好地区分城镇和农村居民收入，分别以 CRI_t 和 NRI_t 表示城镇居民收入、农民纯收入；Urb_t 表示城镇化水平；Ind_t 表示工业化水平；GDP_t 表示经济增长；L_t 表示劳动力；K_t 表示固定资产投资。

（二）估计方法

联立方程的常用估计方法是有限信息法和完全信息法，这两种方法能够较好地解决内生性问题。有限信息法常用的是两阶段最小二乘法（2SLS），完全信息法常用的是三阶段最小二乘法（3SLS）。由于有限信息法只是利用方程组中每个方程的样本信息，而完全信息法则是利用全部变量的所有信息，能够更全面地反映出变量间的相互关系，因此，采用三阶段最小二乘法（3SLS）来对联立方程进行估计。

（三）变量的选取

1. 内生变量

（1）城镇化。城镇化是指农村人口转化为城镇人口的过程。

采取常用做法以市镇人口占全部人口的百分比来表示，反映人口向城市集聚的过程和集聚程度。

（2）工业化。工业化通常被定义为工业或第二产业产值占国民生产总值比重不断上升的过程，以及工业就业人数在总就业人数中比重不断上升的过程。采用工业总产值占国民生产总值的比重来表示工业化水平。

（3）经济增长。经济增长是指在一个较长的时间跨度上，一个国家或地区人均产出（或人均收入）水平的持续增加。因此，采用人均 GDP 来表示经济增长，见图 3 – 15。

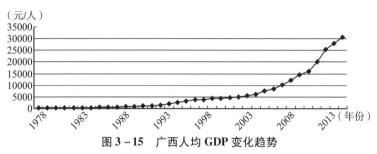

图 3 – 15　广西人均 GDP 变化趋势

资料来源：《广西统计年鉴》，中国统计出版社。

（4）居民收入。为了更好地反映工业化与城镇化对于城镇居民收入和农村居民收入的影响，选取城镇居民可支配收入和农民纯收入分别表示城镇居民收入和农村居民收入，见图 3 – 16。

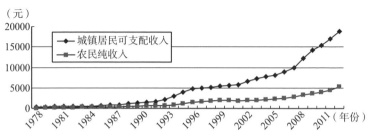

图 3 – 16　广西城镇居民可支配收入、农民纯收入变化趋势

资料来源：《广西统计年鉴》，中国统计出版社。

2. 外生变量

（1）劳动力。劳动力是经济增长、工业化与城镇化重要的影响因素，选取广西从业人员总数来表示劳动力，见图 3－17。

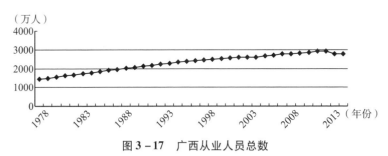

图 3－17 广西从业人员总数

资料来源：《广西统计年鉴》，中国统计出版社。

（2）固定资产投资。固定资产投资是建造和购置固定资产的经济活动，是社会固定资产再生产的主要手段，是经济发展、工业和企业发展的重要因素，选取全社会固定资产投资总额来表示，并利用固定资产投资价格指数换算成以 1978 年为基期的数据，见图 3－18。

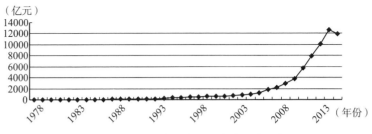

图 3－18 广西全社会固定资产投资总额

资料来源：《广西统计年鉴》《新中国 60 年统计资料汇编》，中国统计出版社。

（四）数据说明

数据来源于《广西统计年鉴》《新中国 60 年统计资料汇编》。为避免各变量的单位不一致，利用均值化来消除量纲。

（五）估计结果与分析

用 Stata 11.0 软件采用 3SLS 方法进行实证估计，结果见表 3 -7 和表 3 -8。

表 3 -7　　联立结构方程模型的估计结果（城镇居民收入 $CInc_t$）

方程（1）		方程（2）		方程（3）		方程（4）	
被解释变量 CRI_t		被解释变量 Urb_t		被解释变量 Ind_t		被解释变量 $rgdp_t$	
解释变量	估计系数	解释变量	估计系数	解释变量	估计系数	解释变量	估计系数
Urb_t	0. 1053 ** (0. 1161)	Ind_t	- 0. 0214 (0. 1129)	Urb_t	0. 0251 ** (0. 1566)	Urb_t	0. 2168 *** (0. 1566)
Ind_t	0. 3563 *** (0. 1101)	CRI_t	- 0. 1879 * (0. 1166)	CRI_t	- 0. 0433 (0. 1405)	Ind_t	0. 2307 ** (0. 1489)
L_t	0. 1562 ** (0. 1311)	L_t	0. 5089 *** (0. 1696)	L_t	0. 0666 *** (0. 1717)	CRI_t	0. 1371 ** (0. 1605)
K_t	- 0. 077 ** (0. 0385)	K_t	- 0. 0756 *** (0. 0289)	K_t	- 0. 0056 (0. 0495)	L_t	- 0. 0036 (0. 1828)
$rgdp_t$	0. 3211 *** (0. 1021)	$rgdp_t$	0. 5238 *** (0. 1483)	$rgdp_t$	0. 0761 ** (0. 1416)	K_t	0. 1962 *** (0. 0417)
CRI_{t-1}	0. 682 *** (0. 0854)	Urb_{t-1}	0. 3588 ** (0. 1722)	Ind_{t-1}	0. 6453 *** (0. 1577)	$rgdp_{t-1}$	0. 6125 *** (0. 1826)
常数项	- 0. 4715 *** (0. 1496)	常数项	- 0. 0921 (0. 1762)	常数项	0. 2406 (0. 2513)	常数项	- 0. 2983 (0. 2263)
chi2 ［ P ］	15907. 88 [0. 0000]	chi2 ［ P ］	3655. 98 (0. 0000)	chi2 ［ P ］	224. 08 [0. 0000]	chi2 ［ P ］	14414. 22 [0. 0000]
$R - sq$	0. 9979	$R - sq$	0. 9911	$R - sq$	0. 8716	$R - sq$	0. 9977

注：括号内为标准差；*** 、** 、* 分别表示在 1% 、5% 、10% 水平下显著。

表 3 - 8　　　联立结构方程模型的估计结果（农村居民收入 $NInc_t$）

方程（1）		方程（2）		方程（3）		方程（4）	
被解释变量 NRI_t		被解释变量 Urb_t		被解释变量 Ind_t		被解释变量 $rgdp_t$	
解释变量	估计系数	解释变量	估计系数	解释变量	估计系数	解释变量	估计系数
Urb_t	− 0.4349 *** (0.0771)	Ind_t	− 0.0771 (0.1156)	Urb_t	− 0.0382 (0.1329)	Urb_t	0.3641 ** (0.1556)
Ind_t	0.1507 ** (0.0785)	NRI_t	− 0.1939 * (0.1056)	NRI_t	− 0.2097 * (0.1138)	Ind_t	0.2488 * (0.1366)
L_t	0.5104 *** (0.1059)	l_t	0.638 *** (0.2433)	L_t	0.34178 * (0.2174)	NRI_t	0.2072 ** (0.1459)
K_t	− 0.14489 *** (0.0692)	K_t	− 0.0788 * (0.0421)	K_t	− 0.0362 (0.0497)	L_t	− 0.2241 (0.2613)
$rgdp_t$	0.5309 *** (0.0692)	$rgdp_t$	0.3091 *** (0.1214)	$rgdp_t$	0.2153 ** (0.1417)	K_t	0.2172 *** (0.045)
NRI_{t-1}	0.7221 *** (0.0503)	Urb_{t-1}	0.5863 *** (0.1347)	Ind_{t-1}	0.6975 *** (0.1351)	$rgdp_{t-1}$	0.5043 *** (0.1976)
常数项	− 0.2623 ** (0.1052)	常数项	− 0.1589 (0.1708)	常数项	0.0346 (0.2256)	常数项	− 0.2419 (0.2104)
$chi2$ $[P]$	25446.65 [0.0000]	$chi2$ $[P]$	3153.99 [0.0000]	$chi2$ $[P]$	249.71 [0.0000]	$chi2$ $[P]$	14965.99 [0.0000]
$R-sq$	0.9987	$R-sq$	0.9896	$R-sq$	0.8833	$R-sq$	0.9978

注：括号内为标准差；***、**、*分别表示在 1%、5%、10% 水平下显著。

（1）城镇居民收入与城镇化、工业化、经济增长的关系。表 3 - 7 中方程（1）和方程（2）的估计结果表明，城镇化水平的提高将促进城镇居民收入，城镇化每提高 1%，将促使城镇居民收入增长 0.1053%，但城镇居民收入与城镇化却成反比关系，即城镇化与城镇居民收入之间形成一个正向推动但负向反馈的关系。城镇居民的收入并未形成消费、形成拉动力、拉动城镇化的进程，反而起着抑制作用。

表3-7中方程（1）和方程（3）的估计结果表明，工业化水平的提高将促进城镇居民收入，但城镇居民收入的提高对工业化的影响并不显著。工业化水平每提高1%，将能够促进城镇居民收入提高0.3563%，但是，每提高1%的城镇居民收入，将降低工业化0.0433%，这与现实情况基本一致。当城镇居民收入足以解决温饱和生活需求时，将更多金钱消费在奢侈品和旅游、服务等第三产业上，并未更多消费在工业品上，进而影响工业企业的进一步发展。

表3-7中方程（2）和方程（3）的估计结果表明，城镇化与工业化之间没有显著的相互影响。也就是说，内生经济增长模型中，城镇化与工业化没有互动关系，且工业化与城镇化的关系并不明确，结果说明城镇化与工业化出现了不协调现象，即出现了城镇化滞后于工业化或城镇化超前于工业化的现象，这与现实中所反映的情况一致。

表3-7中方程（4）的估计结果表明，城镇化、工业化、城镇居民收入和固定资产投入均对经济增长起着促进作用。城镇化、工业化、城镇居民收入和固定资产投入每提高1%，将能够分别促使经济增长提高0.2168%、0.2307%、0.1371%、0.1962%，说明经济增长为投资推动型的增长。劳动力的增加反而不利于经济增长，但并不显著，这与中国高投资率与高就业压力的现象相吻合。其他方程估计结果表明，经济增长能够促进城镇居民收入的提高，推动城镇化和工业化的进程。

（2）农民收入与城镇化、工业化、经济增长的关系。表3-8中方程（1）和方程（2）的估计结果表明，城镇化对农村居民收入起反作用。城镇化每提高1%，将导致农村居民收入降低0.4349%，这是因为城镇化进程将人口和劳动力吸引至城镇，且有大量劳动力滞留在城镇无法找到工作，进而造成农民收入增长缓慢，城乡居民收入差距不断扩大。农民收入的提高将抑制城镇化进度，农民收入的增加将加剧城乡二元化，因为农民收入高的话就不愿意转移到城镇，不愿意离开土地，那么，城镇建设将无法满足劳动力需求，进而影响城镇化进程。

表3-8中的方程（1）和方程（3）的估计结果表明，工业化水平的提高能够促进农村居民收入，工业化每提高1%，将能够促进农民收入提高0.1507%，但是，每提高1%的农民收入将降低工业化0.2097%。工业化与农民收入形成一个正向促进、负向反馈的关系，这是因为工业化进程的加快能够带动城镇周边农村的经济发展，但是，农村人口消费能力不足、工业生产相对过剩、农村剩余劳动力转移困难，都将不利于工业化的发展。

表3-8中的方程（4）的估计结果表明，城镇化、工业化、城镇居民收入和固定资产投入均对经济增长起着促进作用。城镇化、工业化、城镇居民收入和固定资产投入每提高1%，将能够分别促使经济增长提高0.3641%、0.2488%、0.2072%、0.2172%，说明经济增长为投资推动型的增长。另外，劳动力对经济增长的影响为负向关系，劳动力的增加反而抑制经济的增长。

（3）城镇化、工业化、经济增长对城镇居民收入与农村居民收入影响的对比分析。综合所有方程可以看出，城镇化对城镇居民收入起着正向效应，而对农村居民收入却起着负向效应，即城镇化的收入增长效应视区域而定，这也验证了城镇化将扩大城乡收入差距。工业化对城镇和农村居民的收入都有促进作用，能够显著地提高居民收入，具有收入增长效应，但工业化对城镇居民的收入效应（0.3563%）要大于农村居民的收入效应（0.1507%），城镇居民的收入增长效应是农村居民的收入增长效应的两倍之多。另外，城镇居民收入和农村居民收入的提高都对工业化、城镇化起着负向作用，即居民收入的增加将抑制工业化与城镇化的发展，但能够促进经济增长，且农村居民收入对经济增长的促进效应（0.2072%）要大于城镇居民收入对经济增长的促进效应（0.1371%），这也验证了为什么国家要大力发展新农村建设，提高农民收入，缩小城乡收入差距，扩大农村消费市场。

第三节 工业化与城镇化融合发展的社会福利效应

一、问题提出

社会福利是政府及社会通过提供资金、服务和基础设施建设，为提高社会成员的物质基础、精神享受的一种制度。[1] 从世界各国的发展经验来看，随着工业化和城镇化进程的不断推进，居民享受到的社会福利水平也逐步提高，在工业化和城镇化进程中实现社会福利的改善符合一般发展规律。处理好工业化、城镇化进程与社会福利改善之间的关系，让工业化和城镇化成为推动民生改善的有效途径，关乎经济可持续发展的动力基础和经济社会协调和谐发展（王伟同，2011）。[2]

随着改革开放，中国经济社会飞速发展，工业化与城镇化也实现了加速提升，2014年，中国工业化率和城镇化率分别达到42.6%、54.77%，但工业污染、产能过剩以及城市污染、交通拥堵等一系列"难题"，直接影响社会福利满意度。那么，改革开放以来，随着工业化与城镇化水平的不断提高，工业（产业）

---

① 《中国大百科全书》编辑部. 中国大百科全书·社会学卷. 中国大百科全书出版社，1995.

② 王伟同. 城镇化进程与社会福利水平——基于中国城镇化道路的认知与反思. 经济社会体制比较，2011（3）：169-176.

结构、从业结构、人口结构发生了巨大变化，是否就带来了更多的边际福利呢？基于经济"新常态"、工业转型升级、构建和谐社会的现实背景，同时，从工业化与城镇化融合发展视角，探讨工业化与城镇化融合发展的社会福利的理论机制和实际效应，并利用广西数据进行实证检验，以期有益增补现有研究。

二、理论分析

在工业化与城镇化进程中，不仅存在工业化与城镇化的社会福利正效应，而且存在社会福利负效应。

（一）工业化与城镇化的社会福利正效应

工业化是农业产业和劳动力转移、产业组织结构优化、技术为核心驱动的经济结构演变过程，其制造业的发展与人们生活水平、生存质量等社会福利息息相关。随着工业化水平的提升，生产部门间的生产效率提高，工业产品附加值攀升，同时提高劳动者的报酬，进而提升劳动者的福利待遇。另外，随着工业化进程的深化，工业结构逐步合理化和高度化，工艺技术不断创新，企业生产出更多创新产品使人们生活质量有显著提高，并极大地满足了人们的物质生活需要以及新型工业化战略的大力实施，能够增加就业岗位、提高劳动者素质和资源利用率及环境质量等，从而使全社会的发展水平有所上升，提升社会福利水平（史延杰，2011）。[①]

城镇化是指农村人口转化为城镇人口的过程，其核心是公共服务和社会福利的城镇建设，且目标首要是解决社会福利的提升问题。城镇化水平的提升，不仅能够推动城镇地理空间的扩大、

---

①　史延杰.广西新型工业化与社会福利关联的实证研究.广西大学硕士学位论文，2011.

人口的聚集，而且能够推动产业结构的转型、就业方式的拓展、公共服务水平的提升、公共交通的便利、宜居环境的塑造及精神文化的充实。另外，随着城镇的发展，服务业也将蓬勃发展，而服务业通过推进实体商品差异化，优化生产资源配置结构和收入分配结构并提高资源配置效率和降低运营及交易成本，进而增进社会福利，服务业在增进社会福利方面起着极为重要的促进作用（许崴，2013）。①

工业化与城镇化融合发展，将能够有效地提高资源利用效益，降低传统工业化带来的环境污染，减少工业"三废"和城市生活垃圾。不仅促使工业由高能耗、高污染、低效益向节能、环保、高效的方向发展，而且城市建设提供大量的公共基础设施、医疗保险、便捷交通等来提高人们的居住环境，从而使人们的物质上和精神上得到满足，提高人们的社会福利。此外，随着工业化与城镇化进程的加快，需要大量高素质劳动力来支撑工业发展和城市建设，由此带来工业各部门员工为提高综合素质而学习更多知识和技术，而其他劳动力也将提高自身综合素质来增强竞争力，从而整体提高劳动力素质，增进社会福利。

（二）工业化与城镇化的社会福利负效应

工业化水平的提高，提高了劳动生产率，同时伴随着大量的城镇失业，2014 年中国城镇登记失业率为 5.1%，从而制约了社会福利的增加，同时不利于社会的发展和稳定。并且工业生产伴随着较大的污染，工业"三废"的大量排放造成环境破坏，造成极大的社会福利损失。另外，目前中国城镇与农村户口在社会福利待遇上存在较大差异，与户籍挂钩的一系列社会福利待遇，捆绑着教育、医疗、养老保险等层面，也扩大了城乡福利差距、

---

① 许崴. 试论服务业发展的社会福利效应. 岭南学刊，2013（1）：86－89.

巩固了城乡二元的公共服务体制。

在中国，主要依靠政府提供公共服务来改善居民公共服务水平，而城镇化进程中，并不会提高居民社会福利水平，甚至会降低社会福利水平（王伟同，2011）。[①] 这是因为，在推进城镇化进程中只重开发建设，忽视民生保障造成社会福利损失和阻碍社会福利的增长，以及政府职能出现缺位，特别是公共服务职能的缺位，造成城镇化进程与民生福利的脱节。也有人认为，政府在工业化与城镇化过程中所提供的公共服务规模、结构和质量，均与这一历史进程的内在要求之间存在一定差距（温来成，2005）。[②]

三、模型构建

（一）工业化与城镇化影响下的社会福利模型

工业化与城镇化的快速发展，带动经济增长、居民收入倍增的同时，也给城市和人民生活带来了严重的污染、城市拥挤等问题，沿用科普兰和泰勒（Copeland，Taylor，2003）基于代表性公民福利最大化的建模方法。假设整个社会只有一个代表性公民，那么，社会的福利水平以间接效用函数表示：

$$V = u(w) - \delta\left(\frac{1}{D}Z\right) \qquad \text{式（3-18）}$$

在式（3-18）中，V 为社会的间接福利效用函数，$u(w)$ 为居民收入效用函数，w 为实际收入水平，Z 为环境污染水平（工业和城市带来的污染），δ 为工业和城市环境污染弹性，D 为工业

---

① 王伟同. 城镇化进程与社会福利水平——基于中国城镇化道路的认知与反思. 经济社会体制比较，2011（3）：169-176.

② 温来成. 政府公共服务与城镇化进程中的财政政策选择. 财政研究，2005（10）：7-9.

化与城镇化融合度，$\dfrac{1}{D} \cdot Z$ 表示工业和城市带来的污染水平与工业化和城镇化融合发展水平成反比，即环境污染水平由工业化与城镇化融合发展和政府的环境管制政策决定。假定环境是一种商品，那么，随着人均收入水平提高，人们对环境质量的要求也会相应提高，"水涨船高"的作用促使人们要求工业和城市发展更环保、更清洁，这实际上就是工业化与城镇化融合发展，从而确定一个最优的污染水平，以期实现社会福利最大化。以 $W(RES, Ind, Urb, GDP)$ 表示总收入，是工业化与城镇化融合度（D）、资源禀赋（RES）、工业化水平（Ind）、城镇化水平（Urb）和经济增长（GDP）的函数。社会收入水平可以表示为 $w = \dfrac{W(RES, Ind, Urb, GDP)}{LP}$（其中，$L$ 为总居民人数），即居民收入水平主要受价格指数、工业化与城镇化、经济增长和人口数的影响。因此，社会福利水平最大化可以表示为：

$$\max_Z V = u(w) - \delta\left(\frac{1}{D} \cdot Z\right) \qquad 式（3-19）$$

$$s.\,t.\ w = \frac{W(RES,\ Ind,\ Urb,\ GDP)}{LP} \qquad 式（3-20）$$

对式（3-19）求 D 的偏导得：

$$\frac{\partial V}{\partial D} = \frac{\partial u(w)}{\partial D} \cdot \frac{\partial w}{\partial D} + \delta \cdot Z \cdot \frac{1}{D^2} = 0 \qquad 式（3-21）$$

化简得：

$$\frac{\partial u(w)}{\partial D} = -\delta \cdot Z \cdot \frac{1}{D^2} \cdot \frac{\partial D}{\partial w} \qquad 式（3-22）$$

将 $\varphi = \dfrac{\partial w}{\partial D} = \dfrac{\partial \dfrac{W(RES,\ Ind,\ Urb,\ GDP)}{LP}}{\partial D}$（$\varphi$ 为工业化与城镇化融合发展对居民收入影响的变化率）代入上式得：

$$\frac{\partial u(w)}{\partial D} = -\delta \cdot Z \frac{1}{\varphi \cdot D^2} \qquad 式（3-23）$$

由式（3 - 23）可以看出，居民收入边际与环境污染水平成负相关，与工业化和城镇化融合发展成正相关，即居民收入的高低由环境污染水平（Z）、工业化与城镇化融合发展（D）、工业化与城镇化融合发展对居民收入影响的变化率（φ）息息相关。根据式（3 - 23），可以将社会福利水平（$u(w)$ 假定为社会只有一个公民，居民收入函数即社会福利水平）表示为环境污染水平（Z）、工业化与城镇化融合发展（D）、工业化与城镇化融合发展对居民收入影响的变化率（φ）的函数，而变化率受资源禀赋（RES）、工业化（Ind）、城镇化（Urb）、经济增长（GDP）、劳动力（L）的影响。因此，社会福利水平（Wel）的一般形式可以写为：

$$Wel_t = f(Z_t，D_t，RES_t，Ind_t，Urb_t，GDP_t，L_t) \quad 式（3 - 24）$$

根据式（3 - 24），构建工业化与城镇化融合发展影响下的社会福利水平方程为：

$$Wel_t = c + \beta_1 Z_t + \beta_2 D_t + \beta_3 RES_t + \beta_4 Ind_t$$
$$+ \beta_5 Urb_t + \beta_6 GDP_t + \beta_7 L_t + \mu_t \quad 式（3 - 25）$$

在式（3 - 25）中，c 为常数项，$\beta_1 \sim \beta_7$ 为系数，t 为年份，μ_t 为残差项。

（二）变量选取与数据说明

（1）社会福利水平（Wel_t）。社会福利是政府和社会为提高居民生活质量所提供资金、设施和服务的社会保障制度，社会福利水平的测算较为复杂，包含人们对生活和环境的主观感受，存在一定困难。人均 GDP 是衡量经济社会发展的重要指标，也间接反映社会福利水平，因此，选取人均 GDP 来衡量社会福利水平。

（2）工业化与城镇化融合度（D_t）。利用融合度计算公式 $D =$

$$\sqrt{\left| \frac{I(x) \cdot U(y)}{[(I(x)/2 + U(y)/2]^2} \right|^k \times [\kappa \cdot I(x) + \gamma \cdot U(y)]}，D \in [0，1]，$$

其中，$I(x)$、$U(y)$ 分别为工业化综合评价指数、城镇化综合评价指数，$I(x) = \sum_{i=1}^{n} \alpha_i Z(x_{ij})$，$U(x) = \sum_{i=1}^{n} \beta_i Z(y_{ij})$，工业化从发展水平、发展质量、科技创新、经济效益和结构变化等方面来综合评价，城镇化从发展水平、社会发展、居民生活、基础设施、生态环境和结构变化等方面来衡量；$Z(x_{ij})$ 表示工业化综合评价系统中第 j 年第 i 个指标标准化的数据，$Z(y_{ij})$ 表示城镇化综合评价系统中第 j 年第 i 个指标标准化的数据；α_i 为工业化评价系统中各指标的权重，β_i 为城镇化评价系统中各指标的权重；k 为调整系数（$k \geq 2$）；κ、γ 为待定权重，这里将权重均取值为 0.5，见图 3 - 19。

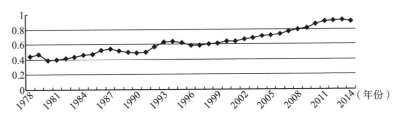

图 3 - 19 广西工业化与城镇化融合系数

资料来源：历年《广西统计年鉴》，中国统计出版社。

（3）资源禀赋（RES_t）。资源禀赋又称为要素禀赋，指一国或地区的居民拥有各种生产要素，包括劳动力、资本等，而资本有机构成（劳均资本比值）反映了要素禀赋（刘玮，童光荣，2010）。[①] 因此，以全社会固定资产投资额（通过固定资产价格指数换算成 1978 年为基期的序列）除以总人口来表示资源禀赋。

（4）工业化（Ind_t）。采用非农产业产值占国民生产总值比

① 刘玮，童光荣. 环境视角下我国工业行业能源效率特征及影响因素. 中国地质大学学报（社会科学版），2010，10（3）：33 - 37.

重（（1－农业产值/GDP）×100％）来表示。

（5）城镇化（Urb_t）。采取常用做法以市镇人口占全部人口的百分比来表示，反映人口向城市集聚的过程和集聚程度。

（6）经济增长（GDP_t）。经济增长通常是指，一个国家或地区当年国内生产总值对比往年的增长率。此处，用生产总值指数将广西生产总值换算为1978年为基期的序列，用以衡量经济增长状况。

（7）劳动力（L_t）。劳动力是经济发展的重要要素，更是社会福利水平的重要影响因素。选取从业人员总数来表示劳动力。

以1978~2014年的广西数据为样本，数据均来源于《广西统计年鉴》《新中国60年统计资料汇编》，并且，为消除各变量的量纲，对各变量进行均值化处理。

四、实 证 分 析

（一）异方差检验

异方差（heteroscedasticity）是相对于同方差而言的。如果进行线性回归时，存在异方差，则回归结果可能存在误差，无法反映真实情况。怀特（White）提出了异方差的一般检验方法，这种方法实际应用方便，即以残差 u_t 的平方序列为因变量，其他解释变量及其平方和交叉乘积为自变量，进行辅助回归来判断异方差。用怀特检验异方差，结果见表3－9。

表3－9　　　　　　　　White 异方差检验结果

F – statistic	8.300643	Prpb. F (7, 26)	0.0000
Obs ∗ R – squared	23.48927	Prpb. Chi – Square (7)	0.0014
Scaled explained SS	42.96062	Prpb. Chi – Square (8)	0.0000

注：原假设为不存在异方差。

根据怀特检验，怀特统计量为 23. 4893，*P* 值为 0. 0014，可以判断在 1% 的显著水平下拒绝"不存在异方差"的原假设；另外，含交叉项怀特检验统计量为 42. 9606，*P* 值为 0. 0000，同样可以判断在 1% 的显著水平下拒绝"不存在异方差"的原假设，即可以判断方程存在异方差。这里采用加权最小二乘法（WLS）修正回归方程的异方差性。

（二）结果分析

运用 Eviews 6. 0 计量软件，先利用普通最小二乘法（OLS）估计式（3 - 25）得到残差序列 u_t，然后，利用残差序列的绝对值的倒数序列 $1/|u_t|$ 作为加权序列，再用加权最小二乘法重新进行回归估计，结果见表 3 - 10。

表 3 - 10　　　　　　　加权后消除异方差的估计结果

变量	系数	标准误差	t - 统计量	P 值
Z_t	- 0. 0676	0. 0265	- 2. 5527	0. 0169
D_t	0. 0961	0. 0884	1. 0865	0. 2872
RES_t	0. 2126	0. 0233	9. 1208	0. 0000
Ind_t	- 0. 7104	0. 1423	4. 9931	0. 0000
Urb_t	- 0. 1364	0. 0463	- 2. 9469	0. 0067
GDP_t	0. 9253	0. 0441	21. 0053	0. 0000
L_t	0. 7026	0. 1281	5. 4855	0. 0000
常数项	- 0. 027	0. 07	- 0. 3856	0. 7029

回归方程表达式为：

$$Wel_t = \underset{(-0.3856)}{- 0.027} \underset{(-2.5527)}{- 0.0676 Z_t} + \underset{(1.0865)}{0.0961 D_t} + \underset{(9.1208)}{0.2126 RES_t} \underset{(4.9931)}{- 0.7104 \text{Ind}_t}$$
$$\underset{(-2.9469)}{- 0.1364 Urb_t} + \underset{(21.0053)}{0.9253 GDP_t} + \underset{(5.4855)}{0.7026 L_t} \qquad \text{式 (3 - 26)}$$

$R - squared = 0.9993$，$F -$ 统计量 $= 5481.676$，$D.W = 1.453$，括号内数值为 t 统计量。

表 3 - 10 和回归方程式表明，环境污染水平与社会福利水平成反比，即环境污染越严重，社会福利越低，这与现实情况相一致，并且环境污染水平每提高 1%，将产生福利效应为 - 0.0676%，即环境污染将造成社会福利损失。工业化与城镇化融合发展对社会福利有促进作用，工业化与城镇化融合发展可以通过促进工业化、城镇化的发展来提升社会福利，工业化水平的提高将直接淘汰高能耗、高排出、低效能的企业，同时促使城市基础建设、医疗保险等，从而提高城市居民福利水平；工业化与城镇化融合发展的福利效应为 0.0961%，但 P 值为 0.2872，说明融合发展的福利效应并不显著，这与现实情况相一致，因为中国经过以粗放式经济发展方式的快速发展后，虽然淘汰了一批污染严重的企业，环境污染现象有所遏制，但并未得到完全的控制。资源禀赋对社会福利具有显著的促进作用，资源禀赋每提高 1%，社会福利效应提高 0.2126%，即居民获得的资源越多，福利水平也越高，因为居民能够获得更多资源时，特别是医疗、公共基础设施等方面的资源，能够显著地提高居民的幸福感，从而提高整个社会福利水平。工业化、城镇化对社会福利水平均起着负向效应，工业化、城镇化每提高 1%，将降低社会福利水平 0.7104%、0.1364%，这是因为目前工业污染严重，城市建设出现"空城"现象，百姓却买不起房，这也解释了工业化与城镇化融合发展的福利效应为什么不显著；另外，可能是因为在推进工业化和城镇化进程中只重视开发建设，而忽视了民生保障造成社会福利损失和阻碍社会福利的增长，以及政府出现职能的缺位，特别是公共服务职能的缺位，造成工业化和城镇化进程与民生福利的脱节。经济增长的社会福利效应为 0.9253%，在各变量中效应最大，这是因为经济增长能够带来居民工资、医疗、社保等各方面的优越条件，从而直接提升居民福利水平。劳动力对社会福利具有较好的促进作用，其福利效应为 0.7026%，仅次

于经济增长的社会福利效应，这是因为从业人员增多，能够直接增加社会财富，增进社会福利。

第四节　本章小结

本章通过构建柯布—道格拉斯生产函数、联立方程、社会福利模型，并利用广西数据分别实证检验了工业化与城镇化融合发展的经济增长效应、收入增长效应和社会福利效应，得到以下一些结论：

（1）通过多元线性回归得出，工业化对 GDP 的推动系数为 3.1226，城镇化对 GDP 的推动系数为 1.627。通过构建扩展的柯布—道格拉斯生产函数，运用 VAR 模型的协整检验、格兰杰因果关系、脉冲响应和方差分解分析得出，工业化与城镇化融合发展能给经济增长提供持续的拉动效应，且对经济增长的贡献率呈现递增趋势，到 10 期时可达到 8.323%。

（2）通过建立联立方程组实证检验得出，内生经济增长模型中广西工业化与城镇化没有互动关系，并且工业化与城镇化的关系并不明确，即工业化与城镇化存在不协调发展。工业化水平每提高 1%，将能够促进城镇居民收入提高 0.3563%，促进农村居民收入提高 0.1507%；城镇化水平每提高 1%，将促使城镇居民收入提高 0.1053%，导致农村居民收入降低 0.4349%。

（3）通过构建社会福利模型实证检验得出，工业化与城镇化融合发展对社会福利有促进作用，工业化与城镇化融合发展可以通过促进工业化、城镇化的发展提升社会福利，其福利效应为 0.0961%。

第四章

工业化与城镇化融合发展的
动力机制：理论与启示

工业化和城镇化是城市发展、现代化的必由之路，二者的良性互动是经济社会发展的显著特征。国外学者很早就对工业化与城镇化的互动机制进行了研究（H. 钱纳里，M. 赛尔奎因，1989），① 解释了工业化与城镇化的经济学成因，工业化的聚集经济促进城镇化的发展（K. J. 巴顿，1986）。② 随着将新型工业化、新型城镇化上升为国家战略，工业化、城镇化的快速发展，工业化与城镇化步入全新的发展阶段（沈可，章元，2013）。③ 国内学者对工业化与城镇化进行了一些研究。改革杂志社专题研究部（2012）④、郝华勇（2012）⑤ 认为，工业化与城镇化间具有相互协调关系，工业化通过调整结构和产业升级推动城市快速发展，城镇的发展又为工业化提供了发展空间。尹继东和张文（2007）⑥、

---

① H. 钱纳里，M. 赛尔奎因. 发展的格局 1950～1970. 李小青等译，中国财政经济出版社，1989.

② ［英］K. J. 巴顿. 城市经济学. 上海社会科学院部门经济研究所城市经济研究室译，商务印书馆，1986.

③ 沈可，章元. 中国的城市化为什么长期滞后于工业化——资本密集型投资倾向视角的解释. 金融研究，2013（1）：53-65.

④ 改革杂志社专题研究部. 工业化与城镇化融合发展：重庆例证. 重庆社会科学，2012，22（12）：30-39.

⑤ 郝华勇. 中部六省新型工业化与城镇化协调发展评价与对策. 湖南行政学院学报，2012（1）：52-64.

⑥ 尹继东，张文. 论我国工业化与城市化的双重演进——基于劳动力转移理论的实证分析. 南昌大学学报（人文社会科学版），2007（1）：90-95.

沈可和章元（2013）① 则分析了工业化与城镇化协调发展的影响因素，指出劳动力转移、户籍管理制度与土地制度等因素导致城镇化与工业化失调。这种工业化与城镇化的失调，成为制约中国经济社会发展的新"瓶颈"（刘盛和，陈田，蔡建明，2003；② 李国平，2008③）。另外，吴寿平（2015，2016）④ 指出，工业化与城镇化融合发展是一个逐步跃迁的动态过程，随着融合阶段的不断跃迁，各阶段所经历的时间逐渐缩短，融合初期需要较长时间进行调试，达到初中级融合阶段后，则较容易短期内跃迁至更高水平的融合发展。

从现有文献来看，工业化与城镇化存在融合发展机制，工业化推动城镇化发展，工业的发展将会改变人力资本、资金、土地等生产要素，伴随着城镇化进程加快，进一步刺激市场需求，进而助推工业化发展，逐步形成产城融合发展。也就是说，工业化是城镇化发展的动力源，而城镇化是工业化发展的载体。但是，国内学者对工业化与城镇化的研究主要停留在协调关系、互动机制和发展阶段的研究，更多侧重于探讨工业化与城镇化的协调发展（吴寿平，2015）。⑤ 对工业化与城镇化融合发展的研究尚少，鲜有深入探讨二者融合动力机制，因此，有必要对工业化与城镇化融合动力机制研究进行有益增补。

---

① 沈可，章元. 中国的城市化为什么长期滞后于工业化——资本密集型投资倾向视角的解释. 金融研究，2013（1）：53 – 65.

② 刘盛和，陈田，蔡建明. 中国非农化与城市化关系的省际差异. 地理学报，2003，58（6）：937 – 946.

③ 李国平. 我国工业化与城镇化的协调关系分析与评估. 地域研究与开发，2008（5）：6 – 12.

④ 吴寿平. 城市化与工业化融合发展的实证分析——基于上海市的实证检验. 石家庄经济学院学报，2015（12）：6 – 14；吴寿平. 城市化与工业化融合发展的测算与比较——基于耦合理论的视角. 开发研究，2016（2）：50 – 59.

⑤ 吴寿平. 工业化与城镇化融合发展研究——基于广西数据的实证检验. 鸡西大学学报，2015，15（11）：72 – 78.

一、理论分析框架

本书认为，工业化与城镇化融合发展的动力机制涉及推动力、拉动力和催化力等三种力量的共同驱动，见图 4-1。将其划分为内生融合动力和外生因素动力，内生融合动力机制涉及推动力和拉动力，外生因素动力涉及催化力。工业化方面的生产要素聚集（包括劳动力、资本、技术）、产业规模的扩大和技术创新以及城镇化方面的生产聚集、市场规模的扩大和基础设施的完善共同促进要素结构和交易费用（成本）发生变化，也将形成聚集经济效益来推动工业化与城镇化的融合，是工业化与城镇化融合发展的主要推动力。而工业化方面产业组织结构变化、垂直专业化的提高和产业结构优化以及城镇化方面的供需结构和人口结构变化，共同通过经济组织变革、产业融合发展、结构优化和专业化经济来拉动工业化与城镇化的融合，是工业化与城镇化融合发展的主要拉动力。而外生因素动力机制不仅能够影响内生融合动力机制，还能够直接影响工业化与城镇化融合发展，外生因素动力机制由政府干预、制度变迁和外部环境保护组成，三者形成循环。政府依据外部环境的变化，制定新的工业发展或城镇建设政策、市场政策、劳动力转移制度等，进而催化要素结构、交易费用、经济效益、经济组织、结构优化和专业化经济的加速变化，是推动力和拉动力的催化剂。可见，推动力和拉动力是推动工业化与城镇化融合发展的内在动力，而政府干预、制度变迁等则是推动工业化与城镇化融合发展的外在动力。接下来，对各动力进行深入的理论分析。

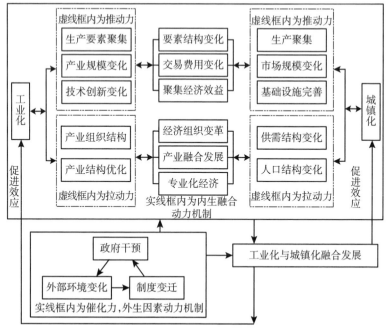

图 4-1 工业化与城镇化融合发展的理论分析框架

二、工业化与城镇化融合发展动力机制的理论分析

（一）内生融合动力机制

工业化与城镇化的关系，从不同的角度研究，有不同的表现形式，根据截面数据或历史数据的分析结果可得出二者之间具有明显的相关性；从演进次序与动力机制可以得出，二者互为因果、互为动力、螺旋上升的关系；从发展进程又可以划分为同步、超前、滞后三种类型；而从工业化与城镇化综合视角又可以将二者分为水平关系、质量关系、效率与效益关系等，并且对于不同的区域而言，在水平上处于同步，在质量、效率与效益特征

上未必相同（景普秋，张复明，2004）。① 而从动力机制看，工业化与城镇化是互为因果、互为动力的关系（查新毅，2012）。② 在工业化初期，工业化的发展促进城镇的形成和城镇化的发展，工业化是城镇化的内容，城镇化是工业化的空间载体，并且随着城镇化水平的不断提高，城镇化又成为牵动工业化不断深化的动力。也就是说，工业化与城镇化之间，两个子系统构成一个系统时存在内生融合动力。

1. 工业化与城镇化融合发展的推动力

工业化之所以对城镇化发展具有推动作用，其中一个很重要的原因在于"循环累积因果作用力"。根据循环累积因果关系理论，在工业化过程中，生产要素不断向城市集聚，产生乘数效应，从而加速城市发展；同时，城镇化发展的集约化可以使工业共享信息、文化、基础设施等，产生规模效应，加速发展。工业化与城镇化存在内在融合机制的基础是，工业化与城镇化存在内在逻辑关系。工业化、城镇化都是一种生产要素的转移过程，前者是在不同产业部门之间的转移，后者是在不同空间地域的转移，转移的目的是为了获得较高的生产要素（预期）收益率，可以认为工业化与城镇化是在部门和空间上的融合过程。即工业化是生产要素从低生产率部门向高生产率部门转移，促使工业逐渐占据经济发展主导地位，成为经济组织和发展的主要动力源泉，而城镇化则是生产要素从低生产率、低收益率的乡村地域向高生产率、高收益率的城镇地域集聚的过程（景普秋，张复明，2004）。③ 工业化和城镇化的发展都将带动要素结构的变化，进而影响城乡居民的构成和资本流向，农村剩余劳动力和资本不断融入城镇，聚集

---

①③　景普秋，张复明. 工业化与城镇化互动发展的理论模型初探. 经济学动态，2004（4）：63 - 66.

②　查新毅. 新疆城镇化与工业化发展关系测度. 对外经贸，2012（2）：118 - 120.

在城镇形成聚集经济效应，从而又促进工业化与城镇化的发展。特别是当由传统农业社会转向工业社会时，大量的农村剩余劳动力向城镇转移，由农业向第二产业、第三产业转移，致使原先分散居住在广大农村的人口向不同规模的城镇集聚，城镇居住人口占总人口的比重不断上升，城镇化进程加快，同时，城镇规模的扩大、基础设施的逐步完善，为工业发展提供了良好的外部环境，吸引大量人才、资金和科技创新等有利于工业进一步发展的要素向城市集聚，城镇化反过来又促进工业化进程，推动工业不断向更高层次发展（叶裕民，1999；李国平，2008）。[①]

随着城镇化的进程，将形成对金融、交通、信息、商店、餐饮等产业服务的需求，从而推进城镇第三产业的兴起与繁荣。另外，城镇又以其配套的基础设施、快速的信息传递、发达的金融市场以及良好的技术、通信等服务，为工业企业创造外部经济，降低工业经济运行成本，加速工业化进程。城镇化对于工业化以及二者融合发展的推动作用主要表现在，通过工业与城镇共用基础设施降低了生产成本，以及企业间的距离拉近，能够通过"面对面"的交谈，以及知识的溢出效应，降低企业的交易费用（成本）。[②] 城镇规模的扩大，以及基础设施的完善和聚集经济的形成，不仅促使企业在空间上的接近而降低运输费用，而且基础设施的完善可以降低固定交易费用和人口集聚或者说市场规模的扩大而降低内生交易费用。

---

① 叶裕民．中国城镇化滞后的经济根源及对策思想．中国人民大学学报，1999，23（5）：1-6；李国平．我国工业化与城镇化的协调关系评估．地域研究与开发，2008，27（5）：6-16.

② 交易费用主要包括：一是运输费用，与交易产品的数量有关；二是固定交易费用，是每次交易中确定价格所需固定的议价费用；三是狭义内生交易费用，不惜减少别人从分工中获得的利益，结果造成分工利益不能充分利用或者资源配置产生背离帕累托最优的扭曲，这种交易费用可以通过市场的多边议价而得到降低。具体可参考杨小凯，黄有光．专业化与经济组织———一种新兴古典微观经济学框架．经济科学出版社，1999.

另外，工业生产相对农业生产来说，是一种更为集中的经济活动，因此工业化的过程就是经济活动的集聚过程，而这种集聚过程必然引起人口的集中和生产要素的流动和相对集中（冯海发，2004；洪名勇，2011）。[1] 当人口和生产要素以及经济活动在一定区位的集中达到一定规模和程度时，就会形成城镇。而城镇化的发展将促使生产聚集，并且随着人口的增多，市场规模急剧扩大，以及随着城镇的扩大，基础设施逐渐完善，这些又将推动聚集经济效益的提高、要素结构和交易费用的变化。工业化与城镇化共同推动着要素结构和交易费用的变化，并且形成聚集经济，[2] 并获得聚集经济效益。聚集经济效益是指，劳动和资本等生产要素的集中所产生的效益，并能够不断地从外部吸收资金和人才，且不断向外部输出创新产品和分裂新的企业，以及产业在地域上的集中导致社会分工深化、产业联系加强和区域资源利用将降低生产成本，同时产业的集中必然伴随熟练劳动力、技术人才和经营管理干部的集中，从而创造更大的经济效益；另外，产业通过生产活动在空间距离上的彼此接近，实现资金周转、商品流通、劳动力培养、产业的技术创新、升级与竞争等方面的集中运行，从而获得效益以及降低运输费用，降低产品成本，产业集聚，产业间互为市场，彼此提供原材料、生产设备和产品，不仅生产协作方便，供销关系固定，而且距离缩短，运输费用降低，从而有利于降低产品和销售价格；产业集聚进行生产和经营，需要与之相适应的交通运输、邮政通信、水电供应等各项设施，集中建设、使用和管理这些设施，比各个企业单独进行建设、使用

---

[1] 冯海发. 农村城镇化发展探索. 新华出版社，2004；洪名勇. 城镇化与工业化协调发展研究. 贵州大学学报（社会科学版），2011，29（6）：64–71.

[2] 聚集经济是指，经济活动在地理空间分布上的集中现象，主要表现为相同（类似）产业或互补产业在一个特定的、邻近地理区位上的集中所形成的产业群或相互依赖的区域经济网络。具体可参考陈继勇，肖光恩. 国外关于聚集经济研究的新进展. 江汉论坛，2005（4）：6–12.

和管理大大节约费用，而且这些公共设施又被产业和居民所共享，使它们得到充分利用，产生更大的社会经济效益和环境效益。也就是说，聚集经济不仅是生产要素聚集、产业规模变化和技术创新变化，同时，也是生产聚集、市场规模扩大以及城市基础设施完善的过程。这说明工业化与城镇化通过获得聚集经济效益、交易费用降低和要素结构的变化实现了融合发展。

技术创新是改进现有产品或创造新的产品、生产过程或服务方式的技术活动。在既定的劳动力和资金的条件下，提高原有产出数量，劳动生产率提高。因而，技术创新将导致生产要素从预期利润率低的产业向预期利润率高的产业流动。同时，在空间的维度上，技术创新会促使生产要素向高利润率地域集中。无论是产业间的流动，还是空间的流动，在没有流动障碍的情况下，生产要素实现了最佳配置和组合，生产要素的回报率会达到最大，相对而言，企业的利润和居民的效用也会达到最大。在这个过程中，工业化与城镇化同时实现融合发展（景普秋，2003）。[1] 其实，生产要素在产业之间的转移是空间转移的动力与前提，生产要素在地域空间的转移又加快了生产要素在产业之间的转移。在这一过程中，技术创新对工业化、城镇化融合发展的影响，主要表现在引起生产要素在产业间和空间地域的流动转移来推动工业化、城镇化融合发展。

综上所述，生产要素聚集、产业规模和技术创新变化，是工业化方面形成聚集经济效益和要素结构变化、交易费用变化的推动力，而生产聚集、市场规模变化和基础设施完善是城镇化方面形成聚集经济效益和要素结构变化、交易费用变化的推动力。最后，将工业化与城镇化的发展在要素结构、交易费用和聚集经济三个重要方面结合起来，致使工业化与城镇化的发展息息相关、

---

① 景普秋. 中国工业化与城镇化互动发展研究. 经济科学出版社，2003.

密切联系，是推动工业化与城镇化融合发展的推动力。

2. 工业化与城镇化融合发展的拉动力

工业化与城镇化通过产业组织结构的变化、产业结构优化、供需结构和人口结构的变化，拉动着集聚组织变革、产业融合发展和形成专业化经济，这些又进一步拉动工业化与城镇化的融合发展。工业化与城镇化的互动机制表现为：工业化催生生产组织形式变革，促使生产要素集聚进而推动城镇化进程；反过来，城镇化通过刺激需求和社会文明进步为产业多元化、高端化创造空间来推动工业化进程（郝华勇，2012）。[①] 而从经济发展进程看，工业化与城镇化互动发展机制形成的理论基础是专业化经济与聚集经济的存在（景普秋，张复明，2004）。[②] 所谓专业化经济是指，由于劳动分工引起专业化水平的提高而带来的经济产出的增加；聚集经济是一种通过规模经济与范围经济的获得来提高效率和降低成本的系统力量（冯云廷，2001）。[③] 专业化经济能够推动产业的融合发展，并且从制造业向服务专业化转化。服务业的专业化分工促使服务效率提高，使得制造业专业化经济的收益大于交易费用，因而加快制造业内部的进一步分工，分工提高生产的专业化水平并助推专业化经济。随着工业化的发展，专业化分工的深化及城镇化水平的提高，人口与经济活动在空间上的高度聚集，不仅降低了生产成本，而且能够节约交通运输成本和交易成本。

专业化经济的深化通过聚集经济效益提高了交易效率，且强化了经济活动在空间上的聚集。专业化经济主要表现在引起经济

---

① 郝华勇. 中部六省新型工业化与城镇化协调发展评价与对策. 湖南行政学院学报，2012（1）：52 – 64.

② 景普秋，张复明. 工业化与城镇化互动发展的理论模型初探. 经济学动态，2004（4）：63 – 66.

③ 冯云廷. 城市聚集经济. 东北财经大学出版社，2001.

活动的聚集来推动工业化与城镇化融合发展。首先，集中的、大规模的工业生产必然促进资源向区域经济中心聚集，工业化逐步深入会带来专业化的分工协作，促进区域经济中心的产业结构升级与服务功能的强化，这种资源与生产的协作和集中必然会带来居住的集中，从而促进了城镇化。同样，城镇化对工业化也具有促进作用，在城镇化的过程中可以进一步拓展市场，提高劳动力素质和工作效率，降低交易费用，推动工业化向深度和广度发展（吴磊，2006）。①

另外，城镇化对工业化的拉动作用，主要表现在供需结构和人口结构变化上。城镇化作为工业化发展的空间载体，通过城镇的外部经济效应和集聚经济效应作用于工业化，助推工业化进程。因为城市人口、生产等规模的扩大会扩张市场需求，进而通过市场需求的拉动作用刺激生产的发展，并且加剧企业之间的竞争，提高技术革新的速率和扩大信息传递的范围，所以吸引更多的企业进入城镇聚集在一起，产生聚集经济，达到相互拉动发展的作用。随着城乡人口结构的变化，伴随着的是城乡经济结构的变化，城镇化能带来需求的扩展和升级，不断为工业化的深入发展创造新的需求条件（付保宗，2010）。② 城镇化进程的加快导致各级城镇的建设规模不断扩大，随之而来的是建设性投资需求的增加，进而推动生产资料和生产要素市场的发展，改变原有的供需结构，需求规模将扩大，需求层次将提升，并创造新的需求，进一步提供更大的投资空间，为工业的深入发展创造条件。

从某种程度上说，城镇化是劳动力资源配置的调节器，是调整城镇产业结构和就业结构的途径和手段，优化经济结构，加快

---

① 吴磊. 现代化、工业化与城镇化的互动模式研究. 商场现代化，2006（10X）：307 - 309.

② 付保宗. "工业化""城镇化"：讲述互动成长的故事. 中国经济导报，2010 - 5 - 26.

工业化进程（朱红根等，2007）。① 伴随着城镇化进程的发展，劳动力在城乡之间、地区之间和部门之间合理流动，不仅有利于带动落后产业，而且能发展先进产业。反过来，工业化通过推动产业结构优化升级，形成专业化经济以及产业融合发展来拉动城镇化。叶裕民和黄壬侠（2004）分析中国新型工业化与城镇化的互动机制中也认为，二者互动发展的关键是建立以现代高档耐用消费品工业和装备产业为主体的产业结构，进而拉动劳动密集型第三产业的快速发展和第二次劳动力转移浪潮的持续推进，为城市化奠定经济基础。② 同时，随着工业化进程的推进、人均收入水平的提高，第一产业的从业人员和产值下降，而第二产业、第三产业从业人员和产值上升，伴随着就业结构和产业结构的变化，生产要素（劳动力、资本、原材料）从农业转向工业，也是劳动力完成从农业向城市转移的过程，随着农村人口不断向城镇地区集中和聚集，城镇化过程就不断进行。由此可见，工业化通过产业结构和就业结构的变化来推动城镇化的发展。随着工业化水平的提高，产业结构的高度化与合理化，产业间的关联性越来越密切，产业间逐渐出现交叉、渗透，并融合出现新产业。同时，供需结构的变化催生出新的产业和服务业，产业融合发展趋势明显。产业融合发展拉动着工业与城镇的同步化，促使工业和城市规划同一化，产业融合成为工业化与城镇化发展的新趋势，"产城共建"成为新方向。

综上所述，产业组织结构和产业结构优化是由工业化方面促使经济组织变革、加快产业融合发展和形成专业化经济的拉动力，而供需结构和人口结构变化是城镇化方面促使经济组织变革、产业融合发展和形成专业化经济的拉动力；拉动工业化与城镇化共

---

① 朱红根，康兰媛，谢元态等. 江西新型工业化与城镇化协调发展研究. 江苏商论，2007（10）：160 – 161.

② 叶裕民，黄壬侠. 中国新型工业化与城市化互动机制研究. 西南民族大学学报（人文社科版），2004，25（6）：1 – 10.

同实现经济组织变革、产业融合发展和形成专业化经济，促使二者在更深层次上的联系，是工业化与城镇化融合发展的拉动力。

（二）外生融合动力机制

历史经验表明，城镇化与工业化互为因果的天然联系，是以市场化为中介得以维系的。在一个经济体内，生产要素的流动和经济活动的聚集对工业化与城镇化融合发展的影响要受到市场条件的约束，市场化水平的高低决定着这种影响的大小。如果没有发达的市场特别是要素市场来诱导资源和经济要素向最佳区位聚集，那么，纵然有再好的区位动力，也不能很好地吸引生产要素流入，经济活动在地理上分散化的格局也就几乎不可避免（周振华，1995），① 因此，经济活动的聚集也无从谈起。

从 20 世纪 50 年代初至今，中国出现了几次"轻、重"关系和工业结构问题的讨论，这都是政府引导的强制性制度变迁，对工业结构优化起着至关重要的作用。政府依据外部环境的变化（经济社会环境以及国际环境）相应地对制度进行调整，特别是户籍制度和工业政策的调整对城镇和工业的影响巨大。在城乡二元经济结构背景下，工业化和城镇化的发展势必引起大规模由农村向城市的人口迁移，这是许多发展中国家面临的共同问题（周伟林，郝前进等，2009）。② 应对这种外部环境的变化，改革开放以来，作为主要流入地的大中城市在刚性需求推动下，政府先后采取了发放暂住证、改变"农转非"政策、"蓝印户口"的尝试、发放居住证等措施，改革总体趋势是适应历史潮流，通过以增量改革为主、存量改革为辅的路径，逐步扩大城市户籍的供给，以满足更多农村人口对城市户籍的需求。③ 暂住证制度、

---

① 周振华. 增长轴心转移：中国进入城市化推动型经济增长阶段. 经济研究，1995（1）：3-10.

② ③ 周伟林，郝前进等. 城市社会问题经济学. 复旦大学出版社，2009.

"蓝印户口"政策、居住证制度等制度创新与实践在一定程度上扩大了城市户籍供给，适应了工业化、城市化的城乡人口转移形势（李志德，2010）。① 政府通过制定新的政策，间接地改变外部环境，而政府又依据环境的变化再对政策或制度进行调整，从而使政策或制度适应发展的需要。

有效率的制度安排能够提高经济发展的结构效应及技术效应，降低经济发展的资源环境代价（陈丹丹，任保平，2010），② 并且，制度变迁影响工业结构的收益协调效应和创新效应（王云平，2002），③ 由此推动经济结构的调整与升级。更有研究显示，市场制度的完善对工业结构优化升级具有持续的促进效应（吴寿平，2011）。④ 市场化水平的高低，不仅反映出市场配置资源的效率和吸纳人才、资金、技术等要素能力，又是一个经济改革进程和经济活力的显示器。另外，市场化水平的提高，还可以为企业的技术进步和创新提供良好的外部制度环境，提高要素的使用效率，这会加快要素的合理流动和结构变化。市场化水平高时，更有利于要素结构的改变、交易费用的降低、聚集经济效益的提升，以及加快经济组织的变革、产业融合的发展和专业化经济的形成。制度变迁特别是市场化水平催化着生产要素的合理流动，以及影响专业化分工。

虽然说市场制度对工业化与城镇化发展至关重要，但市场调节的有效性毕竟是有限度的，市场无法克服本身的缺陷，如垄断问题、公共物品的生产、外部性、公平与效率等，都是市场机制无法解决的，都必须借助于政府的力量。发展中国家在当今社会

---

① 李志德. 中国户籍制度变迁的路径选择：城市户籍的供需均衡与实现. 经济体制改革，2010（4）：25 - 29.
② 陈丹丹，任保平. 制度变迁与经济增长质量：理论分析与计量检验. 当代财经，2010（1）：17 - 23.
③ 王云平. 工业结构升级的制度分析. 中国社会科学院研究生院，2002.
④ 吴寿平. 市场制度、高技术产业发展与工业结构关系——基于 VAR 模型的广西实证检验. 四川理工学院学报（社会科学版），2011，26（5）：101 - 104.

所处的劣势，使得它们处于不利的竞争地位，所以力图通过政府的支持和保护来加快工业化与城镇化融合的进程，力求在短时间内改变经济落后的面貌，改变不平等竞争的劣势。这些问题仅仅靠市场调节是无法解决的，因此需要政府干预。由政府干预、外部环境和制度变迁构成工业化与城镇化融合发展的外生动力机制，同时，也是催化内生融合动力、工业化与城镇化加速融合的催化力。

三、工业化与城镇化融合动力机制的启示

2015 年，中国城镇化率为 56.1%，中国已处于城镇化快速增长期和后工业化发展阶段，城市扩张、劳动力流动、技术创新、产业融合等特性显著。但是，目前工业化与城镇化融合发展还遇到诸多制约因素，有制度、人才、资本、观念等方面的束缚。针对中国工业化与城镇化融合发展中存在的问题，应从以下几个方面来应对：

（1）健全市场经济制度。加强社会制度的改革与创新，将是催化工业化与城镇化内生融合的关键。市场发育与市场需求是工业化与城镇化融合发展的基础，市场发育的快慢，在相当程度上制约着生产要素的流动是否畅通、合理，影响着城市和区域的兴衰成败与发展前景；市场需求，包括国内市场和区域市场，是经济发展的源泉和动力。健全的市场经济体系，能够确保生产要素的有效合理流动、技术创新、经济组织变革和专业化分工等要素的良性运转。

（2）搭建要素流动平台。工业化与城镇化融合发展的基础，是生产要素在时空上的聚集。有效地促进要素流动，是加快工业化与城镇化的推动力。要积极搭建要素流动平台，加强生产要素，特别是人口和资本的空间聚集，确保工业化与城镇化融合发展的持续性，借助大众创业、万众创新的契机，以大园区、大企

业、大项目为载体，积极引导社会资本、人才等生产要素聚集，优化要素结构。

（3）加快经济结构调整与升级。调整现有经济结构状况，特别是城市产业结构、人口结构的调整，使其合理化、高度化，促进产业组织结构、产业结构优化，强化城市产业就业支撑，进一步适应生产力发展、工业化与城镇化融合发展的需要，为工业化与城镇化的融合提供强大的拉动力。

（4）规范政府经济职能。政府在干预市场经济的时候，也会出现政府失灵的情况，导致资源配置无效化，因此，加强顶层设计，规范政府经济职能，科学制定政府干预规范，确保制定的制度和政策适用于工业发展和城市建设。同时，坚持以创新、协调、绿色、开放、共享的发展理念为引领，以人的城镇化为核心，转变政府行为方式，深入经济体制改革，释放改革红利，促进产业转型升级。

（5）加快提高户籍人口城镇化率，建立健全农业转移人口市民化推进机制，有序推进农业转移人口市民化，加快发展中小城市、小城镇、特色小城镇，推进符合条件的农业转移人口落户城镇。加强推进和落实国务院印发的《推动1亿非户籍人口在城市落户方案》，并加快完善财政、土地、社保等配套政策。

第五章

广西工业化与城镇化融合
发展的演化过程

　　广西位于中国华南地区西部，从东至西分别与广东、湖南、贵州、云南四省相邻。广西是西南地区最便捷的出海通道，在中国与东南亚的经济交往中占有重要地位。广西蕴藏了丰富的矿产资源，但广西壮族自治区经济发展相对落后，与全国平均经济发展水平存在较大差距。特别是工业与城市发展，2015 年，广西工业增加值占广西 GDP 的比重达到 38.1%，总量排在全国第 19 位，居西部地区第 4 位；广西居住在城镇的常住人口为 2257 万人，比 2014 年末增加 70 万人，常住人口城镇化率为 47.1%，比 2014 年提高 1.1%，与全国平均 56.1% 相比，低 9%，增幅比全国低 0.3%，居全国第 26 位。回顾广西工业化与城镇化发展历史，总结经验，探索工业化与城镇化融合发展之路，加快广西工业化与城镇化的发展速度。

第一节　广西工业化的历史进程

一、广西工业发展轨迹

新中国成立后，广西工业发展经历了曲折发展的历程。1978年以后，广西工业经过迂回调整，终于走出低谷，并经过10余年的结构调整、方式转变，逐步转向持续快速发展的轨道。广西工业发展的历史进程，大致可以分为工业曲折发展、工业缓慢发展和工业快速发展三个阶段。

（一）工业曲折发展阶段（1949～1978年）

我国第一个"五年计划"期间，在逐步实现国家工业化路线的指导下，国家逐步增加工业投资，机械、电力、冶金、制糖等工业得到较快发展，广西建成了贵县、伶俐、明阳、田阳等一批糖厂，并新建立了一批机械、电力冶金等小型企业。广西工业产值由1952年的1.39亿元，工业产值占GDP比重为14.7872%增长到1957年的4.91亿元，工业产值占GDP比重为22.7631%。1958年后，广西加快工业的发展步伐，提出"县县办工业、乡乡有工业"的大办工业口号，并制定了《1958～1962年广西工业发展20条纲要》，从而掀起了大办工业的高潮，柳州、南宁、桂林和梧州4个城市兴建了新工业区。1958～1965年，基本建设投资累计完成26.79亿元，相当于1950～1957年这8年的基本建设投资的3.7倍；新增固定资产投资19.94亿元，是1957年以前固定资产投资的3.1倍；人均基本建设投资相当于全国人均基建投资的水平，建成了 60 个大中项目。[①] 与此同时，1956～1969 年，由上海迁往广西的橡胶厂、钢精厂、衬衣厂、罐头厂、糖果厂、皮鞋厂、制药厂等 26 个工厂也相继投产，成为当时广西工业行业的骨干企业。1969～1976 年，广西执行"以钢为纲"的方针，组织钢铁、煤炭、电力、小化肥和农业机械的"大会战"，国家对广西的投资仍达到 51.5 亿元，建成了一批重大项目，如南宁绢纺厂、宜山玻璃钢厂、柳江造纸厂等，扩大了生产能力。据不完全统计，到 1978 年止，广西工业投资近百亿元，建立了轻工、纺织、电力、煤炭、钢铁、有色金属、机械、电子、化工、石油、森工等一大批工矿企业，生产能力大为增加，加强了广西的现代工业基础。[②]

（二）工业缓慢发展阶段（1979～1990 年）

改革开放以来，在全面发展广西经济的同时，广西壮族自治区党委和各级政府都更加重视工业发展，但广西工业发展起步基础差、底子薄、水平较低、人才不足等突出问题，造成经济结构不合理和经济效益差等问题，广西工业发展缓慢。1979 年，广西工业总产值只占全国工业总产值的 1.59%，三次产业结构为 44.41∶33.08∶22.51。制定了《广西国民经济和社会发展第六个五年计划纲要》，且固定资产投资工业部门共安排 10.4879 亿元，占 5 年内全民所有制固定资产投资的 22.1%，重点发展煤炭、电力、化工、石油、轻纺、冶金、林产品、机械、建材等工业，并把蔗糖、水电、有色金属、建材作为工业的四大支柱，在企业中逐步推行承包责任制。1985 年，全国全面贯彻《关于经济体制改革的决定》，在对内搞活、对外开放方针指引下，将提高经济效益、提高产品质量放到十分突出的地位，广西逐步与四川、贵

---

① 邓群. 广西工业发展的历程及思考. 广西党史，2005（6）：17 – 19.
② 李建忠. 广西工业化的回顾与思考. 广西教育学院学报，2002（2）：93 – 97.

州、云南、广东等相邻省份进行多层次、多渠道、多形式的经济技术协作和横向经济联合。1987 年，广西壮族自治区又制定实施了沿海发展战略，提出以桂东南的改革开放带动广西经济发展，随后又出台了一系列鼓励集体经济、外资经济等政策，由此基本上形成了国有经济为主体、多种所有制形式共同发展的局面。工业规模也逐步扩大，先后兴建了柳州钢铁厂扩建工程、来宾冶炼厂、大化水电站等工程，使广西工业经济的总量显著扩大，发展水平也有了明显提高。尽管如此，广西工业发展较为缓慢，从 1979 年的工业总产值 74.47 亿元，增加到 1990 年的 353.43 亿元，但工业总产值占全国工业总产值比重由 1979 年的 1.59% 下降到 1.48%，反而下降了 0.11%，并且三次产业结构为 39.36:26.38:34.26，工业所占国民生产总值比重较低，工业发展没有第三产业快速，产业结构失衡。以国营工业企业年末固定资产原值计，1988 年广西人均固定资产只占全国人均固定资产的 50%，1989 年广西人均工业产值 779.8 元，而全国同期人均工业产值达 1967.7 元，广西只相当于全国平均水平的 39.6%。在国民生产总值中，1989 年广西第二产业所占比重仅为 31.47%，而全国同期所占比重为 46.75%，广西比全国平均水平低了 15.28%。[①] 经过 1979～1990 年的缓慢发展，广西初步形成了以制糖、有色金属、冶金、电力、汽车、机械、建材、食品、医药等为主的一批优势产业，具备与国内外企业开展产业合作的良好基础。

（三）工业快速发展阶段（1991～2015 年）

1991～1995 年，是第八个五年计划，其主要任务和发展目标是实现广西经济发展战略由资源开发型经济向技术加工型经济

---

① 范林，朱其现. 改革开放以来广西区域发展策略与工农业发展的历史考察. 学术论坛，2009（3）：127－131.

的转变。1991 年的工业总产值为 421. 47 亿元，工业增加值为
123. 66 亿元，到 1995 年完成工业总产值 1463. 17 亿元，工业增
加值达到 461. 25 亿元，分别比 1991 年的工业总产值、工业增加
值增加了 1041. 7 亿元、337. 59 亿元。随后，广西壮族自治区党
委七届四次全会上作出"三大战略、六大突破"的战略决策，[①]
即区域经济战略、开放带动战略和重点突破战略，实现思想认识
的新突破、对外开放的新突破、科技与经济结合的新突破、人才
培养、引进和适用的新突破。并且，重点打造了桂中经济区（港
口经济、海洋产业、高新技术产业为发展重点）、桂北经济区
（旅游业和农林业为发展重点）、桂东经济区（现代农业、乡镇
工业和外向型经济为发展重点）、桂西经济区（种养业和矿业为
发展重点）的四大经济区。

1991 年，三次产业结构为 37. 63：27. 19：35. 17，到 2000 年
调整为 26. 80：35. 23：37. 98，呈现出第二产业、第三产业比重上
升，第一产业比重下降的良好趋势。2000 年，广西 GDP 突破
2000 亿元大关，达到 2080. 04 亿元，经济总量位于全国各省
（自治区、直辖市）的中等水平，实现了历史性突破；2000 年，
广西规模以上工业企业经济效益综合指数达到 99. 9，工业企业
实现利润 35. 94 亿元，大幅度地增长。2000～2005 年，是广西全
面实施"十五"计划时期，在工业发展方面，广西提出了实现富
民兴桂新跨越的奋斗目标，依靠体制创新和科技创新，深化国有
企业改革，建立规范的现代企业制度，努力实现经济增长方式的
根本性转变，扩大工业经济总量，大幅度提高工业在国民经济中
的比重。[②]"十五"期间，广西生产总值年平均增长率为 12. 6%，
高于全国平均增长速度，2004 年，广西工业经济效益创历史同

---

① 吴梅，唐旭，韦学敏. 新思路新决策促广西经济新跨越. 人民日报，2002 -
11 - 05.

② 唐爱斌. "十五"广西经济发展回顾及"十一五"展望. 当代广西，2005
（23）：14 - 15.

期最好水平，全区工业总产值达 3153.04 亿元，比上一年增长
33.93%（2003 年工业总产值为 2354.25 亿元），工业增加值为
1044.8 亿元，比上一年增长 28.39%（2003 年工业增加值为
813.79 亿元）。2004 年，广西工业企业有 9 家产品销售收入达到
30 亿元以上，比 2000 年增加 8 家，规模以上工业企业盈亏相抵
后实现利润总额 121.84 亿元，广西工业的 13 个行业，除纺织业
略有亏损外，其余 12 个行业均为盈利，柳州、桂林、百色等
"三点一面"工业发展新格局初步形成，工业成为广西经济增长的
主导力量，并且，工业对经济增长的贡献率平均达到 40%，通过
一系列促进经济发展的举措，广西工业经济步入快速发展时期。

　　1991~2005 年，经过了一个快速的发展时期，为广西工业经济
腾飞奠定了坚实的基础。2005 年 10 月 31 日，中国共产党广西壮族
自治区第八届委员会第六次全体会议审议通过了《广西壮族自治区
国民经济和社会发展第十一个五年规划纲要》，标志着广西工业兴桂
战略全面实施，规划明确"期末工业增加值占生产总值的比重提高
到 39%"，① 并把工业化程度提高为能否实现建设富裕广西、能否实
现跨越式发展的关键因素。2008 年 1 月 16 日，国家正式批准实施
《广西北部湾经济区发展规划》，根据规划，北部湾经济区近期规划
建设面积 86 平方千米，集中建设钦州市的钦州港工业区、防城港市
的企沙工业园区和北海市的铁山港工业区等，大量中央企业纷纷进
驻北部湾，成为广西实施"工业兴桂"和新型工业化战略的支柱，
标志着广西北部湾经济区开放上升为国家战略，同时也成为广西全
面实施工业兴桂战略的最有利时机。广西实施的工业兴桂战略，正
在为广西壮族自治区全面协调可持续发展书写辉煌。一方面，是来
自北部湾经济区的以石油、钢铁为代表的大型重化工业；另一方面，
则来自于传统工业城市的升级换代，柳州提出的"二次创业"无疑

---

　　① 中国共产党广西壮族自治区第八届委员会第六次全体会议公报．当代广西，2005
(22)：8~9。

将为工业发展注入更多的生机和活力。2015 年，广西工业总产值为
23375.57 亿元，是 1991 年工业总产值的 55.46 倍，工业增加值为
6338.28 亿元，是 1991 年工业增加值的 51.25 倍。1991~2015 年期
间，工业总产值年平均增长率为 17.42%，工业增加值年平均增长率
为 17.05%，三次产业结构为 15.27∶45.93∶38.80，第二产业占国内
生产总值比重超过第一产业、第三产业，第一产业比重进一步降低，
第二产业、第三产业比重进一步提高。有色金属、汽车、机械、化
工、钢铁、电力、制糖、水泥等一批产业快速发展，具有广西特色
的工业支柱产业体系基本形成。

二、广西工业化发展变化

（一）经济总量快速增加，工业发展曲折变化

广西经济总量增加快速，特别是近 20 年，广西 GDP 由 1950
年的 9.4 亿元，增加到 2011 年的 11720.87 亿元，超过万亿元大
关，2015 年 GDP 达到 16803.12 亿元。1991~2015 年的 25 年间，
年均增长率为 14.93%。工业总产值由 1950 年的 2.31 亿元，增
加到 2015 年的 23375.57 亿元，其中，国有企业产值为 929.5881
亿元，集体企业产值为 241.1963 亿元，并且，2015 年工业增加
值为 6338.28 亿元。

广西工业产值占 GDP 比重呈现出波纹式变动，见图 5-1，
从 1950 年的 14.79%，提高到 1959 年的 28.34%，达到了第一个
波峰，随后出现下降趋势，到 1968 年时降到 16.76%，达到第一
个波谷。随后，出现了短时期内快速增长态势，到 1977 年为
32.25%，达到第二波峰，之后出现下滑趋势，到 1982 年为
23.99% 时，降到第二波谷。此后，1983~2002 年期间，出现了
两次小幅度波动，其中，工业产值占 GDP 比重最大为 1994 年的
33.76%；2003 年后，出现了稳步上升趋势，到 2011 年时比重为

41.39%，随后出现下降，2015 年时增长率为 37.72%。

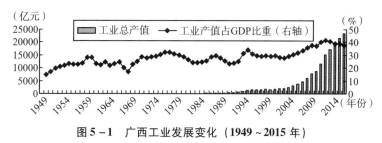

图 5 - 1　广西工业发展变化（1949～2015 年）

资料来源：《新中国 60 年统计资料汇编》及历年《广西统计年鉴》，中国统计出版社。

广西工业经历较大波动和加速增长的曲折变化，见图 5 - 2，1985 年前增量较小，到 1985 年时工业增加值仅为 45.92 亿元。1957～1970 年，工业增加值年增长率出现较大波动，年增长率最大值为 68.55%，最小值为 -24.8%，说明这个时期的工业发展极为不稳定，随后，工业增加值年增长率呈现出小幅震荡。1990～1999 年，出现了一个增长高峰，1993 年，工业增加值增长率达到 69.12%。随着广西经济发展和工业兴桂战略的实施，2002～2008 年，工业增加值年增长率呈递增趋势，2010 年后增速有所放缓，2015 年工业增加值达到 6338.28 亿元。

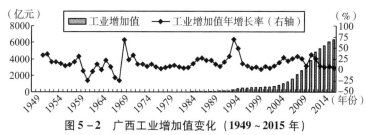

图 5 - 2　广西工业增加值变化（1949～2015 年）

资料来源：《新中国 60 年统计资料汇编》及历年《广西统计年鉴》，中国统计出版社。

（二）产业结构渐趋合理，产业布局逐渐完善

1993 年之前，广西产业结构均是第一产业占 GDP 比重最大，造成第二产业、第三产业发展较为缓慢，90 年代广西工业发展才进入快速发展时期，见图 5 - 3。1949 ~ 1960 年，广西第一产业比重出现了较大幅度下降，由 1950 年的 72.34% 下降到 1960 年的 40.65%，下降了 31.69%。与此同时，第二产业、第三产业比重同步上升，分别由 1950 年的 16.49%、11.17% 上升到 32.08%、27.27%。1961 ~ 1968 年，第一产业比重不断增长，第二产业、第三产业比重呈下降态势。随后，第一产业比重整体上呈现下降趋势，第二产业、第三产业比重整体上呈现波动增长。改革开放后，工业基础的薄弱造成第二产业发展相对滞后，虽然经过多年的缓慢发展，促使广西产业结构不断调整与优化，2015 年广西产业结构为 15.27∶45.93∶38.8，第二产业比重已经超过第一产业、第三产业，并且，第一产业比重呈现持续下降趋势，但是相比全国产业结构 8.9∶40.9∶50.2，广西第一产业比重明显偏高，第三产业比重偏低，从现状来看，广西产业结构仍处于低度化水平。

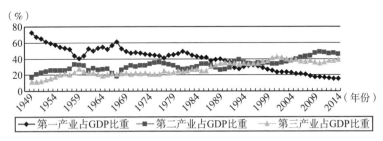

图 5 - 3　广西产业结构变化（1949 ~ 2015 年）

资料来源：历年《广西统计年鉴》，中国统计出版社。

从工业发展的情况看，西部地区重工业总产值及人员在整个工业中占比很大，两项指标都明显高于东部地区，按照霍夫曼工

业化阶段指数考核，西部地区已经进入工业化的最后阶段（庞智强，李云发，2007）。① 这显然与实际情况不符，广西工业发展从轻工业、重工业来看，重工业所占比重依然较高，且呈现逐步上升态势，由 1995 年的 52.9% 上升为 2008 年的 61.5%；大型企业所占比重偏低，由 1995 年的 1.1% 下降为 2008 年的 0.5%，暴露出西部地区工业化过程中存在的突出问题，即轻重工业结构比例失调（彭新永，昌盛，张卫华，2010）。② 改革开放以来，广西轻重工业比总体呈现下降趋势，见图 5 - 4，从 1978 年的 1.2 下降到 2015 年的 0.403，重工业比重不断扩大，2015 年重工业占全部工业总值的比重达到 71.29%，如果根据霍夫曼定理③判断，广西工业化的霍夫曼系数为 0.49（1 以下），达到霍夫曼定理工业化阶段的第四阶段，即工业化后期，这显然与广西实际情况不符，也验证了广西轻重工业结构比例失调，结构调整还需要进一步加强。

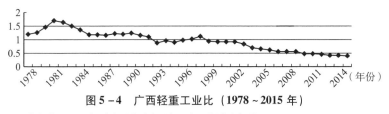

图 5 - 4　广西轻重工业比（1978 ~ 2015 年）

资料来源：历年《广西统计年鉴》，中国统计出版社。

随着广西全面实施工业兴桂战略，建立了着重发展石油化

---

① 庞智强，李云发.中国西部地区产业结构的调整.重庆工商大学学报（西部论坛），2007，17（3）：92 - 95.

② 彭新永，昌盛，张卫华.广西经济区情.桂经网，2010 - 10 - 21，www. gxi. gov. cn.

③ 霍夫曼定理是指，工业化进程中工业结构演变的规律，是资本资料工业在制造业中所占比重不断上升并超过消费资料工业所占比重。随着工业化的进进，霍夫曼系数呈现出不断下降的趋势，消费资料主要是轻纺工业部门生产的、资本资料主要是重化工业部门生产的，即霍夫曼定理是分析工业结构的"重工业化"趋势。霍夫曼系数 = 消费资料工业的净产值/资本资料工业的净产值，根据霍夫曼系数值的不同，将工业化进程分为四个阶段，其系数分别为 5（±1）、2.5（±1）、1（±0.5）、1 以下。

工、造纸、冶金、轻工食品、高技术和海洋等加工制造业的北部湾经济区，以港口经济、海洋产业、高新技术产业为重点的桂南沿海经济区，以工业为重点的桂中经济区，以旅游业和农林业为重点的桂北经济区，以现代农业、乡镇工业和外向型经济为重点的桂东经济区，以种植业和矿业为重点的桂西经济区，形成了良好的区域产业布局，为实现富民强桂的新跨越奠定了坚实的基础。

第二节　广西城镇化的历史进程

一、广西城镇化发展轨迹

城镇化是工业化发展的必然结果，伴随着工业化发展的进程，城镇化同步发展着。新中国成立以来，广西城镇化率（人口城镇化率）由 1949 年的 8.18% 上升到 2015 年的 47.1%，增长了 38.92%。然而，广西城镇化率一直低于全国水平，见图 5-5，并且，广西城镇化和全国城镇化发展轨迹几乎一致。根据城镇化水平的历年数据，可将广西城镇化发展的历史进程划分为城镇化启动阶段、城镇化波动阶段、城镇化下滑与停滞阶段、城镇化缓慢发展阶段和城镇化快速发展阶段五个阶段。

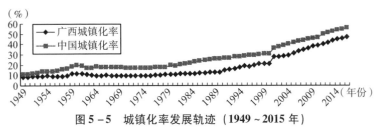

图 5-5　城镇化率发展轨迹（1949~2015 年）

资料来源：相关年份《广西统计年鉴》《新中国 60 年统计资料汇编》《中国统计年鉴》《中国城市统计年鉴》，中国统计出版社。

（一）城镇化启动阶段（1949~1957年）

新中国成立后，中国很快进入了"一五"计划的大规模工业化建设和城市建设时期，国家采取"重点前进"的城市发展方针，城镇化得到了稳步推进。广西城镇化发展进入启动阶段，1949年广西总人口为1845万人，其中，城镇人口151万人，占广西总人口的8.18%（人口城镇化率），到1957年时总人口增至2147万人，人口自然增长率为22.17%，呈现出高人口增长率。同时，城镇人口为194万人，农村人口为1953万人，城镇人口增加43万人，农村人口增加260万人，城镇化率为9.04%。城镇人口虽然有所增长，但远没有农村人口增长快速，城镇化率增长较为缓慢。1950年，广西就业人员为857万人，其中，城镇就业人员54万人，乡村从业人员803万人；1957年，广西就业人员为1003万人，其中，城镇就业人员76万人，乡村从业人员927万人，乡村从业人员增长过快，而城镇就业人员增长较为缓慢，这也造成第二产业、第三产业发展缓慢。这一时期，广西城镇化水平与全国城镇化水平逐渐形成差距，由1949年相差2.46%，扩大到1957年的6.35%。

（二）城镇化波动阶段（1958~1965年）

广西城镇发展受到国家政治、经济和方针政策变化的影响，城镇化变化较大。1958~1960年，农村人口大量涌入城市，城镇化水平由1958年的9.47%迅速提高到1961年的11.86%，四年提高了2.39%，年均增长0.6%。1961年后，进入困难时期和调整阶段，城市人口被动回到农村，城镇化水平从1961年的11.86%，下降为1965年的9.85%，下降了2.01%。这一时期，广西的城市人口规模缩小，广西城镇化水平与全国城镇化水平的偏差进一步扩大，由1957年的6.35%，扩大到 1965 年的 8.12%。

（三）城镇化下滑与停滞阶段（1966～1977 年）

出现了逆城市化的人口迁移现象，城镇化水平徘徊在 10% 上下，1966～1970 年，广西城镇化出现了倒退，城镇化率由 1966 年的 9.89%，持续下降至 1970 年的 9.30%。

另外，20 世纪 60 年代中期至 70 年代末，广西实行的是一种区域经济均衡发展的战略，经济布局重点是桂西地区、桂西北地区，在经济相对落后、区位条件较差、交通条件不变的河池、宜州、百色、天阳等地重点发展了纺织、化纤、水电设备、机床等工业，试图拉平桂西北与桂中、桂东的经济差距，以求区域经济的均衡发展，但最终未能达到预期目的。[①] 均衡发展理论在广西的实践成效不大，导致广西经济、社会整体发展缓慢，严重影响了城镇化进程。

（四）城镇化缓慢发展阶段（1978～1992 年）

改革开放以来，广西的工业化、城镇化建设步伐大大加快，发展水平有了明显提高，但与全国平均水平相比，广西仍严重滞后（腾培积，2003）。[②] 虽然一系列改革开放政策的贯彻执行极大地推动了城镇化的发展，但是这一时期的广西城镇化发展较为缓慢。1978 年，广西城镇化率为 10.58%，1992 年广西城镇化率为 16.7%，14 年时间增长了 6.12%，年均增加 0.44%，而同时期全国城镇化增幅为 9.71%。另外，广西城镇化水平与全国平均城镇化水平的差距进一步拉大，由 1978 年的相差 7.34%，扩大到 1992 年的相差 10.93%，其中 1989 年的差距最大，偏差值

---

① 范林，朱其现. 改革开放以来广西区域发展策略与工农业发展的历史考察. 学术论坛，2009（3）：127-131.

② 腾培积. 广西城镇化发展刍议. 广西大学学报（哲学社会科学版），2003，25（S1）：38-40.

为 12.96%。

1978~1992 年，城镇人口增幅较大，由 1978 年的 361 万人，增加到 1992 年的 2095 万人，增幅达到 1734 万人，同时，农村人口呈现出较大降幅，由 1978 年的 3041 万人，降至 1992 年的 2159 万人，降幅达到 882 万人。但是，这一时期的城镇化水平发展缓慢，主要是因为广西总人口同样出现了快速增长，由 1978 年的 3402 万人，增加到 1992 年的 4380 万人，增幅达到 978 万人，从而基数扩大，导致城镇化水平增长缓慢。另外，工业化与城镇化紧密联系、相互促进，1979~1990 年期间，广西工业发展缓慢，致使城镇建设同样缓慢。

（五）城镇化快速发展阶段（1993~2015 年）

随着工业发展的加速以及经济的发展和城市地位与作用的备受关注，使城镇发展走上正常的发展轨道，城镇数量增加，城市规模逐步扩大。近 20 年来，广西城市和建制镇的数量大幅度增加，城镇质量也相应提高，城镇建设开始从粗放型转向集约型，实现了从过去单纯追求数量向现在提高质量的根本转变。1998 年底，广西共有 19 座城市，其中，地级市 9 座，县级市 10 座，建制镇共计 690 个，广西城镇人口达到 1020 万人，城镇化水平为 21.8%，南宁市和柳州市是广西的中心城市，人口数量已接近 100 万，即将跨入全国特大城市的行列。2015 年时，广西共有 21 座城市，其中，地级市 14 座，县级市 7 座，全区市镇人口达到 2257 万人，城镇化水平为 47.1%。

广西城市规模扩展迅速，城市人口急剧膨胀，2011 年地级市市辖区年末总人口达到 200 万~400 万的有 1 个，100 万~200 万人口的有 4 个，50 万~100 万人口的有 6 个，20 万~50 万人口的有 3 个。南宁市辖区人口 2011 年达到 260.51 万人，贵港市辖区人口达到 178.78 万人，钦州市辖区人口达到 137.73 万人，玉林市辖区人口达到 102.44 万人，来宾市兴宾区 102.43 万人。广西城镇化进入快速发展阶段，1993 年城镇化率为 18%，2015 年城镇化率为 47.1%，增幅 29.1%，年均增幅 1.27%，快于同期全国平均城镇化水平的变动（增幅 27.96%，年均增幅 1.22%），但广西城镇化水平（47.1%）与全国平均城镇化水平（56.1%）还存在 9% 的偏差。

二、广西城镇化横向比较

（一）广西城镇化与全国城镇化比较

2010 年，广西城镇化率为 40%，排在全国第 26 位，见图 5 - 6、表 5 - 1，仅高于河南城镇化率（38.5%）、甘肃城镇化率（36.12%）、云南城镇化率（34.7%）、贵州城镇化率（33.81%）和西藏城镇化率（22.61%），在西部地区①排名第 7 位，远低于东部地区全部省市和中部地区省市（除河南省）；2015 年，广西城镇化率为 47.1% 排在 26 位，在西部地区排名第 7 位。

2010 年，广西城镇化率为 40%，低于全国平均水平（49.68%）近 10%，到 2015 年时城镇化率为 47.1%，低于全国平均水平（56.1%）9%，虽然逐渐缩小了与全国平均城镇化水平的差距，但是差距还是比较大。广西城镇化率与上海、北京、天津等差距更大，仅为上海、北京、天津城镇化率的一半。2010~2015 年，城镇化率上升最快的是云南省，由 2010 年的 34.7% 上升到 2015 年的 43.33%，增长了 8.63%；之后是河南省，由 2010 年的 38.5% 上升到 2015 年的 46.85%，增长了 8.35%；广西的增长

---

① 西部地区包括省级行政区共 12 个，分别是四川省、重庆市、贵州省、云南省、西藏自治区、陕西省、甘肃省、青海省、宁夏回族自治区、新疆维吾尔自治区、广西壮族自治区、内蒙古自治区。

量为 7.1%，年均增长 1.42%，但相比其他省区市的增长量还存在一定差距。

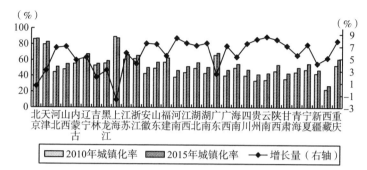

图 5-6　广西城镇化率与其他省（自治区、直辖市）城镇化率比较

资料来源：历年《中国统计年鉴》，中国统计出版社。

表 5-1　　　2010 年、2015 年广西城镇化率与其他省

（自治区、直辖市）城镇化率及排名

	2015 年城镇人口数（万人）	城镇化率（%）		增长量（%）	城镇化率排名	
		2010 年	2015 年		2010 年	2015 年
全国	77116	49.68	56.1	6.42	—	—
北京	1878	85.96	86.50	0.54	2	2
天津	1278	79.55	82.64	3.09	3	3
河北	3811	44.50	51.33	6.83	20	20
山西	2016	48.05	55.03	6.98	16	17
内蒙古	1514	55.50	60.30	4.8	10	10
辽宁	2952	62.10	67.35	5.25	5	5
吉林	1523	53.34	55.31	1.97	11	14
黑龙江	2241	55.66	58.80	3.14	9	11
上海	2116	89.30	87.60	-1.7	1	1

续表

	2015 年城镇人口数（万人）	城镇化率（%）		增长量（%）	城镇化率排名	
		2010 年	2015 年		2010 年	2015 年
江苏	5306	60.58	66.51	5.93	7	6
浙江	3645	61.62	65.80	4.18	6	7
安徽	3103	43.01	50.50	7.49	24	22
山东	5614	49.70	57.10	7.4	15	12
福建	2403	57.10	62.60	5.5	8	8
河南	4441	38.50	46.85	8.35	27	27
江西	2357	44.06	51.62	7.56	21	19
湖北	3327	49.70	56.85	7.15	14	13
湖南	3452	43.30	50.89	7.59	22	21
广东	7454	66.18	68.71	2.53	4	4
广西	2257	40.00	47.10	7.1	26	26
海南	502	49.80	55.12	5.32	13	16
四川	3913	40.18	47.69	7.51	25	24
贵州	1483	33.81	42.01	8.2	30	30
云南	2055	34.70	43.33	8.63	29	28
陕西	2045	45.76	53.92	8.16	18	18
甘肃	1123	36.12	43.19	7.07	28	29
青海	296	44.72	50.30	5.58	19	23
宁夏	369	47.90	55.23	7.33	17	15
新疆	1115	43.01	47.23	4.22	23	25
西藏	90	22.61	27.74	5.13	31	31
重庆	1838	53.01	60.94	7.93	12	9

资料来源：历年《中国统计年鉴》，中国统计出版社。

（二）广西的地级市城镇化比较

广西城镇发展不平衡，2010 年广西的各城市的城镇化率：南宁市为 52.6%、柳州市为 55.1%、桂林市为 39%、梧州市为 43%、北海市为 49%、防城港市为 48%、钦州市为 31%、贵港市为 40%、玉林市为 40%、百色市为 27%、贺州市为 35%、河池市为 27%、来宾市为 33%、崇左市为 30%，最大相差 27.1%，见图 5－7。其中，柳州市和南宁市的城镇化率最高，柳州市和南宁市成为广西的城镇发展的领跑者。广西的 14 个地级市中，仅有南宁市、柳州市的城镇化率高于全国平均水平，其余 12 个地级市均低于全国平均水平。

从地区分布看，2010～2015 年期间，广西的各市城镇化稳步推进，增长最快的为河池市，由 2010 年的 27%，增长到 2015 年的 35.08%，增长量为 8.08%；之后是来宾市，由 2010 年的 33%，增长到 2015 年的 40.68%，增长量同样为 7.68%。

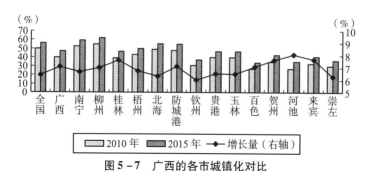

图 5－7　广西的各市城镇化对比

资料来源：历年《广西统计年鉴》，中国统计出版社；河池市统计信息网，《河池市国民经济和社会发展统计公报》。

广西的各市城镇化稳定推进的主要因素有：一是城镇区域规模扩大。2014 年 11 月～2015 年 10 月，广西有 23 个乡改镇，这部分乡改镇的镇政府驻地区域由乡村属性变更为城镇属性（即由乡村区域变更为城镇区域）。柳州、桂林、百色、河池、来宾市等人口城镇化率提高较快，主要是这几个市 2015 年城镇区域扩张（乡改镇）比较大；二是城镇人口自然增加；三是人口迁移流动（从乡村向城镇流动）。包括高中和大中专院校新增加在校学生、在乡复退伍军人安排进入城镇就业、农村劳动力新增转移就业、其他随迁家属、投亲靠友等人员。

据公安部门统计，在广西的户籍人口中，城镇户籍人口1677.91万人，占户籍人口比重（户籍人口城镇化率）为30.4%。户籍人口城镇化率比常住人口城镇化率低16.7%，说明有许多居住在城镇的人口还没有落户，外来人口的市民化工作任务还很艰巨。钦州、贵港、贺州市等常住人口城镇化率与户籍人口城镇化率两者相差超过20%，见表5-2，这些市落实农村转移人口和外来人口的落户，实现外来人口市民化的任务还很艰巨。

表5-2　　　　　　　广西的各市城镇人口情况

城市	常住人口城镇化率（%）	常住人口城镇化率比上年提高（%）	户籍人口城镇化率（%）
合计	47.06	1.05	30.41
南宁市	59.31	0.92	44.08
柳州市	62.11	1.05	48.25
桂林市	46.62	1.06	30.51
梧州市	49.74	0.82	46.20
北海市	55.34	0.88	32.14
防城港市	55.13	1.07	38.00
钦州市	37.03	0.91	14.57
贵港市	46.52	0.89	20.49
玉林市	46.51	0.91	33.43
百色市	34.10	1.36	24.16
贺州市	42.63	1.05	14.32
河池市	35.08	1.73	21.71
来宾市	40.68	1.18	22.49
崇左市	36.28	0.93	24.36

资料来源：广西壮族自治区统计局.《2015年广西常住人口增长加快　城镇化进程稳步推进》（2016-03-16）. http：//www.gxtj.gov.cn/tjxx/jdfx/qq/201603/t20160316_121519. html.

第三节　工业化与城镇化融合发展的演进特征

工业化与城镇化融合发展具有阶段性，工业发达国家的实践经验表明，工业化与城镇化互为动力、共同发展时被称为"同步城镇化"；当城镇化水平较大地落后于工业化和经济发展水平时，被称为"滞后城镇化"；当城镇化速度大大超过工业化速度，造成城镇化水平与经济发展水平严重脱节时被称为"超前城镇化"，也称为"过度城镇化"；另外，还有"隐性城镇化"和"显性城镇化"。① 运用 SPSS 19.0 软件对新中国成立以来广西的城镇化水平与工业化水平（常用人均 GDP、第二产业比重和非农就业比重等）分阶段相关系数分析，② 结果发现广西的工业化与城镇化融合演进具有显著的阶段性差异，见表 5 - 3。

---

① "隐性城镇化"是指，城镇中长期居住着大量尚未取得城镇正式居民身份（城镇户口）的人口以及存在大量从事非农产业的农村居民，造成城镇化水平的低估。"显性城镇化"是指，目前许多小城镇规模很小，基础设施落后，大批建制镇的居民虽然已经成为城镇居民，但是仍然没有脱离农业生产生活，从而虚抬了城镇人口数，造成城镇化水平的高估。"显性城镇化"与"隐性城镇化"统称"伪城镇化"。

② 相关分析是研究变量间密切程度的统计方法，相关系数是描述这种关系强弱程度和方向的统计量。通常用 $r(-1 \leqslant r \leqslant 1)$ 表示，$r > 0$ 表示变量间是正相关关系，$r < 0$ 则是负相关关系，$r = 0$ 则表示变量没有相关关系。测量相关程度的相关系数方法，主要有皮尔逊积差相关系数（pearon correlation）、肯德尔秩相关系数（Kendall's tau_b）和斯皮尔曼等级相关系数（spearman's rho）三种方法。皮尔逊积差相关系数适用于正态分布的等间隔测度的变量 x 与 y 间的相关系数，是用来度量两个变量之间的相互关系（线性相关）；如果数据不满足正态分布的条件，则可适用肯德尔秩相关系数和斯皮尔曼等级相关系数的相关分析方法，肯德尔秩相关系数是一种对两个有序变量或者两个秩变量的关系测度的测量，属于一种分参数测度，分析时考虑秩次相同的影响，而斯皮尔曼等级相关系数是皮尔逊积差相关系数的非参数形式，是根据数据的秩而不是根据实际值计算得出，它适合有序数据或不满足正态分布假设的等间隔数据。

表5-3 广西的城镇化率与工业化水平评价指标的分
阶段相关系数（1949~2015年）

相关系数 分析方法	工业化水 平评价 指标	城镇化率				
		1949~1957 年	1958~1965 年	1966~1977 年	1978~1992 年	1993~2011 年
皮尔逊 积差相 关系数 （Pearon Correlation）	人均GDP	0.645 （0.061）	-0.119 （0.78）	0.408 （0.188）	0.984 ** （0.000）	0.897 ** （0.000）
	第二产业 比重	0.842 ** （0.004）	0.812 * （0.014）	0.315 （0.318）	-0.424 （0.116）	0.771 ** （0.000）
	非农就 业比重	0.654 （0.056）	0.508 （0.198）	0.436 （0.156）	0.233 （0.403）	0.634 ** （0.004）
肯德尔秩 相关系数 （Kendall's tau_b）	人均GDP	0.500 （0.061）	-0.036 （0.901）	0.260 （0.243）	1.000 ** （ ）	0.988 ** （0.000）
	第二产 业比重	0.611 * （0.022）	0.400 （0.170）	0.273 （0.217）	-0.276 （0.151）	0.509 ** （0.002）
	非农就 业比重	0.654 （0.056）	0.508 （0.198）	0.436 （0.156）	0.233 （0.403）	0.634 ** （0.004）
斯皮尔曼等 级相关系数 （Spearman's rho）	人均GDP	0.583 （0.099）	-0.060 （0.888）	0.319 （0.313）	1.000 ** （ ）	0.998 ** （0.000）
	第二产 业比重	0.733 * （0.025）	0.611 （0.108）	0.371 （0.236）	-0.404 （0.136）	0.640 ** （0.003）
	非农就 业比重	0.483 （0.187）	0.467 （0.243）	0.357 （0.255）	0.353 （0.196）	0.849 ** （0.000）

注：* 代表显著水平在0.05以下，** 代表显著水平在0.01以下；采取的是双
侧检验的显著性检验；括号内的数值为P值。

一、工业化与城镇化初步协同阶段（1949~1957年）

在我国的"一五计划"时期，广西提出大兴工业的口号，
新建了一批企业，广西工业从薄弱的基础起步，机械、电力、冶
金、制糖等工业得到了较快发展，促进了第二产业较快发展，有

力地促进了城市、工矿区的发展和城镇人口的增长。工业产值由
1950 年的 1. 39 亿元，增加到 1957 年的 4. 91 亿元，年均增长率
为 17. 0869%。从工业化和城镇化的相关系数来看，除了城镇化
率与第二产业比重相关系数较高且通过显著性检验外，其余相关
系数均低于 0. 654。从皮尔逊积差相关系数得出的结果可以看
出，这一时期广西城镇化率与第二产业比重相关系数 0. 842 为极
强相关,[①] 城镇化率与人均 GDP（0. 645）、非农就业比重
（0. 654）相关系数为强相关；而从肯德尔秩相关系数和斯皮尔曼
等级相关系数大小判断，除城镇化率与第二产业比重为强相关
外，其余相关系数为中等程度相关。说明这一时期，城镇化发展
与国民经济恢复和工业化建设大体同步，基本遵循了城镇化与工
业化协调发展规律。

二、工业化与城镇化结构性偏差阶段（1958～1965 年、1978～1992 年）

1950～1965 年，为工业化和城镇化发展波动期。工业产值
由 1959 年的 7. 58 亿元，下降到 1962 年的 5. 34 亿元，然后再增
长至 1965 年的 7. 26 亿元；工业产值占 GDP 比重也随之发生变
化，由 1959 年的 28. 34% 下降至 1965 年的 23. 08%。同样，城镇
化率也由 1959 年的 11. 7%，下降到 1965 年的 9. 86%。从工业化
与城镇化之间的相关系数来看，皮尔逊积差相关系数中城镇化率
与第二产业比重之间的相关性（0. 812）较强；与人均 GDP 之间
的相关性（-0. 119）为极弱相关，并且是负向变化；与非农就
业比重之间的相关性（0. 508）为中等程度相关。肯德尔秩相关

---

① 相关系数强弱判断标准是 0. 8～1. 0 为极强相关，0. 6～0. 8 为强相关，0. 4～
0. 6 为中等程度相关，0. 2～0. 4 为弱相关，0. 0～0. 2 为极弱相关或无相关，相反，负
值则为相应负相关。

系数中，城镇化率与非农就业比重之间的相关性（0.508）为中等程度相关；与第二产业比重间的相关性（0.4）是弱相关；与人均 GDP 间的相关性（-0.036）为极弱相关，且为负向变化。斯皮尔曼等级相关系数中，城镇化率与第二产业比重间相关性（0.611）勉强为强相关；与非农就业比重间的相关性（0.467）为中等程度相关；与人均 GDP 间相关性（-0.06）为极弱相关。整体上看，这一时期，广西城镇化率与人均 GDP 间的相关性为极弱相关，并且是负向变化；与第二产业比重、非农就业比重间的相关性，为中等程度偏上相关。综合来看，工业化与城镇化之间呈现结构性偏差。

1978～1992 年，为工业化和城镇化发展缓慢期。广西工业发展和城市建设存在起步基础差、底子薄、水平较低，人才不足等突出问题，工业化与城镇化水平发展缓慢。1978 年，工业产值比重为 30.71%，1992 年时工业产值比重下降至 24.97%，城镇化率增长也相对缓慢，14 年间只增长了 6.12%，年均增加0.44%。从工业化与城镇化间的相关系数来看，皮尔逊积差相关系数中城镇化率与人均 GDP 间的相关性（0.984）极强；与非农就业比重间的相关性（0.233）为弱相关；而与第二产业间的相关性（-0.424）为极弱相关，并且为负向变化。肯德尔秩相关系数中城镇化率与人均 GDP 间的相关性（1.000）为极强相关；与非农就业比重间的相关性（0.233）为弱相关；与第二产业比重间的相关性（-0.276）为极弱相关，并且为负向变化。斯皮尔曼等级相关系数中，城镇化率与人均 GDP 间的相关性为极强相关；与非农就业比重间的相关性（0.353）为弱相关；与第二产业比重间的相关性（-0.404）是负向变化。整体上看，这一时期，广西城镇化率与人均 GDP 间的相关性为极强相关；与第二产业比重间的相关性为极弱相关，并且是负向变化；与非农就业比重间的相关性为弱相关。综合来看，工业化与城镇化之间呈现结构性偏差。

三、工业化与城镇化严重脱节阶段（1966~1977年）

在"文化大革命"期间，广西经济建设受到较大影响，处于城镇化水平下降和停滞时期，不仅造成工业经济发展缓慢，而且导致城镇化水平下降和停滞。这一时期，人均 GDP 增长 81元，年均增长 7.36 元；第二产业产值增长 7.91%，年均增加 0.72%；非农就业比重增长 3.72%，年均增加 0.34%。从工业化与城镇化间的相关系数来看，皮尔逊积差相关系数中城镇化率与人均 GDP、非农就业比重间的相关性（分别为 0.408、0.436）为中等程度相关；与第二产业比重间的相关性（0.315）为弱相关。肯德尔秩相关系数中，城镇化率与人均 GDP、第二产业比重间的相关性（分别为 0.26、0.273）为弱相关，与非农就业比重间的相关性为中等程度相关。斯皮尔曼等级相关系数中，城镇化率与人均 GDP、第二产业比重、非农就业比重间的相关性（分别为 0.319、0.371、0.357）均为弱相关。

综合来看，工业化与城镇化之间的相关性下降，城镇化率与人均 GDP、第二产业比重、非农就业比重的相关性都降到 0.5 以下，二者出现脱节现象。

四、工业化与城镇化融合发展阶段（1993~2015年）

随着党的十四大确定了中国经济体制改革目标是建立社会主义市场经济体制，以及党的十四届三中全会确立了社会主义市场经济体制的基本框架，[①] 广西壮族自治区党委、广西壮族自治区人民政府抓住机遇，并认真贯彻落实党中央作出的"充分发挥广

---

① 见 http://danpshi.pelple.com.cn/GB/151935/176588/176597/10556473.html.

西作为西南地区出海通道"的重大决策,中共十五大后,广西壮族自治区党委七届四次全会上作出了"三大战略、六大突破"的战略决策,[1] 广西"十一五"规划的制定和实施,更是标志着广西壮族自治区工业兴桂战略的全面实施。这一时期,工业化和城镇化进入快速发展阶段。人均 GDP 由 1993 年的 1982 元,增长至 2015 年的 35190 元,增长了 17.75 倍,第二产业比重由 1993 年的 31.32%,增长至 2015 年的 45.93%,增长了 14.61%,非农就业比重由 1993 年的 16.79%,增长至 2015 年的 49.397%,增长了 32.61%,城镇化率更是增长了 29.1%,由 1993 年的 18%,增长至 2011 年的 47.1%。

从工业化与城镇化间的相关系数来看,皮尔逊积差相关系数中城镇化率与人均 GDP、第二产业比重、非农就业比重间的相关性(分别为 0.897、0.771、0.634)为极强相关和强相关,且全部通过双侧显著性检验。肯德尔秩相关系数中,城镇化率与人均 GDP 间的相关性(0.988)为极强相关;与第二产业比重间的相关性(0.509)为中等程度相关;与非农就业比重间的相关性(0.634)为强相关,且全部通过双侧显著性检验。斯皮尔曼等级相关系数中,城镇化率与人均 GDP、第二产业比重、非农就业比重间的相关性(分别为 0.998、0.64、0.849)均为极强相关和强相关,且全部通过双侧显著性检验。综合来看,城镇化率与工业化水平各项指标之间均出现高度相关性,二者之间融合发展。

第四节 本 章 小 结

通过对广西工业化、城镇化及其融合发展的历史演化过程进行回归,得出以下几点结论:

---

① 吴梅,唐旭,韦学敏. 新思路新决策促广西经济新跨越. 人民日报,2012 - 11 - 05。

（1）新中国成立后，广西工业经历了曲折发展的历程，
1978 年以后，广西工业经过迂回调整，终于走出低谷，并经过
10 余年的结构调整、方式转变，逐步转向持续快速发展的轨
道。广西工业经历了工业化曲折发展（1949～1978 年）、工业
化缓慢发展（1979～1990 年）和工业化快速发展（1991～
2015 年）三个阶段。

（2）通过工业结构变化指数的测算，广西工业结构实现了
较大程度的优化升级，但工业结构协调性较差，易受外部因素的
冲击，工业化中后期产业发展缓慢，物质生产部门是广西经济活
动的主要部门。第三产业在国民经济中所占比重较高，出现了第
二产业、第三产业并重的格局，并且，工业在国民经济中的比重
几乎一直低于第三产业所占国民经济的比重。

（3）根据广西城镇化水平的历史数据，可以将广西城镇化
的历史进程划分为城镇化启动阶段（1949～1957 年）、城镇化波
动阶段（1958～1965 年）、城镇化下滑与停滞阶段（1966～1977
年）、城镇化缓慢发展阶段（1978～1992 年）和城镇化快速发展
阶段（1993～2015 年）。

（4）广西城镇化水平与全国城镇化水平、各省（区市）城
镇化水平的横向对比得出，虽然逐渐缩小了与全国平均城镇化水
平的差距，但是仍存在一定差距，2015 年广西城镇化率低于全
国平均水平的 9%，排在全国第 26 位。从广西的各地级市的城镇
化比较得出，城镇发展不平衡，仅有南宁、柳州的城镇化率高于
全国平均水平，其余 12 个地级市均低于全国平均水平。

（5）运用 SPSS 19.0 软件对新中国成立以来广西城镇化水平
与工业化水平分阶段相关系数分析得出，广西工业化与城镇化融
合发展具有显著的阶段性差异，可以分为初步协同阶段（1949～
1957 年）、结构性偏差阶段（1958～1965 年、1978～1992 年）、严
重脱节阶段（1966～1977 年）、融合发展阶段（1993～2015 年）。

第六章

工业化与城镇化融合
发展的制约因素

工业化与城镇化融合发展是一个庞大且复杂的系统，工业化和城镇化是两个复杂的子系统，对工业化和城镇化的影响因素较多，不仅存在于工业化、城镇化的内在影响因素，还存在诸多外在影响因素。深入探讨工业化、城镇化以及二者融合发展的制约因素，有利于加快提升工业化水平和城镇化水平以及加速工业化与城镇化的融合速度。

第一节 劳动力流动、人口城镇化与居民收入差距

一、问题提出

改革开放以来，城镇化进程加速推进，农村剩余劳动力大量涌入城镇，成为城镇建设的主力军，城乡居民收入水平不断提高，但是城乡收入差距的不断扩大也成为广泛关注的问题（周少甫，亓寿伟，卢忠宝，2010）。① 经济发展过程中，存在一定的

① 周少甫，亓寿伟，卢忠宝. 地区差异、城市化与城乡收入差距. 中国人口·资源与环境，2010，20（8）：115-120.

城乡收入差距是不可避免的。但是，城乡收入差距成为影响中国收入差距的最主要因素（周瑞明，蔡敏，2008），[①] 基尼系数已超过警戒线（孙敬水，黄秋虹，2013）。[②] 缩小城乡居民收入差距，已成为经济转型、产业结构调整的重点，更是释放区域发展潜力的关键。

广西地处中国西南地区，属于欠发达地区，经济发展较落后，城乡居民收入差距随着后发优势的凸显不断扩大：2015 年，城镇人均可支配收入与农村人均纯收入之比达到 2.7903∶1，泰尔指数达到 0.2617，并有进一步扩大的趋势。城乡收入差距的扩大，不仅影响着全面建成小康社会的步伐，也影响社会和谐并加大精准扶贫的难度。因此，有必要针对广西农村劳动力流动、人口城镇化与城乡居民收入差距进行深入研究，为相关部门提供决策依据。

二、文献回顾

国内学者针对中国城乡收入差距的问题进行了大量研究，研究主要集中于城镇化对城乡收入差距的影响以及探究城乡收入差距的其他影响因素。目前，城镇化对城乡收入差距的影响持三种观点，第一种观点是城镇化会显著地缩小城乡收入差距（陆铭，陈钊，2004；[③] 姚耀军，2005；[④] 毛其淋，2011[⑤]）；第二种观点

① 周瑞明，蔡敏. 中国城乡收入差距研究评述. 中国农村观察，2008（3）：66－73.
② 孙敬水，黄秋虹. 中国城乡居民收入差距主要影响因素及其贡献率研究. 经济理论与经济管理，2013（6）：5－16.
③ 陆铭，陈钊. 城市化、城市倾向的经济政策与城乡收入差距. 经济研究，2004（6）：50－58.
④ 姚耀军. 金融发展、城市化与城乡收入差距——协整分析及其 Granger 因果检验. 中国农村观察，2005（2）：2－8.
⑤ 毛其淋. 经济开放、城市化水平与城乡收入差距——基于中国省际面板数据的经验研究. 浙江社会科学，2011（1）：11－22.

是城镇化会扩大城乡收入差距（程开明，李金昌，2007；[1] 王子敏，2011[2]）；第三种观点是城镇化能否扩大或缩小城乡收入差距并不明确，其作用取决于城乡收入差距水平，城乡收入差距较大时，城镇化将进一步扩大城乡收入差距，而城乡收入差距较小时，城镇化将进一步缩小城乡收入差距（郭军华，2009），[3] 以及与城镇化所处的发展阶段有关，城镇化对城乡收入差距的作用具有时间效应和区域效应（欧阳金琼，王雅鹏，2014）。[4]

不少学者通过实证研究，深入探讨了中国城镇化与城乡收入差距间的关系以及其他因素对城乡收入差距的影响。杨国安和徐勇（2010）通过协整、格兰杰因果检验得出，中国城镇化与城乡收入差距间存在长期均衡协整关系，二者间存在单向因果关系。[5] 而程莉和周宗社（2014）指出，滞后城镇化与城乡收入差距互为格兰杰原因，滞后城镇化水平的变化短期内将扩大城乡收入差距，长期则缩小城乡收入差距。[6] 另外，苏素和宋云河（2011）通过对中国1997~2008年的省际数据研究表明，金融发展、对外开放和城镇化对城乡收入差距的影响具有区域差异性，而投资、财政支出与分权会缩小城乡收入差距。[7] 曾艳（2015）也指出，政府主导型城镇化通过财政支出来影响城乡收入差距，

① 程开明，李金昌. 城市偏向、城市化与城乡收入差距的作用机制及动态分析. 数量经济技术经济研究，2007（7）：116-125.

② 王子敏. 我国城市化与城乡收入差距关系再检验. 经济地理，2011，31（8）：1289-1294.

③ 郭军华. 中国城市化对城乡收入差距的影响——基于东、中、西部面板数据的实证研究. 经济问题探索，2009（12）：1-7.

④ 欧阳金琼，王雅鹏. 城镇化对缩小城乡收入差距的影响. 城市问题，2014（6）：94-101.

⑤ 杨国安，徐勇. 中国西部城乡收入差距与城镇化的关系检验——以青海省为例. 地理科学进展，2010，29（8）：961-967.

⑥ 程莉，周宗社. 结构偏差、滞后城市化与城乡收入差距. 经济经纬，2014，31（1）：20-26.

⑦ 苏素，宋云河. 中国城乡收入差距问题研究. 经济问题探索，2011（5）：1-7.

而这种城镇化扩大了城乡收入差距。① 李长亮（2015）利用空间
杜宾模型构建城乡收入差距模型，指出中国城镇化水平的提高能
积极缩小城乡收入差距，但是不显著，而经济发展、人力资本和
基础设施的投入能显著地缩小城乡收入差距，产业结构的非农化
会扩大城乡收入差距。②

此外，也有一些学者对劳动力流动与城乡收入差距进行了研
究。赵红军和孙楚仁（2008）将城乡二元结构和经济转轨纳入中
国城乡收入差距的分析框架内，指出人口流动性与城乡收入差距
的关系，人口流动性大则有利于缩小城乡收入差距，人口流动性
小则会导致城乡收入差距多层分化。③ 而陈斌开和林毅夫
（2013）从政府发展战略的视角，提出优先发展资本密集型部门
会导致城市部门就业需求下降并延缓城镇化进程，影响农村劳动
力有效地流转至城市，进而扩大城乡收入差距。④ 吴先华
（2011）、吕炜和高飞（2013）指出，城镇化主要通过农村劳动
力市民化来影响城乡收入差距，扩大户籍比率将拉大城乡收入差
距，而缩小公共服务差异会缩小城乡收入差距，短期内城镇化扩
大城乡收入差距，并提出目前中国的城镇化发展模式并未缩小城
乡收入差距，反而扩大了收入差距。⑤ 同时，劳动力流动对城市
内部收入差距具有结构效应和总量效应（邵宜航，汪宇娟，刘雅
南，2016）。⑥

---

① 曾艳. 政府主导城市化与城乡收入差距的实证. 求索，2015（12）：64 - 68.
② 李长亮. 城镇化缩小城乡收入差距了吗？开发研究，2015（6）：121 - 125.
③ 赵红军，孙楚仁. 二元结构、经济转轨与城乡收入差距分化. 财经研究，
2008，34（3）：121 - 130.
④ 陈斌开，林毅夫. 发展战略、城市化与中国城乡收入差距. 中国社会科学，
2013（4）：81 - 102.
⑤ 吴先华. 城镇化、市民化与城乡收入差距关系的实证研究——基于山东省时间
序列数据及面板数据的实证分析. 地理科学，2011，31（1）：68 - 74；吕炜，高飞. 城
镇化、市民化与城乡收入差距——双重二元结构下市民化措施的比较与选择. 财贸经
济，2013（12）：38 - 46.
⑥ 邵宜航，汪宇娟，刘雅南. 劳动力流动与收入差距演变：基于我国城市的理
论与实证. 经济学家，2016（1）：33 - 42.

综上所述，在分析城乡收入差距的问题上，主要集中于探讨城镇化及其他因素对城乡收入差距的影响，但是鲜有结合农村劳动力流动、人口城镇化来分析城乡居民收入差距的相关研究。农村劳动力流动与人口城镇化紧密相关，二者又对城乡居民收入差距影响深远，将三者纳入一个分析框架中，有利于增补现有研究。

三、变量、数据与模型

（一）变量选取与测算

1. 劳动力流动率

目前，中国城镇与农村的劳动力流向主要是由农村向城镇流动，因此，以农村劳动力向城镇流动来度量劳动力流动率，并且，采用农村劳动力流动率来反映劳动力流动的活跃程度能够有利于减少由于劳动力流动规模数据较大而对拟合效果产生的扰动性。[1] 参照李勋力和李国平（2005）[2] 的方法，劳动力流动等于城镇从业人员减去城镇职工人数加上农村从业人员减去第一产业从业人员（农业从业人员），劳动力流动率则等于劳动力流动数与劳动力资源总数之积。测算出 1978～2015 年广西的劳动力流动率，见表 6 - 1。改革开放以来，1978～1981 年，广西人口呈现出由城市向农村流动，1982～2011 年，农村劳动力不断涌入城市，至 2011 年时劳动力流动高达 1583.39 万人，但 2011 年后出现了较大规模的返乡规模。

---

① 李芝倩. 中国农村劳动力流动的经济增长效应分析. 江苏省外国经济学说研究会 2007 年学术年会.

② 李勋力，李国平. 农村劳动力转移模型及实证分析. 财经研究，2005（6）：79 - 85.

表6-1 广西农村劳动力流动率

年份	广西农村流出劳动力（万人）	农村劳动力流动率（%）	年份	广西农村流出劳动力（万人）	农村劳动力流动率（%）
1978	47.60	2.54	1997	491.00	16.30
1979	20.47	1.07	1998	530.00	17.17
1980	19.17	0.98	1999	555.70	17.66
1981	13.11	0.67	2000	675.00	21.07
1982	23.06	1.18	2001	707.50	21.65
1983	28.95	1.48	2002	999.00	29.93
1984	50.50	2.59	2003	1060.00	31.10
1985	91.80	4.51	2004	1179.50	33.84
1986	111.05	5.15	2005	1272.00	35.97
1987	136.20	5.95	2006	1339.00	37.32
1988	161.34	6.92	2007	1382.00	38.06
1989	165.01	6.92	2008	1474.00	40.19
1990	183.10	7.51	2009	1527.00	41.28
1991	218.80	8.78	2010	1527.00	40.92
1992	255.40	10.08	2011	1583.39	41.92
1993	338.00	13.06	2012	983.55	29.37
1994	395.00	14.03	2013	973.77	28.87
1995	444.00	15.27	2014	1017.50	29.94
1996	459.00	15.63	2015	1080.85	31.56

注：农村流出劳动力为流动到城镇的农村劳动力。
资料来源：根据历年《广西统计年鉴》及《新中国60年统计资料汇编》（中国统计出版社出版）并由笔者整理计算而得。

2. 人口城镇化水平

人口城镇化是人口的聚集，因此，以市镇人口与总人口的比重来衡量人口城市化水平。1978~1989年，广西人口城镇化水平增速缓慢，见图6-1，12年期间城镇水平仅增加了2.67%，年均增长率为1.89%；1990~2003年，城镇水平由15.1%增至

29.06%，增加了 13.96%，年均增长率为 4.79%；2004～2015 年，城镇化水平增速加快，进入加速阶段，于 2004 年城镇化率达到 31.7%，但增速并未出现显著加快，年均增长率仅为 3.35%。

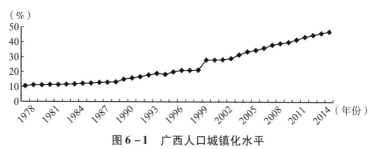

图 6 - 1 广西人口城镇化水平

资料来源：《广西统计年鉴》，中国统计出版社。

3. 城乡居民收入差距

参照王少平和欧阳志刚（2007）[①] 利用泰尔指数度量城乡收入差距的方法，其计算公式为：

$$TL_{i,t} = \sum_{j=1}^{2} \left(\frac{I_{j,t}}{I_{i,t}} \right) \ln \left(\frac{I_{j,t}}{I_{i,t}} \times \frac{P_{i,t}}{P_{j,t}} \right) \qquad 式（6-1）$$

在式（6-1）中，$I_{i,t}$ 表示 i 地区 t 期时的总收入，$I_{j,t}$ 表示 j 地区 t 期时的收入，$j=1$，2 分别表示城镇和农村，$P_{i,t}$ 表示 i 地区 t 期时的总人口数，$I_{j,t}$ 表示 j 地区 t 期时人口数。

泰尔指数结果显示，见图 6 - 2，1978～2015 年，广西城乡居民收入差距呈现较大波动，1978～1988 年，出现第一个 "V型"，1989～1994 年，出现第二个 "V型"，2002 年后，城乡居民收入差距继续扩大，于 2010 年时达到最大，为 31.49，相比 2002 年扩大了 3.79 倍，呈现出较大波动性。

① 王少平，欧阳志刚. 我国城乡收入差距的度量及其经济增长的效应. 经济研究，2007（10）：44-55.

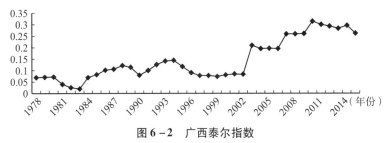

图 6 - 2　广西泰尔指数

资料来源：根据历年《广西统计年鉴》及《新中国60年统计资料汇编》，中国统计出版社，并由笔者整理计算而得。

（二）数据处理说明

数据来源于《广西统计年鉴》《新中国60年统计资料汇编》、广西壮族自治区政府工作报告。为减少数据的波动和平稳性，对各变量数据取自然对数。同时，采用单位根检验来确定数据的平稳性，1978～2002年、2003～2015年、1978～2015年的变量均为 I（1）序列。本节采用 EViews 6.0 计量软件。

（三）模型构建

建立农村劳动力流动、人口城镇化与城乡居民收入差距的具体模型如下：

$$ltl_t = c + \beta_1 lrlm_t + \beta_2 lurb_t + \varepsilon_t \qquad 式（6-2）$$

在式（6-2）中，ltl_t：为广西 t 年泰尔指数的自然对数值，代表城乡居民收入差距。$lrlm_t$：为广西 t 年农村劳动力流动率的自然对数值，代表农村劳动力流动状况。$lurb_t$：为广西 t 年人口城镇化的自然对数值，代表人口城镇化水平。

利用 VAR 模型的时候，滞后阶数的确定尤为重要，这里采用 AR 根图标（AR roots graph）和滞后排除检验（lag exclusion tests）来确定 VAR 模型的滞后阶数，检验结果显示1978～2002年、2003～2015年、1978～2015年三个时间段 VAR 模型最优滞后阶数均为 1 阶。

四、实证结果与分析

为刻画不同时段城乡居民收入差距与城镇化、农村劳动力流动之间的关系，本节分 1978～2002 年、2003～2015 年、1978～2015 年三个时间段进行实证检验。

（一）协整关系

对 1978～2002 年、2003～2015 年、1978～2015 年三个时期的农村劳动力流动率、人口城镇化与城乡居民收入差距进行协整回归，结果见表 6-2，根据回归结果列出协整方程为：

$$ltl_t = \underset{(0.6934)}{0.6551} + \underset{(1.8238)}{0.3335} ltl_{t-1} + \underset{(3.0504)}{0.4771} lrlm_{t-1} - \underset{(-2.4865)}{1.1663} lurb_{t-1}$$

式（6-3）

$$ltl_t = \underset{(-2.5079)}{-5.3726} + \underset{(0.7499)}{0.2281} ltl_{t-1} + \underset{(2.0614)}{0.4172} lrlm_{t-1} + \underset{(2.0029)}{0.7808} lurb_{t-1}$$

式（6-4）

$$ltl_t = \underset{(-1.8769)}{-1.4136} + \underset{(4.8556)}{0.6136} ltl_{t-1} + \underset{(1.7546)}{0.1694} lrlm_{t-1} + \underset{0.2893}{0.0686} lurb_{t-1}$$

式（6-5）

从协整方程可以看出，滞后一期的城乡居民收入差距具有强化效应，将进一步扩大城乡收入差距，1978～2015 年的强化效应最大，为 0.6136%；农村劳动力流动将会进一步扩大城乡居民收入差距，但是随着时间推进，其促进作用逐渐减弱，1978～2002 年的促进作用最大，达到 0.4771%，2003～2015 年的促进作用为 0.4172%；人口城镇化对城乡居民收入差距的作用具有时间差异，1978～2002 年，城镇化缩小了城乡居民收入差距，这段时间人口城镇化进程缓慢，农村劳动力流动率较低，2003～2015 年，城镇化的提高会加大城乡居民收入差距，见表 6-2。

表6-2   VAR 模型回归结果

被解释变量 解释变量	1978～2002 年 ltl_t	2003～2015 年 ltl_t	1978～2015 年 ltl_t
$ltl(-1)$	0. 3335 (-0. 1829) [1. 8238]	0. 2281 (-0. 3041) [0. 7499]	0. 6136 (-0. 1264) [4. 8556]
$lrlm(-1)$	0. 4771 (-0. 1564) [3. 0504]	0. 4172 (-0. 2024) [2. 0614]	0. 1694 (-0. 0966) [1. 7546]
$lurb(-1)$	-1. 1663 (-0. 4690) [-2. 4865]	0. 7808 (-0. 3898) [2. 0029]	0. 0686 (-0. 2372) [0. 2893]
c	0. 6551 (-0. 9448) [0. 6934]	-5. 3726 (-2. 1423) [-2. 5079]	-1. 4136 (-0. 7532) [-1. 8769]
R - squared	0. 7006	0. 8045	0. 8317
Adj. R - squared	0. 6557	0. 7311	0. 8164
F - statistic	15. 5999	10. 9705	54. 3741
Log likelihood	-1. 8508	14. 3145	-5. 1222

注：（ ）中的数值是统计误差；［ ］中的数值是 t 统计量。

（二）格兰杰因果检验

协整方程只显示了变量间的长期关系，而无法体现变量间的因果联系。本节采用格兰杰因果检验进一步考察变量间的因果关系，结果见表6-3～表6-5。

从表6-3 结果显示，1978～2002 年，农村劳动力流动和人口城镇化是城乡居民收入差距扩大的短期格兰杰原因，同时也是长期格兰杰原因，但是城乡居民收入差距、人口城镇化不是农村劳动力流动的格兰杰原因。城乡居民收入差距、农村劳动力流动不是人口城镇化的格兰杰原因，即农村劳动力流动和人口城镇化会引发城乡居民收入差距的扩大，但是，城乡居民收入差距的扩大并不会引发农村劳动力的流动和城镇化水平的提高。

表 6 - 3 1978 ~ 2002 年格兰杰因果关系检验结果

格兰杰结果		短期格兰杰原因			长期格兰杰原因
		Δltl	$\Delta lrlm$	$\Delta lurb$	
Δltl	χ^2 统计值		9.3049	6.1825	9.5565
	P 值		0.0023	0.0129	0.0084
$\Delta lrlm$	χ^2 统计值	1.9515		0.0652	3.1417
	P 值	0.1624		0.7985	0.2079
$\Delta lurb$	χ^2 统计值	2.4291	2.1587		2.4157
	P 值	0.5124	0.1418		0.2988

表 6 - 4 结果显示，2003 ~ 2015 年农村劳动力流动、人口城镇化是城乡居民收入差距扩大的短期格兰杰原因，并且存在长期格兰杰原因，但是城乡居民收入差距和人口城镇化不是农村劳动力流动的格兰杰原因，而城乡居民收入差距、农村劳动力流动是人口城镇化的短期格兰杰原因和长期格兰杰原因。即农村劳动力流动和人口城镇化水平的提高会引发城乡居民收入差距的进一步扩大，以及城乡居民收入差距的扩大和农村劳动力的流动会引发人口城镇化水平的提高。

表 6 - 4 2003 ~ 2015 年格兰杰因果关系检验结果

格兰杰结果		短期格兰杰原因			长期格兰杰原因
		Δltl	$\Delta lrlm$	$\Delta lurb$	
Δltl	χ^2 统计值		4.2494	4.0118	6.2368
	P 值		0.0393	0.0452	0.0442
$\Delta lrlm$	χ^2 统计值	0.0394		0.2478	1.9170
	P 值	0.8426		0.6186	0.3835

续表

格兰杰结果		短期格兰杰原因			长期格兰杰原因
		Δltl	$\Delta lrlm$	$\Delta lurb$	
$\Delta lurb$	χ^2 统计值	10.7766	5.0808		12.5259
	P 值	0.0010	0.0242		0.0019

　　表6-5的结果显示，1978~2015年农村劳动力流动、人口城镇化是城乡居民收入差距的短期格兰杰原因，并且存在长期格兰杰原因。城乡居民收入差距是农村劳动力流动的短期格兰杰原因，人口城镇化不是农村劳动力流动的格兰杰原因，但是城乡居民收入差距和人口城镇化是农村劳动力流动的长期格兰杰原因。城乡居民收入差距和农村劳动力流动是人口城镇化的短期格兰杰原因，且存在长期格兰杰原因。

表6-5　　　　　　1978~2015年格兰杰因果关系检验结果

格兰杰结果		短期格兰杰原因			长期格兰杰原因
		Δltl	$\Delta lrlm$	$\Delta lurb$	
Δltl	χ^2 统计值		3.0787	2.9837	8.1446
	P 值		0.0793	0.0724	0.0170
$\Delta lrlm$	χ^2 统计值	4.9201		0.4883	4.9209
	P 值	0.0265		0.4847	0.0854
$\Delta lurb$	χ^2 统计值	2.8078	3.9106		4.1273
	P 值	0.0675	0.0480		0.0712

　　综合1978~2002年、2003~2015年、1978~2015年三个时间段的格兰杰因果检验，可以肯定的是，农村劳动力流动和人口城镇化是引发城乡居民收入差距扩大的短期格兰杰原因和长期格兰杰原因。城乡居民收入差距、农村劳动力流动是引发人口城镇化水平提高的短期格兰杰原因和长期格兰杰原因，但是城乡居民

收入差距、人口城镇化对农村劳动力的原因无法明确。

（三）脉冲响应函数

协整和格兰杰因果检验只是考察变量间的相互关系，而无法考察一个变量对另外一个变量的动态特征，脉冲响应函数有助于解决这个问题。① 采用乔列斯基（Cholesky）分解技术建立农村劳动力流动、人口城镇化与城乡居民收入差距的脉冲响应函数，得出一标准新信息对城乡居民收入差距的冲击响应，结果见图6－3、图6－4、图6－5。

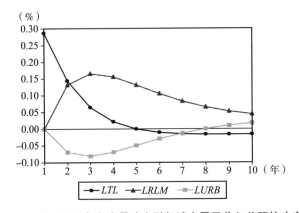

图6－3　1978～2002年各变量冲击引起城乡居民收入差距的响应函数

资料来源：笔者根据变量数据运用Eviews 6.0作脉冲响应函数得出。图6－4、图6－5是用相同方法得出。

（1）城乡居民收入差距对自身的冲击效应。1978～2002年、1978～2015年在第五年前城乡居民收入差距对自身具有正向效应，其正向效应随时间递减，并于第五年后转为负向效应，即城

---

① 吴寿平，戚红艳. 经济全球化与中国工业结构变化. 财经科学，2012（3）：93－101.

乡居民收入差距并不会一直扩大。但是，2003～2015年的城乡居民收入差距一直具有正向效应，只是到第五年后正向效应趋弱。

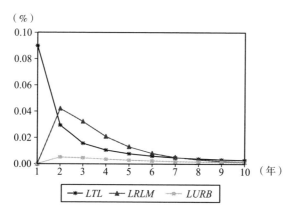

图6-4　2003～2015年各变量冲击引起城乡居民收入差距的响应函数

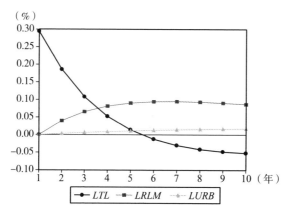

图6-5　1978～2015年各变量冲击引起城乡居民收入差距的响应函数

（2）农村劳动力流动对城乡居民收入差距的冲击效应。农村劳动力流动对城乡居民收入差距一直起着正向效应，但是不同时期效应大小不同。1978～2002年期间，农村劳动力流动对城乡居民收入差距的冲击第一年增长快速，并于第三年时效应达到最大，随后效应逐渐衰弱；2003～2015 年期间，农村劳动力流动的冲击效应于第二年就快速达到最大值，随后快速衰弱；而整体看，1978～2015 年期间，农村劳动力流动的冲击效应于第五年时达到最大值，并保持一定水平。总的来说，农村劳动力的流动扩大城乡居民收入差距的短期效应显著，长期效应趋于稳定。

（3）人口城镇化对城乡居民收入差距的冲击效应。1978～2002 年期间，第一年人口城镇化会缩小城乡居民收入差距，但随着时间推移，到第八年时人口城镇化水平的提高将扩大城乡居民收入差距。而 2003～2015 年、1978～2015 年两个时间段的人口城镇化对城乡居民收入差距的冲击均为正，但冲击效应并不强。

由协整关系得出，城乡居民收入差距具有强化效应，将进一步扩大城乡收入差距，但其效应逐渐衰弱。农村劳动力流动将会进一步扩大城乡居民收入差距，人口城镇化对城乡居民收入差距的作用具有时间差异。1978～2002 年期间，城镇化缩小了城乡居民收入差距，这段时间人口城镇化进程缓慢，农村劳动力流动率较低，2003～2015 年，城镇化的提高会加大城乡居民收入差距。格兰杰因果检验得出，农村劳动力流动和人口城镇化是引发城乡居民收入差距扩大的短期格兰杰原因和长期格兰杰原因，城乡居民收入差距、农村劳动力流动是引发人口城镇化水平提高的短期格兰杰原因和长期格兰杰原因，但是城乡居民收入差距、人口城镇化对农村劳动力的原因无法明确。脉冲响应函数得出，城乡居民收入差距对自身的冲击效应存在时间差异，第五期前均有正向效应，会进一步扩大城乡居民收入的差距；农村劳动力流动对城乡居民收入差距一直起着正向效应，但是不同时期效应大小不同，短期效应显著，长期效应趋于稳定；人口城镇化对城乡居民收入差距的冲击效应难以明确。

第二节　广西工业结构变化的影响因素

工业化阶段的本质是工业结构变化，也是衡量产业结构高度化的标志。工业结构优化升级是工业现代化的必由之路，也是现代经济增长的基本内容（陈佳贵，2004）。① 目前，工业在国民生产总值中约占50%，处于主导地位，并且是衡量国家或地区经济增长潜力和实力的重要标志（马永红，2002）。② 正是因为如此，工业结构优化升级问题一直受到经济学界的广泛关注。在国外，众多学者着重研究了其演进的规律以及动力机制（或影响因素），结果表明，工业结构升级一般经历从劳动密集型产业到资本密集型产业再到技术密集型产业的循序演进过程（H. 钱纳里，S. 鲁宾逊，M. 赛尔奎因，1995），③ 并且受到需求、供给和国际贸易等因素共同驱动（斯蒂芬·马丁，2007）。④ 在国内，对中国工业化过程进行的研究也得到类似的结论（杨公仆，夏大慰，2006）。⑤ 21 世纪初期，工业结构调整方向和形式出现新的特点（吕政，2000），⑥ 由解决结构比例失调转变为推进产业升级为主，以及由消除需求短缺转变为优化资源配置为主。因此，加快工业产业结构调整与升级，不断提高工业的发展水平和竞争力，是我们必须认真研究和解决的重要问题。

---

① 陈佳贵. 中国工业现代化问题研究. 中国社会科学出版社，2004.

② 马永红. 工业结构调整与结构优化升级研究. 哈尔滨金融高等专科学校学报，2002（2）：29 - 30.

③ H. 钱纳里，S. 鲁宾逊，M. 赛尔奎因. 工业化和经济增长的比较研究. 吴奇译，上海三联书店，1995.

④ ［美］斯蒂芬·马丁. 高级产业经济学. 史东辉译，上海财经大学出版社，2007.

⑤ 杨公仆，夏大慰. 产业经济学教程. 上海财经大学出版社，2006.

⑥ 吕政. 工业结构调整任务的变化. 经济理论与经济管理，2000（1）：15 - 16.

1978 年后，广西工业得到长足发展，正由工业化初级阶段向工业化中级阶段、高级阶段迈进。但是，广西的工业结构还存在诸多问题，工业结构调整缓慢，工业经济总量较少，工业产业规模普遍较小，产业竞争力不强，工业产业发展水平低，三次产业演进过程扭曲，工业产业科技基础薄弱等现象。同时，去产能、去库存、去杠杆、降成本、补短板的任务艰巨，工业企业转型升级、供给侧结构性改革任重道远。基于此，有必要对广西的工业结构变化的影响因素进行研究，以求更好地加快广西的工业化进程，充分发挥广西的后发优势。

一、理论框架与研究假说

（一）分析框架

先构建一个探讨制度变迁（市场化水平和对外开放度）、技术进步与能源消费结构对工业结构变化动力机制的理论框架，见图 6-6，之后再有针对性地进行相关理论分析。作者认为，工业结构调整和优化升级涉及内生动力和外生动力的共同作用驱动。技术进步和能源消费结构是促使工业结构变化的内生动力，市场化水平和对外开放度是工业结构变化的外生动力。

（二）理论分析与假说的提出

1. 内生动力：技术进步与能源消费结构

目前，主要通过供给和需求两方面来解释结构变化的动力和机理（H. 钱纳里，S. 鲁宾逊，M. 塞尔奎因，1995）。[①] 所谓的

---

① H. 钱纳里，S. 鲁宾逊，M. 赛尔奎因. 工业化与经济增长的比较研究. 吴奇译，上海三联书店，1995.

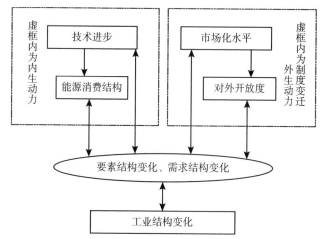

图 6 - 6 工业结构变化的影响因素分析框架

供给方面是指，生产要素的劳动、资本和自然资源等状况（张培刚，张建华，罗勇等，2007），[①] 即各种生产要素之间的比例关系和有机联系所构成的要素结构（李博，曾宪初，2010）;[②] 而需求方面是指，企业对生产要素的需求和（或）人们对不同工业产品的需求状况。需要指出的是，企业的技术进步和创新不仅能够作用于生产过程，还能够产生新产品，从而满足人们对产品的需求，因而可以认为这类技术进步和创新是由需求结构的变动而引致的，进而改变了工业结构。

在现代经济中，技术进步已成为推动经济增长和产业结构变动的主要因素，深入探索技术发展与产业结构的互动关系，通过技术创新推动结构优化升级是实现跨越式发展的战略选择

① 张培刚，张建华，罗勇等. 新型工业化道路的工业结构优化升级研究. 华中科技大学学报（社会科学版），2007（2）：82 - 88.
② 李博，曾宪初. 工业结构变迁的动因和类型——新中国 60 年工业化历程回顾. 经济评论，2010（1）：50 - 57.

（王岳森，2004）。① 索洛增长模型认为，经济增长是由技术进步推动的，技术进步是经济增长的长期内在动力。大部分技术进步和创新通过改变现有生产要素之间的有机联系或创造新的生产要素来推动工业结构变迁（李博，曾宪初，2010）。随着技术进步，企业生产成本出现大幅度下降，并出现大范围的规模经济，从而改变需求结构促进工业结构变化。另外，技术进步还能直接导致工业结构变化（李博，2011），② 技术进步的直接表现和结果就是社会劳动生产率的提高，从而导致产业分工深化和工业经济的快速发展，增强产业竞争力，进而改变产业格局，直接导致工业结构的变化。目前，高技术产业已发展成为技术进步的载体，高技术产业对工业结构的影响也与日俱增，而其比重更是工业结构高度化的直接表现。赵玉林和张钟方（2008）指出，产业结构优化，首先是产业的高度化，即高新技术的大力发展；其次，就是结构的高度化，即在产业高度化基础上的技术扩散效应和溢出效应来改造传统产业。③ 罗肇鸿（1998）指出，技术进步不仅使第一产业的生产方式发生变革，而且促使第三产业出现长足发展，导致第二产业的结构不断优化。④ 一些学者的实证研究表明，高新技术产业的突起，并成为主导产业时，能够快速地推动产业结构的演进（林善炜，2003；⑤ 伍海华，金志国，胡燕京，2004；⑥ 赵玉林，张钟方，2008⑦）。

基于此，提出检验假说1：技术进步将促进工业结构变化。

---

① 王岳森. 技术发展与产业结构的互动关系. 北京交通大学学报（社会科学版），2004，3（1）：42.

② 李博. 工业结构演变的动因和机制. 湖北经济学院学报（人文社会科学版），2011，8（4）：31-32.

③⑦ 赵玉林，张钟方. 高技术产业发展对产业结构优化升级作用的实证分析. 科研管理，2008，29（3）：35-42.

④ 罗肇鸿. 高科技与产业结构优化升级. 上海远东出版社，1998.

⑤ 林善炜. 中国经济结构调整战略. 中国社会科学出版社，2003.

⑥ 伍海华，金志国，胡燕京. 产业发展论. 经济科学出版社，2004.

技术进步还使能源消耗弹性系数下降，提高能源效率和催生更多的可替代资源，从而改变能源消费结构。能源是社会发展和工业经济的物质基础，而能源消费结构的波动将影响工业的增长，工业对能源具有较强的依赖性。[①] 能源消费具有明显的行业集中性（史丹，1999），[②] 即工业行业的能源消耗占据了能源消费总量的绝大部分。能源的供给状况，直接影响着工业的发展和工业结构的变化。能源消费结构长时间变动，将会直接影响工业结构的变化。能源消费总量中煤炭的消耗最大，达到了能源消费总量的一半以上，充分说明了煤炭在经济中的重要作用。如果一国或区域内的煤炭资源供给不上，那么，工业所需的煤炭能源需从其他区域购买或者寻求替代能源，从而增加了企业的运营成本，导致该行业发展动力不足，严重影响该行业以及相应产业链上的行业发展。在资源（或某种生产要素）匮乏区域，出现更多的资本密集型产业和技术密集型产业，从而导致工业结构变化。另外，也将出现能源依赖大的产业转移到能源富足的区域，直接影响当地区域的工业结构变化。

基于此，提出检验假说2：能源消费结构将促进工业结构变化。

2. 外生动力：制度变迁（包括市场化水平和对外开放度）

传统的结构主义理论比较重视结构变化过程中市场机制的作用机理，新制度经济学派也认为制度的变迁是经济增长的根本原因，有效的产权制度能够降低交易费用，从而促进经济增长。由于制度本身所具有的复杂性，许多学者均以制度代理变量（市场化水平、对外开放程度）来衡量制度变迁的动态过程，也可以粗

---

① 戚红艳，吴寿平. 广西能源消费结构与工业增长的关系实证研究. 绿色科技，2010（10）：116.

② 史丹. 结构变动是影响我国能源消费的主要因素. 中国工业经济，1999（11）：39 – 40.

略地认为，分析经济制度的变迁就是分析市场化水平和对外开放程度。

市场化水平是衡量一个国家或地区资源配置效率高低，更是一个国家或地区吸引生产要素流动及其经济增长潜力的显示器。市场化水平的高低，直接决定了生产要素流动的难易性。市场化水平越高说明自由竞争市场越大，而生产要素的合理流动才更具有趋利化；也意味着政府的行政干预较少，行政性垄断扭曲资源的合理配置大大降低；较高的市场化还能够降低交易费用和明确的产权界定，企业具有更大的主动性支配要素，从而改变市场要素结构。另外，市场化水平的提高还可以为企业的技术进步和创新提供良好的外部制度环境（岳书敬，刘富华，2009），[①] 促使企业建立适应市场竞争机制的企业发展和经营管理模式，提高要素的使用效率，加快要素的合理流动和结构变化。

基于此，我们提出检验假说 3：市场化水平将促进工业结构变化。

随着经济全球化的不断深入发展，使得国际经济（国际贸易和国际投资）对一国行业结构变化的影响力不断加强（Barry et al.，2008）。在开放经济中，国际经济（国际贸易和国际投资）已经成为影响一国工业结构演变的不可小视的外生动力，国际贸易和国际投资的发展，对一国国内需求结构和要素结构均会产生影响，从而影响工业结构的变迁轨迹（李博，曾宪初，2010）。[②] 首先，国内外的要素价格将存在一定的差异，要素价格高的地方企业将转移到要素价格低的地方（产业转移），或者要素价格低的地方生产要素转移到要素价格高的地方，从而改变当地要素结构和需求结构，进而影响要素结构和需求结构与工业结

① 岳书敬，刘富华. 环境约束下的经济增长效率及其影响因素. 数量经济技术经济研究，2009（5）：99.

② 李博，曾宪初. 工业结构变迁的动因和类型——新中国 60 年工业化历程回顾. 经济评论，2010（1）：50-57.

构之间的动力机制。一国对外开放程度越大（此处也包含区域间的开放程度，虽然区域间的经济壁垒没有国与国之间的严密，但也直接影响相连地区间的经贸往来），生产要素在国家间的流动也更加自由化，对一国的要素结构冲击也更大，增加了一国要素结构和比较优势的非稳定性和风险性。对外开放程度的加大，将极大地促进对外贸易的进行，而对外贸易又将通过进口高技术含量的产品和技术促进效率提高和技术进步，改变产业部门的投入产出结构；另外，还能够通过部门之间的贸易交往活动，实现技术的扩散（即技术外溢），促使工业结构发生变化。

基于此，提出检验假说4：对外开放度将促进工业结构变化。

二、计量模型、变量与数据

（一）计量模型

基于上面的理论分析和假说，建立如下的回归模型来考察这些影响因素对广西工业结构变化的影响：

$$INST_t = \beta_1 ENST_t + \beta_2 MARK_t + \beta_3 HTIN_t + \beta_4 OPEN_t + \varepsilon_t$$

$$式（6-6）$$

式（6-6）中，β 为回归系数，t 代表时间。被解释变量 $INST_t$ 表示工业结构变化；解释变量包括 $ENST_t$（表示能源消费结构）、$MARK_t$（表示市场化水平）、$HTIN_t$（表示技术进步）和 $OPEN_t$（表示对外开放度）；ε_t 为随机扰动项。

（二）变量选取说明

（1）工业结构变化。衡量工业结构的变化或者优化升级的方法，主要包括工业结构变化指数、偏离—份额法、产业结构合

理化和产业结构高度化。这里，采用工业结构指数 $\Delta s^{m,n} = \dfrac{1}{2}\sum_j$ $|s_j^m - s_j^n| \times 100\%$ 计算所得的累计工业结构变化指数来衡量广西工业结构的变化。

（2）能源消费结构。采用王秋彬（2010）[1] 的方法，用煤的消费占能源消费总量的比重来度量能源消费结构。

（3）对外开放度。采取兰宜生（2002）[2] 的方法，以进出口贸易额与 GDP 的比值来衡量对外经济开放程度。

（4）技术进步。高技术产业是运用当代尖端科技生产产品的企业，在技术方面比传统产业先进（戴魁早，2006），[3] 并且高新技术首要被应用于高技术产业，而高技术产业更积极和倾向于以技术来加快产业的发展。因此，以高技术产业产值与 GDP 的比重来反映技术进步指标更具代表性和现实性。

（5）市场化水平。针对市场化水平的衡量方法目前主要有两种，一种为市场化指数；另一种是非国有企业总产值占全部工业总值的比重。基于数据的易得性，采用非国有企业总产值占全部工业总产值比重来表示市场化水平。

（三）数据来源说明

选取广西 1978～2009 年数据进行实证检验，数据主要来源于《广西统计年鉴》（1988～2010 年），其中，1987～1994 年、2009 年的高新技术产业数据来源于《中国高新技术产业统计年鉴》。表 6-6 反映了变量的描述性统计。

① 王秋彬. 工业行业能源效率与工业结构优化升级——基于 2000～2006 年省级面板数据的实证研究. 数量经济技术经济研究，2010（10）：60.
② 兰宜生. 对外开放度与地区经济增长的实证分析. 统计研究，2002，V19（2）：19-22.
③ 戴魁早. 我国高新技术产业增长影响因素的实证分析. 湖南科技大学学报（社会科学版），2006，9（1）：72.

表 6 – 6 变量的描述性统计

变量	INST	ENST	HTIN	OPNE	MARK
均值	0.3402	0.5637	0.0274	0.1144	0.6489
中位数	0.3809	0.5604	0.0260	0.1079	0.7249
最大值	0.4737	0.6679	0.0353	0.1796	0.8915
最小值	0.0453	0.4634	0.0212	0.0653	0.2687
标准差	0.1383	0.0579	0.0042	0.0304	0.2308
观察数	22	22	22	22	22

三、实证检验与结果分析

(一) ADF 单位根检验

在计量分析过程中，为了得到真实回归结果，先需检验数据的平稳性，由此我们采用迪基和福勒（Dickey, Fuller, 1981）提出的 ADF 单位根检验方法来检验序列是否平稳，结果见表 6 – 7。

从 ADF 单位根检验结果可以看出，变量工业结构变化（INST）、能源利用结构（ENST）、技术进步（HTIN）、对外开放程度（OPEN）和市场化水平（MARK）的一阶差分在 1% 显著性水平下同时满足 P 值小于 5%。即一阶差分后的 5 个变量是平稳序列，那么，变量都是 I（1）序列，满足协整检验需要序列同阶单整的条件，因此，接下来就可以进一步对变量进行协整检验和其他分析。

表 6 – 7 单位根检验结果

变量	截距项	时间趋势项	滞后阶数	ADF 统计量	1% 临界值	5% 临界值	P 值	结论
INST	有	有	3	– 6.3590	– 4.5716	– 3.6908	0.0004	平稳
ENST	有	有	1	– 0.5828	– 4.4679	– 3.6450	0.9693	不平稳

续表

变量	截距项	时间趋势项	滞后阶数	ADF 统计量	1%临界值	5%临界值	P 值	结论
HTIN	有	无	0	-1.5216	-3.7696	-3.0049	0.5043	不平稳
OPEN	有	无	3	-3.4130	-3.8315	-3.0300	0.0236	平稳
MARK	有	有	1	-1.5363	-4.4679	-3.6450	0.7833	不平稳
$\Delta INST$	有	有	2	-4.1131	-4.5716	-3.6908	0.0233	平稳
$\Delta ENST$	有	有	0	-7.5469	-4.4679	-3.6450	0.0000	平稳
$\Delta HTIN$	有	无	0	-4.9900	-3.7880	-3.0124	0.0007	平稳
$\Delta OPEN$	有	无	0	-4.3274	-3.7880	-3.0124	0.0031	平稳
$\Delta MARK$	有	有	3	-4.5697	-4.5716	-3.6908	0.0100	平稳

注：Δ 表示一阶差分；截距项、趋势项根据时间序列的线性图判断（如果时间序列的线性图呈现出明显随着时间递增或递减的趋势，但是趋势线不算太陡，就可以只选择含有截距项；如果图形随着时间的推移而出现快速增长，则就可以选择有截距项又有时间趋势项，然后，还可以通过检验截距项或时间趋势项的显著性作最后判断）；由 SIC 准则确定滞后阶数。

（二）协整检验

在进行协整检验之前，需要先确定 VAR 模型的滞后阶数。对于 VAR 模型的滞后阶数的判断，主要通过滞后排除检验和 AR 根图和 AR 表来判断。通过反复测试，选取 1 作为 VAR 模型的滞后阶数，即可以建立 VAR（1）模型。

协整检验主要有两种方法：E - G 两步法和约翰逊检验法。前者使用较为方便，只需对其回归残差进行单位根检验其平稳性，但在小样本的情况下，OLS 协整估计将可能出现实质性偏差。另外，E - G 两步法仅适用于两变量之间的协整检验。而对于多变量之间的协整关系检验普遍采用约翰逊和朱塞路斯（Johansen，Juselius）提出的极大似然检验法，即约翰逊检验法。由于 VAR 模型不用区分外生变量和内生变量，所有变量均被视为内生变量，变量彼此之间是动态关系，采用约翰逊检验方法能够得到较高的检验势，并且这里涉及五个变量，因此，采用约翰逊检验方法优于 E‐G 两步法，基于此，采用约翰逊检验方法对变量进行协整检验，其结果见表6‐8。

表6‐8 协整检验结果

原假设	最大特征值	迹统计量（P 值）	λ‐max 统计量（P 值）
$r=0$	0.8773	82.8564（0.0002）*	41.9669（0.0012）*
$r \leqslant 1$	0.5902	40.8894（0.0423）**	17.8437（0.2834）
$r \leqslant 2$	0.5061	23.0458（0.0709）	14.1066（0.1650）
$r \leqslant 3$	0.3306	8.9392（0.1726）	8.0266（0.1727）
$r \leqslant 4$	0.0446	0.9126（0.3928）	0.9126（0.3928）

注：r 代表协整向量数量；*、** 表示1%、5%时的显著水平。

从表6‐8可以看出，五个变量之间存在协整关系，即变量之间存在一种长期稳定的关系。但是，迹统计量检验和最大特征值检验之间存在冲突，迹统计量检验结果认为有2个协整向量，而最大特征值检验结果认为仅有1个协整向量。这有可能是基于协整方程的定义所导致的。由此，通过选择其他几种形式的协整方程来进一步检验后得出的结论都表明，变量之间存在协整关系。进一步估计，可以得出一个标准化后的协整方程：

$$INST_t = -\underset{(0.0467)}{0.2417}ENST_t + \underset{(0.0089)}{0.5502}MARK_t$$
$$+ \underset{(1.0133)}{0.3718}HTIN_t + \underset{(0.079)}{0.7237}OPEN_t \qquad \text{式（6‐7）}$$

括号中的数值是回归系数的标准误差。协整方程表明，长期关系中工业结构变化（INST）与能源消费结构（ENST）、市场化水平（MARK）、技术进步（HTIN）、对外开放度（OPEN）之间存在一个长期稳定的均衡关系。具体来说，能源消费结构（ENST）、市场化水平（MARK）、技术进步（HTIN）和对外开放度（OPEN）每提升1%，将促进工业结构变化（INST）提高 -0.2417%、0.5502%、0.3718% 和 0.7237%。从中可以看出，技术进步（HTIN）对工业结构变化（INST）起到正向作用，随着技术进步能够促进工业结构的调整和优化升级，验证了假说 1。消费结构（ENST）对工业结构变化（INST）起到负向效应，与假说 2 相悖，有可能是基于煤炭消费占比重较大，所产生的非期望产出较大，从而抵消了正向效应，并且对工业发展起到抑制作用，这与"结构负利假说"相似。另外，市场化水平（MARK）和对外开放程度（OPEN）对工业结构变化（INST）起到显著的促进作用（分别达到 0.5502% 和 0.7237%）。

这验证了假说 3 和假说 4，也说明制度变迁能够很好地促进工业结构的优化升级。

（三）向量误差修正模型

通过协整分析发现，工业结构变化（INST）与能源消费结构（ENST）、市场化水平（MARK）、技术进步（HTIN）、对外开放度（OPEN）之间存在一个长期稳定的均衡关系。但是，协整检验只能够知道长期的均衡关系，而无法获得短期的动态关系，向量误差修正模型则能够同时捕获长期均衡关系与短期动态关系。格兰杰（Granger）指出，变量间如果存在协整关系，那么，变量间一定存在能够表达误差修正模型的形式。并且，向量误差修正模型（VEC）能够反映变量的长期有关信息，同时，也能够反映短期偏离长期均衡状况下的修正机制，是同时检验长短期较为可靠和稳定的检验模型。因此，在协整分析的基础上，进一步建立向量误差修正模型，VEC 模型为：

$$\Delta INST_t = \underset{(0.4774)}{0.2915} EC_{t-1} + \underset{(0.3912)}{0.558} \Delta INST_{t-1} - \underset{(0.2599)}{0.036} \Delta ENST_{t-1}$$
$$- \underset{(0.3733)}{0.2987} \Delta MARK_{t-1} - \underset{(3.3938)}{4.1428} \Delta HTIN_{t-1}$$
$$- \underset{(0.4096)}{0.053} \Delta OPEN_{t-1} \qquad \text{式（6-8）}$$

似然比：41.3987（括号中的数值为各回归系数的标准差）。

$EC_{t-1} = -0.2417 ENST_{t-1} + 0.5502 MARK_{t-1} + 0.3718 HTIN_{t-1} + 0.7237 OPEN_{t-1}$ 为误差修正项，反映出变量之间的长期均衡关系，

误差修正项的系数为 0.2915，说明这五个变量所构建的系统在短期波动偏离长期均衡时，将以 0.2915 的调整力度促使经济系统从失衡状况回到均衡状况。

从 *VEC* 来看，有三个变量与工业结构变化的长期稳定效应与短期动态变化不一致：一个是市场化水平（*MARK*），长期内市场化水平（*MARK*）的提升能够促进工业结构变化（*INST*）的提升，而短期内滞后一期的市场化水平（*MARK*）的提升会抑制工业结构变化（*INST*）的提升，其负向效应为 -0.2987。另一个变量为技术进步（*HTIN*），长期内技术进步（*HTIN*）将促进工业结构变化（*INST*）的提升，而短期内滞后一期的技术进步（*HTIN*）对工业结构变化（*INST*）起到负向作用，其负向影响较为显著，为 -4.1428。这很有可能是因为广西的工业行业高新技术水平较低，自我研发能力较弱，仅靠引进外来先进技术，但无法进行融合和更新，反而造成了短期内无法消化吸收新技术从而降低了生产效率并增加了生产成本。第三个变量为对外开放度（*OPEN*），长期内对外开放度（*OPEN*）对工业结构变化（*INST*）起到显著的促进作用，而短期内滞后一期的对外开放度（*OPEN*）对工业结构变化（*INST*）起到负向效应，但其负向影响较为微弱，仅为 -0.053。

（四）格兰杰因果检验

协整结果表示工业结构变化（*INST*）与能源消费结构（*ENST*）、市场化水平（*MARK*）、技术进步（*HTIN*）、对外开放度（*OPEN*）存在长期稳定均衡关系，但是要进一步知道各变量之间的相关因果关系，还需要采用格兰杰因果关系检验方法进一步验证。此处，在协整和误差修正模型的基础上进行变量间的因果检验。[①] 这种方法能够考察变量间短期因果关系，还能反映出

[①]　相关内容见张晓峒（2002）和王少平（2003）。

长期的因果关系。户田和菲利普斯（Toda，PhiIIips，1993）指出，利用协整和误差修正模型的联合检验因果关系更为有效，因此，采用建立在向量误差修正模型（VEC）基础上的沃尔德联合检验来确定各变量之间的因果关系。对向量误差修正模型各系数显著性的沃尔德联合检验，结果见表6－9。

表6－9　　　　　　　　　格兰杰因果关系检验结果

格兰杰结果		短期格兰杰原因					长期格兰杰原因
		$\Delta INST$	$\Delta ENST$	$\Delta MARK$	$\Delta HTIN$	$\Delta OPEN$	
$\Delta INST$	χ^2 统计值	—	0.0192	0.6404	1.4901	0.0167	1.6521
$\Delta ENST$	χ^2 统计值	2.8374 ***	—	10.5187 *	5.5361 **	0.0788	12.1178 **
$\Delta MARK$	χ^2 统计值	1.1219	0.0363	—	0.2656	0.1541	1.3408
$\Delta HTIN$	χ^2 统计值	0.1889	0.0026	5.6325 **	—	0.8946	9.7538 **
$\Delta OPEN$	χ^2 统计值	2.9229 ***	1.7582	4.2854 **	0.4402	—	6.9790 ****

注：*、**、***、**** 分别表示在1%、5%、10%、15%的显著水平下拒绝原假设（原假设 H_0：各项系数为零）。

从表6－9的检验结果可以看出，各变量与工业结构变化（INST）不存在直接的短期格兰杰原因和长期格兰杰原因，而工业结构变化（INST）是能源消费结构（ENST）、对外开放度（OPEN）的短期格兰杰原因。此外，从长期格兰杰原因可以看出，工业结构变化（INST）、市场化水平（MARK）、技术进步（HTIN）和对外开放度（OPEN）的共同变化是能源消费结构（ENST）的长期格兰杰原因；工业结构变化（INST）、能源消费结构（ENST）、市场化水平（MARK）和对外开放度（OPEN）的共同变化是技术进步（HTIN）的长期格兰杰原因；工业结构变化（INST）、能源消费结构（ENST）、市场化水平（MARK）和技术进步（HTIN）的共同变化，是对外开放度（OPEN）的长期格兰杰原因。

(五) 脉冲响应函数

协整检验和向量误差修正模型（*VEC*）只是分析长期关系和（或）短期关系的信息，但是，一个变量对另一个变量的作用无法动态地显示出来。因此，有必要引入脉冲响应函数来深入探讨变量之间的动态影响关系。脉冲响应函数是以考察扰动项影响各变量来进行刻画的。这里利用广义脉冲响应函数进行分析（Pesaran，Shin，1998），能够更好地避免研究过程中采用乔列斯基（Cholesky）分解技术对冲击识别的任意性和结果对变量排序的依赖。[①] 图 6 – 7 ~ 图 6 – 10 为 VAR（1）模型的脉冲响应函数刻画图。图中，横轴表示一个变量对另一个变量冲击作用的响应期数（单位：年），纵轴则表示冲击效应的百分比。

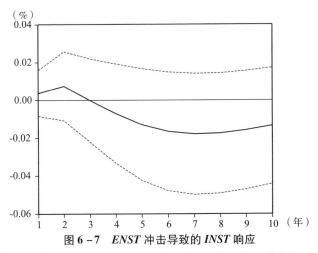

图 6 – 7 *ENST* 冲击导致的 *INST* 响应

资料来源：笔者根据变量数据，运用 Eviews 6.0 作脉冲响应函数得出（图 6 – 8、图 6 – 9、图 6 – 10 以相同方法得出）。

[①] 戴魁早. 中国自主创新与经济增长关系的实证研究——基于技术吸收能力的视角. 科学学研究，2008，26（3）：630；高铁梅. 计量经济分析方法与建模：EViews 应用及实例（第二版）. 清华大学出版社，2009：284.

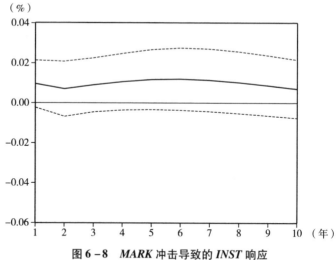

图 6 - 8　*MARK* 冲击导致的 *INST* 响应

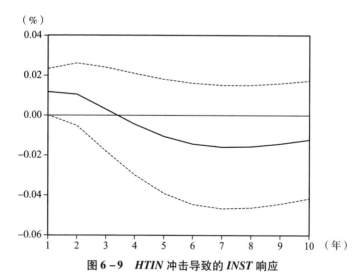

图 6 - 9　*HTIN* 冲击导致的 *INST* 响应

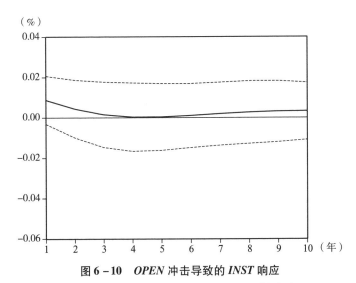

图 6 – 10　*OPEN* 冲击导致的 *INST* 响应

资料来源：笔者根据变量数据，动用 Eviews 6.0 作方差分解得出。

（1）能源消费结构（*ENST*）对工业结构变化（*INST*）的冲击效应。在第一年时，能源消费结构对工业结构变化的正向效应是递增趋势，于第 2 年时达到最大，随后递减，并于第 3 年转为负向效应。由于能源消费量的增加能够短期内给予工业产值迅猛增长，但所带来的负向影响也是巨大的，反而制约工业的进一步发展。

（2）市场化水平（*MARK*）对工业结构变化（*INST*）的冲击效应。市场化水平对工业结构变化的冲击作用一直是正向效应，保持相对较稳定的平缓趋势，即市场化对工业结构变化的冲击比较稳定。

（3）技术进步（*HTIN*）对工业结构变化（*INST*）的冲击效应。技术进步对工业结构变化在一开始就具有正向的冲击作用，随后出现递减的趋势，于第 2 年时递减趋势较明显，并于第 4 年转为负向效应，到第 6 年时趋于平缓变化趋势。

（4）对外开放度（*OPEN*）对工业结构变化（*INST*）的冲击

效应。对外开放度对工业结构变化的冲击作用于第一年就是最大的正向效应，随着 t 的变化逐渐弱化，并于第 4 年、第 5 年效应趋于 0，随后冲击效应逐渐缓慢递增。

（六）方差分解

脉冲响应函数刻画的是一个变量对另一个变量的冲击效果，而方差分解（variance decomposition）则提供了分析一个变量冲击导致另一个变量变化（通常以方差度量）的贡献度，更好地对各变量间的冲击响应进行评价。因此，我们运用西蒙斯（Sims，1980）的方差分解方法，来进一步分析各变量对工业结构变化（INST）冲击所带来的贡献度，见表 6 - 10。

表 6 - 10　　　　工业结构变化（INST）的方差分解

时期	标准误差	INST	ENST	MARK	HTIN	OPEN
1	0. 0279	100. 0000	0. 0000	0. 0000	0. 0000	0. 0000
2	0. 0397	95. 7533	0. 9519	0. 0005	1. 3459	1. 9484
3	0. 0463	92. 2995	1. 1195	0. 0018	2. 8400	3. 7391
4	0. 0506	86. 1460	4. 2175	0. 0028	4. 8954	4. 7383
5	0. 0544	77. 6298	10. 5681	0. 0045	6. 9826	4. 8150
6	0. 0582	68. 7702	18. 1602	0. 0088	8. 6742	4. 3867
7	0. 0617	61. 2681	24. 9743	0. 0179	9. 8369	3. 9028
8	0. 0648	55. 6958	30. 1287	0. 0335	10. 5674	3. 5746
9	0. 0671	51. 8769	33. 6355	0. 0556	11. 0101	3. 4218
10	0. 0688	49. 3993	35. 8505	0. 0825	11. 2758	3. 3918

从表 6 - 10 中可以看出，随着工业结构变化（INST）的不断深入，其对自身的贡献呈现衰减趋势，于第 10 年时为49. 3993%；能源消费结构（ENST）不断优化和深入，对工业结构变化（INST）的贡献度逐步增长（第 10 年是 35. 8505%），且

其贡献度显著；市场化水平（*MARK*）对工业结构变化（*ENST*）的贡献较弱，但贡献度随着 t 不断递增，于第 10 年时达到 0.0825%；技术进步（*HTIN*）对工业结构变化（*INST*）的贡献较为明显，且有递增的时间趋势；对外开放度（*OPEN*）对工业结构变化（*INST*）的贡献呈现出凸型，在第 5 年时达到最大值（4.8150%）。长期来看，工业结构变化（*INST*）对自身的贡献度一直保持在 46% 左右；能源消费结构（*ENST*）的贡献度于第 13 年后一直保持在 38% 以上；市场化水平（*MARK*）的贡献度，在第 15 年以后保持在 0.20% 以上；技术进步（*HTIN*）的贡献度，在第 9 年以后均保持在 11% 以上；而对外开放度（*OPEN*）的贡献度，在第 14 年后一直保持在 3.6% 以上。通过以上分析可以看出，各变量对工业结构变化（*INST*）的贡献度存在较大差异，其中，能源消费结构（*ENST*）的贡献最大，其后为技术进步（*HTIN*），并且，各变量对工业结构变化（*INST*）均存在长期稳定的贡献度。

第三节　广西工业化与城镇化融合发展的制约因素

工业化与城镇化融合发展的制约因素很多，根据工业化与城镇化融合发展的动力机制和演进特征，其制约因素涉及推动力（生产要素、生产集聚、产业规模、市场规模、技术创新和基础设施）、拉动力（产业组织结构、产业结构、供需结构和人口结构）和催化力（制度变迁、政府干预和外部环境变化）。工业化方面的生产要素聚集（包括劳动力、资本、技术）、产业规模的扩大、技术创新以及城镇化方面的生产聚集、市场规模的扩大和基础设施的完善共同促进要素结构和交易费用（成本）发生变化，也将形成聚集经济效益来推动工业化与城镇化的融合，是工业化与城镇化融合发展的主要推动力；而工业化方面产业组织结构变化、垂直专业化的提高和产业结构优化以及城镇化方面的供需结构和人口结构变化，共同通过经济组织变革、产业融合发展、结构优化和专业化经济来拉动工业化与城镇化的融合，是工业化与城镇化融合发展的主要拉动力；政府对工业发展、城市建设的干预力度、制度设计以及外部环境变化，是工业化与城镇化融合发展的主要催化力。

一、研究设计

（一）回归分析模型

为深入分析推动力、拉动力和催化力对工业化与城镇化融合发展的影响，分别构建以下回归模型：

$$d_t = c_1 + \alpha_1 prf_t + \alpha_2 olp_t + \alpha_3 ins_t + \alpha_4 mar_t$$
$$+ \alpha_5 inn_t + \alpha_6 inf + \mu_{t1} \qquad \text{式（6-9）}$$
$$d_t = c_2 + \beta_1 ios_t + \beta_2 ind_t + \beta_3 sds_t + \beta_4 pop_t + \mu_{t2} \qquad \text{式（6-10）}$$
$$d_t = c_3 + \varphi_1 inc_t + \varphi_2 gov_t + \varphi_3 eec_t + \mu_{t3} \qquad \text{式（6-11）}$$

其中，式（6-9）为推动力影响方程，prf_t 代表生产要素，olp_t 代表生产集聚，ins_t 代表产业规模，mar_t 代表市场规模，inn_t 代表技术创新，inf_t 代表基础设施，$\alpha_1 \sim \alpha_6$ 为回归系数，c 为常数项，μ_t 为随机误差项。式（6-10）为拉动力影响方程，ios_t 代表产业组织结构，ind_t 代表产业结构，sds_t 代表供需结构，pop_t 代表人口结构，$\beta_1 \sim \beta_4$ 为回归系数。式（6-11）为催化力影响方程，inc_t 代表制度变迁，gov_t 代表政府干预，eec_t 代表外部环境变化，$\varphi_1 \sim \varphi_3$ 为回归系数。

（二）因子分析模型 L[①][②]

有 p 维的可观测随机向量 $X = (X_1, \cdots, X_p)'$，$E(X) = \mu = (\mu_1, \cdots, \mu_p)'$，$Cov(X) = \sum = (\sigma_{ij})_{p \times p}$，要求 X 是线性依赖于随机向量 $f = (f_1, \cdots, f_k)'$（$k < p$）和称之为误差的随机向量 $\delta = (\delta_1, \cdots, \delta_p)'$，即：

$$X_1 - \mu_1 = b_{11}f_1 + \cdots + b_{1k}f_k + \delta_1$$
$$X_2 - \mu_2 = b_{21}f_1 + \cdots + b_{2k}f_k + \delta_2$$
$$\cdots$$
$$X_p - \mu_p = b_{p1}f_1 + \cdots + b_{pk}f_k + \delta_p$$

或矩阵表示：

$$X - \mu = Bf + \delta \qquad 式（6-12）$$

b_{ij} 称为变量 X_i 在因子 f_j 上的载荷，$B = (b_{ij})_{p \times k}$ 称为因子载荷阵，δ 为特殊因子，且因子分析模型满足：

$$E(f) = 0, \quad Cov(f) = I_k, \quad E(\delta) = 0, \quad Cov(\delta, f) = 0$$
$$式（6-13）$$

求 B、f，使：

$$\max\{tr(B'B)\} \qquad 式（6-14）$$

tr 是方阵的迹，式（6-12）~式（6-14）称为正交因子分析模型 L。

时间序列数据的因子分析步骤：

1. 对数据进行正向化、标准化处理，记为 $X = (x_1, \cdots, x_p)'$。

2. 计算并选出简单结构的初始因子载荷阵、旋转后因子载荷阵。因子分析主成分法下，设 B_s^0（s 列）是达到简单结构的初

---

① 林海明. 因子分析模型的改进与应用. 数理统计与管理，2009，28（6）：998-1012.

② 林海明. 因子分析模型 L 的优良性和应用. 数量经济技术经济研究，2013（3）：96-113.

始因子载荷阵，对初始因子载荷阵 B_s^0、B_{s+1}^0、$\cdots$、B_p^0 都进行方差最大化的正交旋转，从中选出达到简单结构的旋转后因子载荷阵（穷举法），记为 $B_m^0 \Gamma_m$（m 列，$m \geq 2$）。

3. 因子是否旋转的选择。如果 $B_l = B_s^0$，则以下步骤用初始因子及其因子载荷阵（说明此时不旋转的因子更好）；如果 $B_l = B_m^0 \Gamma_m$，则以下步骤因子的前 m 个是旋转后因子，因子载荷阵的前 m 列是旋转后因子载荷阵 $B_m^0 \Gamma$。

4. 确定因子个数。由 $B_p = (B_l，\lambda_{l+1}^{1/2} e_{l+1}，\cdots，\lambda_p^{1/2} e_p)$ 的前 k 列 B_k 判定，因子 $f = (f_1，\cdots，f_k)'$ 与指标 X 显著相关（大样本时显著相关的临界值或取 0.5），则因子个数为 k 是更好的。

5. 对因子进行命名。结合载荷、变量对因子 f_j 命名；因子记为 f_1、$\cdots$、f_k，方差贡献记为 q_1、q_2、$\cdots$、q_k。

6. 构造因子分析评估指数和列出时间序列值及其排序。构造因子分析评估指数 $f_综 = \alpha_1 f_1 + \alpha_2 f_2 + \cdots + \alpha_k f_k$，$\alpha_i = q_i / p$；并列出 f_1、$\cdots$、f_k、$f_综$ 的时间序列值及其排序；

7. 评价与建议：结合因子 f_1、$\cdots$、f_k、因子分析评估指数 $f_综$、时间序列值和排序，给出较合理的评价和建议。

二、指标选取

（一）工业化与城镇化融合系数

根据第二章工业化与城镇化融合发展测算与比较中耦合理论的测算模型，得出广西 1978 ~ 2015 年的工业化与城镇化融合系数。

（二）内生融合动力机制

推动力相关指标：

（1）生产要素。以城镇就业人口与总就业人口的比重来衡量。

（2）生产集聚。一般采用行业集中度、赫芬达尔指数等来衡量生产集聚程度，由于数据的缺失，选取工业全员劳动生产率来反映生产集聚，全员劳动生产率能够在一定程度上反映出生产集聚的高低。

（3）产业规模。以第二产业生产总值来衡量，数值的大小可以间接地反映出产业规模的大小。

（4）市场规模。选取工业企业数量作为替代，数量多少可以间接反映出市场规模的大小。

（5）技术创新。以工业企业专利申请数来衡量。

（6）基础设施。基本建设投资在一定程度上反映出城市基础设施建设程度，因此，选取基本建设投资来衡量基础设施完善程度。

拉动力相关指标：

（1）产业组织结构。以非国有企业产值与国有企业、集体企业产值的比值来衡量产业组织内部结构。

（2）产业结构。以第二产业产值占地区生产总值的比重来衡量产业结构。

（3）供需结构。以全社会固定资产投资额与社会消费品零售额的比值来衡量，其数值越大说明需求越旺盛，反之则供大于求。

（4）人口结构。以非农业人口占总人口的比重来衡量。

（三）外生因素动力机制（催化力相关指标）

（1）制度变迁。对于制度变迁与工业化、城镇化之间的关系，还没有一个清晰的认识。从现有文献来看，有效的制度变迁能够促进工业企业的技术革新，提升企业的技术创新和经济发展的结构效应、技术效应，[①] 加快城市基础设施建设、改善生产要

---

① 吴寿平，戚红艳. 经济全球化与中国工业结构变化. 财经科学，2012（3）：93－101.

素聚集环境等。由于制度本身具有复杂性，难以直接度量，需要以代理变量来衡量，大部分学者以非国有化率、市场化指数以及对外开放度等指标来衡量，这里以非国有化率来衡量制度变迁。

（2）政府干预。财政支出占 GDP 的比重，反映政府干预经济的程度。[①] 选取地方财政支出占 GDP 比重，来衡量政府的影响力。

（3）外部环境变化。外部环境是工业和城市发展的重要因素，工业企业的生产经营、生存发展以及城市建设必定受到外部环境变化的影响。对外贸易可以反映一个时期内区域内外的环境，因此，可选取进出口总额与 GDP 的比重来衡量外部环境变化，见表 6 – 11。

三、数据处理

由于选取的指标单位不同，为避免量纲对回归分析和因子分析造成的影响，将各指标数据进行标准化处理，转化为无量纲的纯数值。这里，采取最典型的离差标准化方法，对数据进行处理。其公式为：

$$X_{i,t}^{*} = \frac{X_{i,t} - X_{\min}}{X_{\max} - X_{\min}} \qquad 式（6 – 15）$$

在式（6 – 15）中，$X_{i,t}^{*}$ 为标准化后的数值，其范围为 $[0, 1]$，$X_{\max}$ 为样本数据的最大值，$X_{\min}$ 为样本数据的最小值。

---

① 魏楚，沈满洪. 能源效率及其影响因素：基于 DEA 的实证分析. 管理世界，2007，167（8）：66 – 76.

表6-11 广西工业化与城镇化融合发展的制约因素指标

年份	工业化与城镇化融合系数	内生融合动力机制（推动力）						技术创新	基础设施
		生产要素	生产集聚	产业规模		市场规模			
		城镇就业人口/总就业人口（%）	工业全员劳动生产率（元/人·年）	第二产业生产总值		工业企业数（个）		工业企业专利申请数	基本建设投资（亿元）
	D	PRF	OLP	INS		MAR		INN	INF
1978	0.4385	16.2797	1692.4590	25.81		10143		5	9.6055
1979	0.4730	16.1431	1869.0715	27.98		10687		5	9.5990
1980	0.3916	16.1290	2455.3429	30.79		10747		7	10.3067
1981	0.3978	16.5119	2582.9421	33.01		10527		7	6.8323
1982	0.4140	16.4898	2618.4012	34.72		10384		8	8.5971
1983	0.4330	16.2269	2816.2491	37.09		10137		10	8.8547
1984	0.4604	16.1000	3157.6642	43.26		9993		11	10.8042
1985	0.4732	16.2251	3411.7280	54.69		9386		12	16.7327
1986	0.5233	16.3519	3911.0482	69.03		10280		16	19.0872
1987	0.5369	16.5222	4231.2468	81.79		10287		19	17.6743
1988	0.5164	16.6004	4911.7073	100.69		10622		17	22.3532
1989	0.4997	16.3221	5422.5838	109.97		11054		21	20.7675
1990	0.4898	16.1726	5736.0775	118.45		11074		23	21.2880

续表

年份	工业化与城镇化融合系数	生产要素	生产集聚	产业规模	市场规模	技术创新	基础设施
		城镇就业人口/总就业人口（%）	工业全员劳动生产率（元/人·年）	第二产业生产总值	工业企业数（个）	工业企业专利申请数	基本建设投资（亿元）
				内生融合动力机制（推动力）			
	D	PRF	OLP	INS	MAR	INN	INF
1991	0.4941	16.2613	6556.0205	141.02	11263	27	28.8923
1992	0.5682	16.5539	7991.4749	187.48	11668	43	52.2135
1993	0.6241	16.7912	12691.6996	321.10	12736	58	109.9415
1994	0.6362	17.1661	17530.2239	469.81	13560	72	140.7722
1995	0.6199	17.5409	19002.1277	535.86	14720	63	157.0988
1996	0.5873	18.2871	20755.1237	587.37	14737	132	174.4608
1997	0.5819	17.2372	21698.5866	614.07	14433	109	182.9651
1998	0.5992	17.2469	23579.1519	667.29	3365	172	240.5296
1999	0.6091	17.2969	24704.5619	682.34	3142	171	263.0000
2000	0.6386	16.4069	26358.2734	732.76	3155	162	281.5412
2001	0.6413	16.2141	28042.9091	771.18	3126	227	324.3086
2002	0.6597	24.7200	31366.2963	846.89	2911	198	372.5200
2003	0.6798	25.2211	35271.6846	984.08	2871	279	448.8309

续表

年份	工业化与城镇化融合系数	内生融合动力机制（推动力）					
		生产要素	生产集聚	产业规模	市场规模	技术创新	基础设施
		城镇就业人口/总就业人口（%）	工业全员劳动生产率（元/人·年）	第二产业生产总值	工业企业数（个）	工业企业专利申请数	基本建设投资（亿元）
	D	PRF	OLP	INS	MAR	INN	INF
2004	0.7065	27.6239	44314.4463	1253.70	3223	439	626.7732
2005	0.7206	29.0418	46915.5280	1510.68	3687	314	900.8716
2006	0.7372	29.7464	56244.3114	1878.56	4051	450	1170.6485
2007	0.7681	32.1055	57882.8162	2425.29	4408	627	1438.5378
2008	0.7991	34.5838	71644.8113	3037.74	5157	873	1805.7743
2009	0.8100	36.0172	65518.7380	3381.54	5678	1323	2614.5334
2010	0.8653	34.5505	82935.2941	4511.68	6583	1591	3479.4814
2011	0.9008	35.2520	100984.3416	5675.32	5046	2067	4185.3857
2012	0.9145	40.2095	120142.8846	6247.43	5239	3025	4975.4367
2013	0.9198	40.2588	127246.1248	6731.32	5495	4468	4501.2370
2014	0.9038	40.9660	135647.4074	7324.96	5447	4840	5418.2316
2015	0.8878	42.4823	150438.9864	7717.52	5518	4613	6680.1531

资料来源：根据历年《广西统计年鉴》和《新中国60年统计资料汇编》，中国统计出版社，相关数据经笔者整理计算所得。

续表

年份	内生融合动力机制（拉动力）				外生因素动力机制（催化力）		外部环境变化
	产业组织结构	产业结构	供需结构	人口结构	制度变迁	政府干预	
	非国有企业产值/国有企业、集体企业产值	第二产业占GDP比重（%）	全社会固定资产投资额/社会消费品零售额	非农业人口/总人口（%）	1-（国有企业+集体企业）/全部工业总产值×100（%）	财政支出占国内生产总值的比重（%）	进出口总额/GDP（%）
	IOS	IND	SDS	POP	INC	GOV	EEC
1978	0.0478	34.0277	0.2891	10.5820	4.5612	19.6479	6.0360
1979	0.0520	33.0772	0.2570	11.1239	4.9472	14.6469	5.4476
1980	0.0501	31.6346	0.2747	11.2493	4.7711	12.9242	5.8679
1981	0.0442	29.0940	0.2107	11.3756	4.2360	11.4868	5.9886
1982	0.0466	26.8835	0.3430	11.4278	4.4551	10.3123	5.5116
1983	0.0466	27.5557	0.3578	11.5457	4.4548	10.3166	5.8784
1984	0.0528	28.7882	0.3970	11.6921	5.0188	9.1547	6.4090
1985	0.0623	30.2205	0.4765	12.1611	5.8625	11.1495	8.4886
1986	0.0848	33.5978	0.5508	12.3923	7.8159	12.2801	9.1635
1987	0.0976	33.8591	0.5368	12.7241	8.8893	12.6415	12.1944
1988	0.1060	32.1406	0.4818	13.0137	9.5849	10.8169	9.5953
1989	0.1106	28.6798	0.4230	13.2530	9.9625	10.8004	9.2858

续表

年份	内生融合动力机制（拉动力）				外生因素动力机制（催化力）		
	产业组织结构	产业结构	供需结构	人口结构	制度变迁	政府干预	外部环境变化
	非国有企业产值/国有企业、集体企业产值	第二产业占GDP比重（%）	全社会固定资产投资额/社会消费品零售额	非农业人口（%）	1-（国有企业+集体企业）/全部工业总产值×100（%）	财政支出占国内生产总值的比重（%）	进出口总额/GDP（%）
	IOS	IND	SDS	POP	INC	GOV	EEC
1990	0.1264	26.3773	0.3908	13.3192	11.2196	10.4286	9.5648
1991	0.1401	27.1930	0.4477	13.4366	12.2892	10.7836	10.5041
1992	0.2193	28.9947	0.5789	14.3607	17.9849	9.4642	13.9741
1993	0.3759	36.8361	0.8828	15.1645	27.3208	11.0046	13.7331
1994	0.6180	39.2067	0.9586	15.8469	38.1937	5.1959	17.6907
1995	0.7428	35.7822	0.8499	16.3989	42.6220	5.3048	17.9583
1996	0.8137	34.5939	0.8331	16.8882	44.8651	5.3307	13.8386
1997	0.8482	33.7912	0.7614	17.1595	45.8929	5.4564	13.9963
1998	1.0131	34.9129	0.8323	17.2406	50.3257	6.2613	12.9231
1999	1.1623	34.6118	0.8376	17.3350	53.7522	6.7751	7.3619
2000	1.6185	35.2282	0.8208	17.3858	61.8097	7.0702	8.1104
2001	2.2225	33.8335	0.8350	17.6692	68.9682	7.8387	6.5258
2002	2.7494	33.5571	0.8700	17.9179	73.3289	7.3990	7.9717

续表

年份	内生融合动力机制（拉动力）				外生因素动力机制（催化力）		
	产业组织结构	产业结构	供需结构	人口结构	制度变迁	政府干预	外部环境变化
	非国有企业产值/国有企业、集体企业产值	第二产业占GDP比重（%）	全社会固定资产投资额/社会消费品零售额	非农业人口/总人口（%）	1-（国有企业+集体企业）/全部工业总产值×100（%）	财政支出占国内生产总值比重（%）	进出口总额/GDP（%）
	IOS	IND	SDS	POP	INC	GOV	EEC
2003	3.4366	34.8827	0.9168	18.2005	77.4603	7.2191	9.3657
2004	4.8277	36.5138	1.0339	18.4496	82.8406	6.9251	10.3395
2005	4.6724	37.9177	1.2663	18.4772	82.3709	7.1041	10.4985
2006	5.4353	39.5806	1.4034	19.9355	84.4606	7.2180	11.0779
2007	5.8794	41.6472	1.5650	18.8725	85.4639	7.1921	11.8749
2008	6.5557	43.2665	1.6178	19.0929	86.7650	7.3839	12.8783
2009	6.9602	43.5813	2.0449	19.0299	87.4375	8.0033	12.5008
2010	7.1019	47.1447	2.3729	16.2435	87.6572	8.0669	12.3391
2011	6.3163	48.4206	2.5998	19.2345	86.3318	8.0858	12.6427
2012	6.6945	47.9277	2.7975	19.5992	87.0037	8.9456	14.2122
2013	13.8136	46.5839	2.3198	19.0647	93.2495	9.1184	13.8550
2014	15.7846	46.7365	2.3980	26.1553	94.0421	9.0748	15.8946
2015	18.9657	45.9291	2.5563	33.6535	94.9914	9.0171	18.9864

资料来源：根据历年《广西统计年鉴》和《新中国60年统计资料汇编》，中国统计出版社，相关数据经笔者整理计算所得。

四、实证结果与分析

（一）回归结果与分析

运用 Stata 19.0 软件根据构建的模型计算得出推动力、拉动力、催化力等影响因子对工业化和城镇化融合发展的回归结果，见表 6 - 12、表 6 - 13、表 6 - 14。

表 6 - 12　　　　推动力影响工业化与城镇化融合发展的回归结果

影响因子	系数	标准误差	t - 统计量	P 值
prf	- 0.0578	0.1474	- 0.39	0.697
olp	1.6359	0.4253	3.85	0.001
ins	1.3544	0.6467	2.09	0.044
mar	0.0079	0.0560	0.68	0.503
inn	- 0.8302	0.1978	- 4.20	0.000
inf	- 1.2925	0.4268	- 3.03	0.005
_cons	0.1197	0.0451	2.65	0.013

注：R - squared = 0.9451，Adj R - squared = 0.9345，$F(6, 31) = 88.97$，prob > F = 0.0000。

由表 6 - 12 的回归结果可以看出，推动力对工业化与城镇化融合发展的推动效应并不理想，存在内部要素制约，生产集聚（*olp*）、产业规模（*ins*）和市场规模（*mar*）三个影响因子起着促进作用，*olp*、*ins* 和 *mar* 每提高 1%，将对工业化与城镇化融合系数分别提高 1.6359%、1.3544%、0.0079%。而生产要素（*prf*）、技术创新（*inn*）和基础设施（*inf*）三个影响因子起着抑制作用，*prf*、*inn* 和 *inf* 每提高 1%，将对工业化与城镇化融合系数分别降低 - 0.0578%、- 0.8302%、- 1.2925%。为什么生产要素（*prf*）、技术创新（*inn*）和基础设施（*inf*）会起到抑制作用呢？这是因为广西属于欠发达地区，基础设施较为落后，生产要素（资本、劳动力、企业家才能、技术、信息）相对比较匮乏，相应的要素市场及其体系尚未健全，技术创新能力较弱，特别是企业自主创新能力较弱，直接影响着工业企业的转型升级。同时，生产要素（*prf*）和市场规模（*mar*）没有通过 P 值检验，也进一步验证了推动力不足的问题。

表 6 – 13　　　拉动力影响工业化与城镇化融合发展的回归结果

影响因子	系数	标准误差	t – 统计量	P 值
ios	– 0. 1766	0. 1249	– 1. 41	0. 167
ind	0. 2740	0. 1265	2. 17	0. 038
sds	0. 6483	0. 1497	4. 33	0. 000
pop	0. 4051	0. 1274	3. 18	0. 003
_cons	0. 0538	0. 0292	1. 85	0. 074

注：R – squared = 0. 9494，Adj R – squared = 0. 9433，F（4，33）= 154. 92，prob > F = 0. 0000。

由表 6 – 13 的回归结果可以看出，拉动力对工业化与城镇化融合发展起着较好的拉动效应，产业结构（*ind*）、供需结构（*sds*）和人口结构（*pop*）起着促进作用，*ind*、*sds* 和 *pop* 每提高 1%，将对工业化与城镇化融合系数分别提高 0. 274%、0. 6483%、0. 4051%；产业组织结构（*ios*）对工业化与城镇化融合发展起着抑制作用，但未通过 P 值检验，说明其抑制作用并不显著。

表 6 – 14　　　催化力影响工业化与城镇化融合发展的回归结果

影响因子	系数	标准误差	t – 统计量	P 值
inc	0. 7188	0. 0416	17. 27	0. 000
gov	0. 3312	0. 0805	4. 12	0. 000

续表

影响因子	系数	标准误差	t-统计量	P值
eec	0.3232	0.0547	5.91	0.000
_cons	−1.0000	0.0435	−2.30	0.028

注：R−squared=0.9437，Adj R−squared=0.9388，F(3,34)=190.08，prob > F=0.0000。

由表6-14的回归结果可以看出，制度变迁（inc）、政府干预（gov）和外部环境变化（eec）的催化作用较为显著，并且，对工业化与城镇化融合发展的催化效应分别为0.7188%、0.3312%、0.3232%。

（二）因子分析

广西工业化与城镇化融合发展的影响指标体系：prf为生产要素，olp为生产集聚，ins为产业规模，mar为市场规模，inn为技术创新，inf为基础设施，ios为产业组织结构，ind为产业结构，sds为供需结构，pop为人口结构，inc为制度变迁，gov为政府干预，eec为外部环境变化。指标个数$P=13$，样本容量（时间序列）$n=38$，这些数据均是正向的，并已进行标准化处理，数据见表6-15。

1. 计算并选取达到简单结构的初始因子载荷阵、旋转后因子载荷阵

因子分析主成分法下，初始因子载荷阵B_3^0，见表6-16，达到简单结构，计算出表中3~13列初始因子载荷阵的旋转后因子载荷阵，整理得表6-17频数的第3~5列，并根据因子载荷阵B每行载荷有最大绝对值靠近1、列数较小的原则，得出$s=3$时，旋转后因子载荷阵$B_3^0\Gamma_3$达到简单结构。

表 6-15　　广西工业化与城镇化融合发展的影响指标体系的数据

年份	prf	olp	ins	mar	inn	inf	ios	ind	sds	pop	inc	gov	eec
1978	0.0068	0.0000	0.0000	0.6128	0.0000	0.0004	0.0002	0.3471	0.0303	0.0000	0.0036	1.0000	0.0435
1979	0.0016	0.0012	0.0003	0.6587	0.0000	0.0004	0.0004	0.3039	0.0179	0.0235	0.0078	0.6540	0.0000
1980	0.0011	0.0051	0.0006	0.6637	0.0004	0.0005	0.0003	0.2385	0.0247	0.0289	0.0059	0.5348	0.0310
1981	0.0156	0.0060	0.0009	0.6452	0.0004	0.0000	0.0000	0.1232	0.0000	0.0344	0.0000	0.4353	0.0400
1982	0.0148	0.0062	0.0012	0.6332	0.0006	0.0003	0.0001	0.0230	0.0511	0.0367	0.0024	0.3540	0.0047
1983	0.0048	0.0076	0.0015	0.6123	0.0010	0.0003	0.0001	0.0535	0.0569	0.0418	0.0024	0.3543	0.0318
1984	0.0000	0.0099	0.0023	0.6002	0.0012	0.0006	0.0005	0.1094	0.0720	0.0481	0.0086	0.2739	0.0710
1985	0.0047	0.0116	0.0038	0.5490	0.0014	0.0015	0.0010	0.1743	0.1028	0.0684	0.0179	0.4120	0.2246
1986	0.0095	0.0149	0.0056	0.6244	0.0023	0.0018	0.0021	0.3276	0.1315	0.0785	0.0394	0.4902	0.2745
1987	0.0160	0.0171	0.0073	0.6250	0.0029	0.0016	0.0028	0.3394	0.1261	0.0928	0.0513	0.5152	0.4983
1988	0.0190	0.0216	0.0097	0.6532	0.0025	0.0023	0.0033	0.2615	0.1048	0.1054	0.0589	0.3889	0.3064
1989	0.0084	0.0251	0.0109	0.6896	0.0033	0.0021	0.0035	0.1045	0.0821	0.1158	0.0631	0.3878	0.2835
1990	0.0028	0.0272	0.0120	0.6913	0.0037	0.0022	0.0043	0.0000	0.0696	0.1186	0.0770	0.3621	0.3041
1991	0.0061	0.0327	0.0150	0.7072	0.0046	0.0033	0.0051	0.0370	0.0916	0.1237	0.0887	0.3866	0.3735
1992	0.0172	0.0423	0.0210	0.7414	0.0079	0.0068	0.0093	0.1187	0.1424	0.1638	0.1515	0.2953	0.6298
1993	0.0262	0.0739	0.0384	0.8314	0.0110	0.0155	0.0175	0.4745	0.2598	0.1986	0.2544	0.4019	0.6120
1994	0.0404	0.1065	0.0577	0.9008	0.0139	0.0201	0.0303	0.5820	0.2891	0.2282	0.3742	0.0000	0.9043
1995	0.0546	0.1164	0.0663	0.9986	0.0120	0.0225	0.0369	0.4267	0.2471	0.2521	0.4230	0.0075	0.9241

续表

年份	prf	olp	ins	mar	inn	inf	ios	ind	sds	pop	inc	gov	eec
1996	0.0829	0.1282	0.0730	1.0000	0.0263	0.0251	0.0407	0.3727	0.2406	0.2733	0.4477	0.0093	0.6198
1997	0.0431	0.1345	0.0765	0.9744	0.0215	0.0264	0.0425	0.3363	0.2129	0.2851	0.4590	0.0180	0.6314
1998	0.0435	0.1471	0.0834	0.0416	0.0345	0.0350	0.0512	0.3872	0.2403	0.2886	0.5078	0.0737	0.5522
1999	0.0454	0.1547	0.0854	0.0228	0.0343	0.0384	0.0591	0.3736	0.2423	0.2927	0.5456	0.1093	0.1414
2000	0.0116	0.1658	0.0919	0.0239	0.0325	0.0412	0.0832	0.4015	0.2358	0.2949	0.6344	0.1297	0.1967
2001	0.0043	0.1772	0.0969	0.0215	0.0459	0.0476	0.1151	0.3383	0.2414	0.3072	0.7133	0.1829	0.0796
2002	0.3267	0.1995	0.1067	0.0034	0.0399	0.0548	0.1430	0.3257	0.2549	0.3180	0.7613	0.1524	0.1864
2003	0.3457	0.2257	0.1246	0.0000	0.0567	0.0662	0.1793	0.3859	0.2730	0.3302	0.8068	0.1400	0.2894
2004	0.4368	0.2865	0.1596	0.0297	0.0898	0.0929	0.2528	0.4598	0.3182	0.3410	0.8661	0.1196	0.3613
2005	0.4905	0.3040	0.1930	0.0688	0.0639	0.1340	0.2446	0.5235	0.4081	0.3422	0.8609	0.1320	0.3731
2006	0.5173	0.3667	0.2409	0.0994	0.0920	0.1744	0.2849	0.5990	0.4611	0.4054	0.8840	0.1399	0.4159
2007	0.6067	0.3778	0.3120	0.1295	0.1286	0.2145	0.3084	0.6927	0.5235	0.3593	0.8950	0.1381	0.4747
2008	0.7006	0.4291	0.3916	0.2366	0.1795	0.2696	0.3441	0.7662	0.5440	0.3689	0.9094	0.1514	0.5488
2009	0.7549	0.4703	0.4363	0.1927	0.2726	0.3908	0.3655	0.7805	0.7091	0.3662	0.9168	0.1943	0.5210
2010	0.6994	0.5462	0.5832	0.3128	0.3280	0.5204	0.3730	0.9421	0.8359	0.2454	0.9192	0.1987	0.5090
2011	0.7259	0.6675	0.7345	0.1833	0.4265	0.6262	0.3315	1.0000	0.9236	0.3750	0.9046	0.2000	0.5314
2012	0.9139	0.7963	0.8089	0.1996	0.6246	0.7445	0.3515	0.9776	1.0000	0.3908	0.9120	0.2595	0.6474
2013	0.9157	0.8441	0.8718	0.2211	0.9231	0.6735	0.7277	0.9167	0.8153	0.3677	0.9808	0.2714	0.6210
2014	0.9425	0.9006	0.9490	0.2171	1.0000	0.8109	0.8319	0.9236	0.8456	0.6750	0.9895	0.2684	0.7716
2015	1.0000	1.0000	1.0000	0.2231	0.9531	1.0000	1.0000	0.8870	0.9068	1.0000	1.0000	0.2644	1.0000

资料来源：笔者根据表 6 - 11 的数据计算得出。

表 6 – 16   因子载荷阵

变量	B_0^3（初始）			$B_3^0 \Gamma_3$（旋转后）		
	1	2	3	1	2	3
prf	0.9580	0.0950	– 0.0928	0.8964	0.2127	0.2943
olp	0.9911	0.1029	– 0.0088	0.9415	0.2403	0.2206
ins	0.9680	0.2148	0.0431	0.9712	0.1465	0.1428
mar	0.7853	0.1873	– 0.5519	– 0.3190	– 0.1354	– 0.9145
inn	0.9041	0.3268	0.1042	0.9650	0.0412	0.0466
inf	0.9485	0.2695	0.0677	0.9781	0.0976	0.1035
ios	0.1593	0.9492	– 0.0141	0.1740	0.9244	0.2041
ind	0.0029	0.9159	0.0323	0.3162	0.8402	0.1846
sds	0.0143	0.9684	0.0275	0.3224	0.8918	0.1992
pop	0.2134	0.8885	0.0348	0.5021	0.7318	0.2205
inc	0.2311	– 0.3527	0.8855	0.6375	0.5518	0.5011
gov	0.3853	– 0.0912	0.8777	0.0242	– 0.9445	– 0.1857
eec	0.6274	– 0.2811	0.6802	0.5592	– 0.4400	0.6550

资料来源：笔者根据表 6 – 15 的数据计算得出。

表 6 – 17   因子载荷阵每行载荷最大绝对值靠近 1 的频数

因子载荷阵每行载荷最大绝对值	频数				
	B_3^0	$B_3^0 \Gamma_3$	$B_4^0 \Gamma_4$	$B_5^0 \Gamma_5$	$B_s^0 \Gamma_s$，$s = 13$
0.9 以上	8	7	7	5	6
0.8 ~ 0.9	3	3	2	4	4
0.7 ~ 0.8	1	1	2	2	1
0.6 ~ 0.7	2	2	1	1	1
合计	14	13	12	12	12

资料来源：笔者根据表 6 – 16 的数据整理而得。

2. 因子是否旋转的判定

用表 6 – 16 中的 B_3^0 得出表 6 – 17 频数的第 1 列，表 6 – 17 频数的第 1 列、第 2 列比较得到 B_3^0 达到更好的简单结构，故初始因子有较为清楚的解释，以下用初始因子。

3. 确定因子个数

由初始因子载荷 B_{13}^0 和 $r(9)$[①] 判断，前 3 个因子与变量显著相关，余下的因子与变量没有显著相关，故因子个数 $k = 3$，此时，因子方差贡献分别为 $q_1 = 9.652$、$q_2 = 1.325$，$q_3 = 1.17$，方差累计贡献率为 93.443%。

4. 因子命名

由 B_3^0 和 $r(9)$ 判断得表 6 – 18，prf（生产要素）、olp（生产集聚）、ins（产业规模）、mar（市场规模）、inn（技术创新）、inf（基础设施完善）、ios（产业组织结构）、ind（产业结构）、sds（供需结构）、pop（人口结构）是通过内部要素、结构的促进作用来推动或拉动工业化与城镇化的融合发展，故因子 f_1、f_2 是正向的。inc（制度变迁）、gov（政府干预）、eec（外部环境变化）均是外部力量影响，对推进工业化与城镇化进程及二者融合发展的影响要素具有催化作用，故因子 f_3 为正向。

表 6 – 18　　　　　　　　　　　因子命名

因子	与因子显著相关的指标及其载荷	命名	方向
f_1	prf（生产要素）、olp（生产集聚）、ins（产业规模）、mar（市场规模）、inn（技术创新）、inf（基础设施完善），载荷分别为：0.958、0.9911、0.968、0.7853、0.9041、0.9485。	推动因子	正向
f_2	ios（产业组织结构）、ind（产业结构）、sds（供需结构）、pop（人口结构），载荷分别为：0.9492、0.9159、0.9684、0.8885。	拉动因子	正向
f_3	inc（制度变迁）、gov（政府干预）、eec（外部环境变化），载荷分别为：0.8855、0.8777、0.6802。	催化因子	正向

①　变量正态分布下，取显著水平为 5%，显著相关的临界值是 $r(9) = 0.602$。

建立 f_1、f_2、f_3 因子方程：

$$f_1 = 0.1379olp + 0.1347ins + 0.1333prf + 0.1319inf + 0.1258inn$$
$$+ 0.1092mar + 0.0873eec + 0.0536gov + 0.0321inc$$
$$+ 0.0297pop + 0.0222ios + 0.0026sds + 0.0004ind$$

$$f_2 = 0.2309sds + 0.2264ios + 0.2184ind + 0.2119pop + 0.0779inn$$
$$+ 0.0643inf + 0.0512ins + 0.0447mar + 0.0245olp$$
$$+ 0.0227prf - 0.0217gov - 0.0841inc - 0.067eec$$

$$f_3 = 0.4246inc + 0.4209gov + 0.3262eec + 0.05inn + 0.0325inf$$
$$+ 0.0207ins + 0.0167pop + 0.0155ind + 0.0132sds$$
$$- 0.0042olp - 0.0068ios - 0.0445prf - 0.2646mar$$

5. 以因子方差贡献率为权数构造因子分析评估指数

$$f_{综} = (9.652f_1 + 1.325f_2 + 1.17f_3)/13 = 0.1074inf + 0.1071ins$$
$$+ 0.1058inn + 0.1045olp + 0.0972prf + 0.0873eec$$
$$+ 0.0755gov + 0.0618mar + 0.0535inc + 0.0451pop$$
$$+ 0.0389ios + 0.0262sds + 0.024ind$$

6. 因子分析评估指数时间序列值及排序

运用因子分析评估指数计算得出 f_1、f_2、f_3 和 $f_{综}$ 的数值并对其进行排序结果，见表 6 – 19。

表 6 – 19　　　　因子分析评估指数时间序列值及排序

年份	f_1	排序	f_2	排序	f_3	排序	$f_{综}$	排序
1978	0.1256	28	0.0854	28	0.2799	19	0.1272	25
1979	0.1086	29	0.0902	27	0.1095	31	0.0997	32
1980	0.1061	31	0.0797	29	0.0665	34	0.0929	34
1981	0.1015	34	0.0515	35	0.0273	35	0.0830	35
1982	0.0929	36	0.0453	37	-0.0150	38	0.0723	38

续表

年份	f_1	排序	f_2	排序	f_3	排序	$f_{综}$	排序
1983	0.0922	37	0.0515	34	0.0006	36	0.0737	36
1984	0.0902	38	0.0667	33	-0.0132	37	0.0726	37
1985	0.1077	30	0.0763	30	0.1141	30	0.0980	33
1986	0.1271	27	0.1157	24	0.1552	26	0.1201	27
1987	0.1503	21	0.1040	25	0.2438	21	0.1441	22
1988	0.1318	25	0.1014	26	0.1224	29	0.1192	29
1989	0.1334	24	0.0669	32	0.1046	32	0.1152	30
1990	0.1342	23	0.0401	38	0.1044	33	0.1131	31
1991	0.1458	22	0.0496	36	0.1391	28	0.1258	26
1992	0.1749	19	0.0709	31	0.2043	24	0.1555	20
1993	0.2032	17	0.1819	15	0.2711	20	0.1938	18
1994	0.2298	14	0.2061	13	0.2322	23	0.2125	14
1995	0.2494	12	0.1688	20	0.2335	22	0.2234	13
1996	0.2330	13	0.1818	16	0.1442	27	0.2045	15
1997	0.2280	16	0.1664	22	0.1641	25	0.2010	16
1998	0.1296	26	0.1472	23	0.4314	15	0.1501	21
1999	0.0971	35	0.1706	18	0.3333	18	0.1195	28
2000	0.1047	32	0.1694	19	0.3991	17	0.1309	24
2001	0.1044	33	0.1685	21	0.4178	16	0.1323	23
2002	0.1602	20	0.1744	17	0.4507	14	0.1773	19
2003	0.1830	18	0.1960	14	0.5010	13	0.2009	17
2004	0.2283	15	0.2431	12	0.5336	11	0.2423	12
2005	0.2504	11	0.2813	11	0.5306	12	0.2624	11
2006	0.2891	10	0.3383	10	0.5544	10	0.2990	10
2007	0.3300	9	0.3766	9	0.5715	9	0.3348	9
2008	0.3953	8	0.4199	8	0.5934	8	0.3897	8
2009	0.4362	7	0.4852	7	0.6033	6	0.4276	7
2010	0.4933	6	0.5516	6	0.5963	7	0.4762	6
2011	0.5509	5	0.6223	5	0.6465	5	0.5306	5

年份	f_1	排序	f_2	排序	f_3	排序	$f_综$	排序
2012	0.6606	4	0.6682	4	0.7153	4	0.6229	4
2013	0.7142	3	0.7123	3	0.7426	3	0.6697	3
2014	0.7881	2	0.8193	2	0.8086	2	0.7414	2
2015	0.8696	1	0.9314	1	0.8907	1	0.8207	1

资料来源：笔者根据表6-15的数据和因子分析评估指数整理计算得出。

7. 评价与建议

评价：由表6-19可知，工业化与城镇化融合发展因子评估指数 $f_综$ 1978~1999年是降升波动，其中，1978~1982年、1988~1990年、1996~1999年为下降期，1984~1987年、1991~1995年为上升期，降升周期基本为4~5年。2000年之后，呈上升趋势。推动因子 f_1 1978~1999年是降升波动，其中，1978~1984年、1996~1999年为下降期，1985~1995年（1988年由21位降至25位之后）为上升期，降升周期为4~10年。2000年之后，除2001年由32位下降至33位外，基本上呈上升趋势。拉动因子 f_2 1978~2001年为降升波动，1978~1982年、1987~1990年、1997~1998年、1999~2001年为下降期，1983~1986年、1991~1994年、1995~1996年为上升期，降升周期为2~5年；2002年之后，呈上升趋势。催化因子 f_3 1978~1998年为降升波动，1978~1982年、1988~1990年为下降期，1983~1987年、1991-1993年、1994~1995年、1996~1998年为上升期，降升周期为2~5年；1999年之后，除2005年由11位下降至12位外，基本上呈上升趋势。综合来看，1978~1999年期间，f_1、f_2、f_3 和 $f_综$ 均是降升波动，2000年之后，基本呈上升趋势。即工业化与城镇化融合发展的推动因子、拉动因子和催化因子以2000年为拐点，2000年之前对工业化与城镇化融合的推动作用、拉动作用、催化作用并不稳定，而之后较为同步，均为上升趋势。

建议：一是 olp、ins、prf、inf、inn、mar、eec、gov、inc、pop、ios、sds、ind 与因子 f_1 显著正相关，故因子 f_1 中应该保持 olp（生产集聚）、ins（产业规模）、prf（生产要素）、inf（基础设施完善）、inn（技术创新）、mar（市场规模）、eec（外部环境变化）、gov（政府干预）、inc（制度变迁）、pop（人口结构）、ios（产业组织结构）、sds（供需结构）、ind（产业结构）持续上升的优势，以及找出持续上升的原因和办法，进一步加快促进生产要素和生产集聚，扩大产业和市场规模，不断提升企业技术创新能力和完善城市基础设施。二是 sds、ios、ind、pop、inn、inf、ins、mar、olp、prf 与因子 f_2 显著正相关，sds（供需结构）、ios（产业组织结构）、ind（产业结构）、pop（人口结构）对因子 f_2 的贡献较大，但是，gov（政府干预）、inc（制度变迁）、eec（外部环境变化）与因子 f_2 显著负相关。事实证明，供需决定企业生产规模，产业组织结构、产业结构和人口结构决定工业化进程的质量和高度。因此，需要加大政府对国有企业改革，进一步加快推进现代企业制度的建立，促进企业转型升级，优化产业结构，加快落实二胎和农村人口转移政策。同时，加快制定相关配套政策，加大财政投入，扩大对外经贸交流合作。三是 inc、gov、eec、inn、inf、ins、pop、ind、sds 与因子 f_3 显著正相关。因此，加快政策输出和财政投入、开放合作，加速催化影响因子对工业化与城镇化融合的推动作用和拉动作用。

第四节　本章小结

本章对农村劳动力流动、人口城镇化与城乡居民收入差距、广西工业结构变化的影响因素、广西工业化与城镇化融合发展的制约因素进行了实证研究，得出以下几点结论：

（1）运用 VAR 模型实证分析得出，城乡居民收入差距具有强化效应，将进一步扩大城乡收入差距，但其效应逐渐衰弱。农村劳动力流动将会进一步扩大城乡居民收入差距，人口城镇化对城乡居民收入差距的作用具有时间差异。农村劳动力流动和人口城镇化，是引发城乡居民收入差距扩大的短期格兰杰原因和长期格兰杰原因，城乡居民收入差距、农村劳动力流动，是引发人口城镇化水平提高的短期格兰杰和长期格兰杰原因。

（2）工业结构调整和优化升级涉及内生动力（包括技术进步、能源消费结构）和外生动力（包括市场化水平、对外开放度）共同作用驱动。运用 VAR 模型实证检验得出，长期关系中工业结构变化与能源消费结构、市场化水平、技术进步、对外开放度之间存在长期稳定的均衡关系。具体来说，能源消费结构、市场化水平、技术进步和对外开放度每提升 1%，将促进工业结构变化提高 -0.2417%、0.5502%、0.3718% 和 0.7237%。

（3）通过回归分析得出，1978～2015 年广西推动力影响因素对工业化与城镇化融合发展的推动效应并不理想，存在内部要素制约，生产要素、技术创新和基础设施三个影响因子起着抑制作用，生产要素、技术创新和基础设施每提高 1%，将导致工业化与城镇化融合系数分别降低 -0.0578%、-0.8302%、-1.2925%。拉动力对工业化与城镇化融合发展起着较好的拉动效应，产业结构、供需结构和人口结构起着促进作用，促进效应分别为 0.274%、0.6483%、0.4051%。制度变迁、政府干预和外部环境变化的催化作用较为显著，并且，对工业化与城镇化融合发展的催化效应分别为 0.7188%、0.3312%、0.3232%。

（4）通过因子分析模型 L 得出，1978～1999 年期间，推动因子、拉动因子和催化因子均是降升波动，对工业化与城镇化融合的推动作用、拉动作用、催化作用并不稳定，2000 年之后，基本上呈上升趋势。

第七章

主要结论与研究展望

　　融合理论逐渐成为世界潮流，产业融合、社会融合、数据融合等呈现出蓬勃发展态势，但是融合的理论研究和应用相对滞后，理论上的分析并不成形，实证研究文献相对较少。本书围绕工业化与城镇化的融合发展进行研究，试图在融合理论分析和实证研究方面提出自己的见解，其研究仍然相当初步，但也从中得出一些有意义的结论和重要的政策启示。

第一节　主要结论与政策建议

一、主要结论

　　本书从理论层面、实证研究层面较系统地研究了工业化与城镇化融合发展，通过研究得出以下主要结论：

　　（1）工业化与城镇化融合发展是工业化与城镇化发展阶段同步化，资源利用共享化，产业相互融合、渗透，构建工业现代化体系和实现城市现代化、集群化、生态化的发展过程。工业化与城镇化融合发展包含着极为丰富、复杂的内容，不仅表现为工业化与城镇化的阶段协调以及发展方式、发展路径、发展目标的一致性，更多的是工业化发展模式与城镇化发展模式的高度匹配，工业化发展规划与城镇化发展规划密切配合，城镇人力资源、城市建设与工业资源的融合，工业与第三产业的融合。并且，工业化与城镇化融合发展具有明显的阶段性、劳动力流动和转变、产业融合等重要特征。

（2）工业化与城镇化的融合发展是一个逐步跃迁的动态过程，最终目标是优质融合。工业化与城镇化在二者水平不断提高过程中不断地靠拢→失调→收敛（融合），这种发展路径并非是一条直线，而是一条曲线。前期，城镇化与工业化的水平都比较低，融合度也较低，并波动较大，随着城镇化与工业化进程的推进，二者的融合度也逐步跃迁，并逐渐稳定下来。不同城市的融合发展路径存在差异，在各城市"两化"融合发展过程中，随着融合类型的不断跃迁，各融合阶段所历经的时间在逐渐缩短且更稳定。总体上看，广西工业化与城镇化水平均呈现上升趋势，融合发展的水平不断提升。1989年前，城镇化水平滞后于工业化水平，之后，城镇化水平出现了较快速地发展，城镇化水平超前于工业化水平阶段。另外，广西工业化与城镇化融合发展过程经历了7个协调等级，广西工业化与城镇化融合转变经历了一个较长期的过程，由中度失调到优质协调的转变。2011年后，广西工业化与城镇化融合发展进入了一个全新的发展阶段。广西的14个地级市不仅工业化水平和城镇化水平存在区域差异，而且工业化与城镇化融合发展也存在明显的区域差异。各地级市的工业化水平和城镇化水平较低，并且普遍存在工业化滞后于城镇化的现象，各地级市虽然已经表现出工业化与城镇化融合发展的趋势，但是还无法实现持续有效地融合发展。

（3）城镇化、工业化对经济社会的发展具有十分重要的推动效应，工业化与城镇化的融合将产生更为显著的经济效应，主要有经济增长效应、收入增长效应和社会福利效应。通过多元线性回归得出，工业化对经济增长的推动力比城镇化的推动力大，工业化对 GDP 的推动系数为 3.1226，城镇化对 GDP 的推动系数为 1.627。通过构建扩展的柯布—道格拉斯生产函数，运用 VAR 模型的协整检验、格兰杰因果关系、脉冲响应和方差分解分析得出，工业化与城镇化融合发展能给经济增长提供持续的拉动效应，且对经济增长的贡献率呈现递增趋势，到 10 期时可达 8.323%。工业化与城镇化融合发展的经济增长效应的影响机制，是工业化和城镇化进程加快、物质资本投入提高、农村劳动力的流转以及人才结构优化和受教育程度的提高，从而加速工业化与城镇化的融合，进而促进经济快速增长。长期来看，工业化与城镇化融合发展、物质资本投入、劳动力流转、人力资本、工业化、城镇化促进了经济增长；而短期内，物质资本投入、劳动力流转、人力资本、工业化对经济增长起着抑制作用。将城镇化、工业化、居民收入和经济增长作为互为影响的内生变量，建立联立方程组来处理内生性问题。实证检验得出，内生经济增长模型中广西工业化与城镇化没有互动关系，且工业化与城镇化的关系并不明确，即工业化与城镇化存在不协调发展。工业化、城镇化与城镇居民收入是正向效应、负向反馈的关系，工业化水平每提高 1%，将能够促进城镇居民收入提高 0.3563%，城镇化水平每提高 1%，将促使城镇居民收入增长 0.1053%；工业化与农民收入是正向效应、负向反馈的关系，即工业化具有较为显著的收入增长效应，而城镇化对农村居民收入起着负向效应，工业化对城镇居民的收入增长效应（0.3563%）要大于农村居民的收入增长效应（0.1507%），城镇化每提高 1%，将导致农村居民收入降低 0.4349%。构建社会福利模型，并利用广西数据实证检验得出，工业化与城镇化融合发展对社会福利有促进作用，工业化与城镇化融合发展可以通过促进工业化、城镇化的发展来提升社会福利，其福利效应为 0.0961%。

（4）工业化与城镇化存在融合发展机制，涉及内生融合动力机制和外生融合动力机制。内生融合动力机制包含推动力、拉动力，生产要素聚集、产业规模和技术创新变化是工业化方面形成聚集经济效益和要素结构变化、交易费用变化的推动力，而生产聚集、市场规模变化和基础设施完善是城镇化方面形成聚集经济效益和要素结构变化、交易费用变化的推动力。产业组织结构和产业结构优化，是工业化方面促使经济组织变革、加快产业融合发展和形成专业化经济的拉动力，而供需结构和人口结构变化是城镇化方面促使经济组织变革、产业融合发展和形成专业化经济的拉动力。由政府干预、外部环境和制度变迁构成工业化与城镇化融合发展的外生融合动力机制，也是催化内生融合动力、工业化与城镇化加速融合的催化力。

（5）新中国成立后，广西工业经历了曲折发展的历程。1978年以后，广西工业经过迂回调整，终于走出低谷，并经过10余年的结构调整、方式转变，逐步转向持续快速发展的轨道。广西工业发展的历史进程，大致可以分为工业化曲折发展（1949～1978年）、工业化缓慢发展（1979～1990年）和工业化快速发展（1991～2015年）三个阶段。通过工业结构变化指数的测算，广西工业结构实现了较大程度的优化升级，但工业结构协调性较差，易受外部因素的冲击。工业化中后期产业发展缓慢，物质生产部门是广西经济活动的主要部门，第三产业在国民经济中所占比重较高，出现了第二产业、第三产业并重的格局，并且，工业在国民经济中的比重几乎一直低于第三产业所占国民经济的比重。广西城镇化率由1949年的8.18%上升到2011年的43.6%，增长了35.42%，但广西城镇化率一直低于全国平均水平。根据广西城镇化水平的历史数据，将广西城镇化的历史进程划分为城镇化启动阶段（1949～1957年）、城镇化波动阶段（1958～1965年）、城镇化下滑与停滞阶段（1966～1977年）、城镇化缓慢发

展阶段（1979～1992 年）和城镇化快速发展阶段（1993～2015
年）。广西城镇化水平与全国城镇化水平、各省（区市）城镇化
水平的横向对比得出，虽然逐渐缩小了与全国平均城镇化水平的
差距，但差距还是比较大，2015 年广西城镇化率低于全国平均水
平 9%，排在全国第 26 位。广西地级市的城镇化比较得出，城镇
发展不平衡，仅有南宁、柳州的城镇化率高于全国平均水平，其
余 12 个地级市均低于全国平均水平。广西工业化与城镇化融合发
展的演进特征为初步协同阶段（1949～1957 年）、结构性偏差阶段
（1958～1965 年、1978～1992 年）、严重脱节阶段（1966～1977
年）、融合发展阶段（1993～2015 年）。

（6）运用 VAR 模型，对广西农村劳动力流动、人口城镇化
与城乡居民收入实证分析，由协整检验得出，城乡居民收入差距
具有强化效应，将进一步扩大城乡收入差距，但其效应逐渐衰
弱。农村劳动力流动将会进一步扩大城乡居民收入差距，人口城
镇化对城乡居民收入差距的作用具有时间差异。1978～2002 年，
城镇化缩小了城乡居民收入差距，这段时间人口城镇化进程缓
慢，农村劳动力流动率较低，2003～2015 年，城镇化的提高会
加大城乡居民收入差距。由 Granger 因果检验得出，农村劳动力
流动和人口城镇化是引发城乡居民收入差距扩大的短期格兰杰和
长期 Granger 原因。城乡居民收入差距、农村劳动力流动是引发
人口城镇化水平提高的短期格兰杰和长期格兰杰原因。由脉冲响
应函数得出，城乡居民收入差距对自身的冲击效应存在时间差
异，第 5 年前均有正向效应，会进一步扩大城乡居民收入的差
距；农村劳动力流动对城乡居民收入差距一直起着正向效应，但
不同时期效应大小不同，短期效应显著，长期效应趋于稳定；人
口城镇化对城乡居民收入差距的冲击效应难以明确。

（7）工业结构调整和优化升级涉及内生动力（包括技术进
步、能源消费结构）和外生动力（包括市场化水平、对外开放

度）共同作用驱动。运用 VAR 模型实证检验得出，协整方程表明长期关系中工业结构变化与能源消费结构、市场化水平、技术进步、对外开放度之间存在一个长期稳定的均衡关系。具体来说，能源消费结构、市场化水平、技术进步和对外开放度每提升1%，将促进工业结构变化提高 -0.2417%、0.5502%、0.3718%和0.7237%。向量误差修正模型（VEC）得出，长期内市场化水平的提升能够促进工业结构变化的提升，而短期内滞后一期的市场化水平的提升会抑制工业结构变化的提升，其负向效应为-0.2987。长期内技术进步将促进工业结构变化的提升，而短期内滞后一期的技术进步对工业结构变化起到负向作用，其负向影响较为显著，为-4.1428。这很有可能是因为广西的工业行业高新技术水平较低，自我研发能力较弱，仅靠引进外来先进技术，但是无法进行融合和更新，反而造成了短期内无法消化吸收新技术从而降低了生产效率、增加了生产成本。长期内对外开放度对工业结构变化起到显著的促进作用，而短期内滞后一期的对外开放度对工业结构变化起到负向效应，但其负向影响较为微弱。脉冲响应函数得出，初期时能源消费结构对工业结构变化的正向效应是递增趋势，于第 2 年时达到最大，随后递减，并于第 3 年转为负向效应；市场化水平对工业结构变化的冲击作用一直是正向效应，保持相对较稳定的平缓趋势，市场化对工业结构变化的冲击比较稳定；技术进步对工业结构变化于一开始就是正向的冲击作用，随后出现递减的趋势，在第 2 年时递减趋势较明显，并在第 4 年转为负向效应，到第 6 年时趋于平缓变化趋势；对外开放度对工业结构变化的冲击作用在初期就是最大的正向效应，随着 t 的变化逐渐弱化，并于第 4 年、第 5 年效应趋于 0，随后冲击效应逐渐缓慢递增。方差分解得出，随着工业结构变化的不断深入，其对自身的贡献呈现衰减趋势，在第 10 年时为 49.3993%；能源消费结构不断优化和深入，对工业结构变化的贡献度逐步增长（第 10 年为 35.8505%），且其贡献度显著；市场化水平工业结构变化的贡献较弱，但是，贡献度随着 t 不断递增；技术进步对工业结构变化的贡献较为明显，并且有递增的时间趋势；对外开放度对工业结构变化的贡献呈现出凸型，在第 5 年时达到最大值（4.8150%）。能源消费结构对于工业结构优化升级的贡献最大，之后为技术进步，并且各变量对工业结构优化升级均存在长期稳定的贡献度。

（8）通过回归分析得出，1978～2015 年，广西推动力影响因素对工业化与城镇化融合发展的推动效应并不理想，存在内部要素制约，生产要素、技术创新和基础设施三个影响因子起着抑制作用，生产要素、技术创新和基础设施每提高 1%，将对工业化与城镇化融合系数分别降低 -0.0578%、-0.8302%、-1.2925%。拉动力对工业化与城镇化融合发展起着较好的拉动效应，产业结构、供需结构和人口结构起着促进作用，促进效应分别为 0.274%、0.6483%、0.4051%；产业组织结构对工业化与城镇化融合发展起着抑制作用，但抑制作用并不显著。制度变迁、政府干预和外部环境变化的催化作用较为显著，并且，对工业化与城镇化融合发展的催化效应分别为 0.7188%、0.3312%、0.3232%。通过因子分析模型 L 得出，1978～1999 年期间，推动因子、拉动因子和催化因子均是降升波动，对工业化与城镇化融合的推动作用、拉动作用、催化作用并不稳定，2000 年之后，基本上呈上升趋势。

二、政策建议

工业化、城镇化一直是学术界和政府部门所关注的热点问题，工业化与城镇化的融合逐渐进入学者视野和政府视野。对于广西这样工业基础较为薄弱、工业化和城镇化程度较低的地区来说，促进工业化与城镇化融合发展，对营造"三大生态"、实现"两个建成"，具有重要的现实意义。本书的研究，为此提供了一些重要的政策启示。

（1）广西已进入实现"两个建成"① 总体目标的决定性阶段。处于工业化、城镇化快速发展的关键时期，广西要想实现"两个建成"总体目标，实现基本建成面向东盟的国际大通道、西南中南地区开放发展的战略支点、21 世纪海上"丝绸之路"经济带有机衔接的重要门户，将南宁市建成特大城市，势必力促工业化与城镇化融合发展，在工业化、城镇化上下功夫，增强广西内生发展动力。需要充分结合《广西壮族自治区国民经济和社会发展第十三个五年规划纲要》《广西北部湾经济区发展规划》《珠江—西江经济带发展规划》《广西工业和信息化发展"十三五"规划》《广西壮族自治区新型城镇化规划（2014 ~ 2020年)》等规划内容，加快推进工业合理化与高度化，工业化与城镇化的深度融合，加强产城融合发展，搭建要素流动平台，促进生产要素有效合理地流动，特别是人口和资本、土地的空间集聚。调整政府与市场的关系，转变政府职能，科学制定政府干预规范机制，确保制定的制度和政策适用于工业发展和城市建设。推进广西新型城镇化发展，结合广西实际走产业和城镇融合发展的城镇化之路，打造广西经济升级版，保持经济持续健康较快地发展。

（2）由于工业化与城镇化融合发展是逐步跃迁的动态过程，且不同城市的融合发展路径存在差异，因此，需要走因地制宜和多样化的工业化与城镇化融合发展之路。在制定工业化、城镇化发展规划和政策时，需要对城市工业化与城镇化融合类型进行研判，然后依据工业化与城镇化所处的阶段、城市发展需求，优化

---

① "两个建成"指，广西壮族自治区与全国同步全面建成小康社会、基本建成西南中南地区开放发展新的战略支点。

工业结构、城镇化布局和形态。一是各级政府在制定推进以人为本的新型城镇化政策措施时，应该充分考虑（以自主创新与技术进步、资源节约与环境保护以及人力资源充分利用为三大战略导向）新型工业化对城镇化的重要作用，需要着重制定好有利于两者互动发展的相关政策，通过推进两者的融合发展来实现城镇化的可持续发展。二是政府制定"两化"① 融合发展的相关政策时，需要考虑不同地区、不同城市"两化"融合的实际情况，有所区别和侧重。具体来说，对两者融合较好的东部地区来说，应注重利用优质城镇化的聚集资源优势引导工业行业不断提高自主创新能力、优化人力资源结构、降低能源消耗和减少环境污染，从而推进工业行业在新型工业化道路上不断实现优化升级。而对于"两化"融合发展较为滞后的中西部地区来说，应注重新型工业化在"两化"融合发展中的动力作用，通过推动工业化来实现"两化"融合不断跃迁；为此，中西部地区需要制定相关政策措施鼓励工业企业（尤其是高技术企业）增加研发投入和提高研发效率；需要通过建立多层次的人才培训体系和人力资源开发体系，提升工业企业从业人员的素质、优化人力资源结构；需要制定相关政策措施，促进工业行业资源利用效率和环境效率的提高。三是各级政府的相关政策应该考虑不同城市有不同的"两化"融合发展路径，需要根据城镇化与工业化水平及融合类型，制定不同城市适宜的融合发展路径。在推动"两化"融合发展过程中，不同融合发展阶段的相关政策也应有所差异和侧重；对处于第一阶段的城市来说（即处于 $I_0(y) \sim I_1(y)$ 区间的城市），政策措施要注重推进工业结构优化升级，通过工业的持续发展推动城市的建设和发展；处于第二阶段的城市（即处于 $I_1(y) \sim I_2(y)$ 阶段的城市），需要提高城市管理服务水平，相关

---

① "两化"指，工业化与城镇化。

政策措施应注重提高工业的自主创新能力、人力资源的素质和资源能源的利用效率以及引导工业行业合理布局；而对于第三阶段的城市来说（即 $I_2(y) \sim I_M(y)$ 阶段），相关政策措施应注重工业与城市的生态转型，加强集约、智能、绿色和低碳生态方法和技术的研究和推广。此外，鉴于不同阶段的城市可能存在"两化"融合发展的收敛（即融合趋同），相对落后的城市也可以通过借鉴优先发展城市的成功经验来加速"两化"融合的发展，从而实现经济社会的跨越式发展。

（3）由于工业化与城镇化融合发展能给经济增长提供持续的推动效应和拉动效应，对经济增长的贡献率呈现递增趋势。因此，加快促进工业化与城镇化融合发展是非常必要的。一是应该加快推进工业化和城镇化进程，加快资本密集型产业和技术密集型产业的发展，对第一类产业精简化和深加工化，扩大第二产业、第三类产业的比重，促进广西工业向规模化、社会化的集中发展方式转变，以龙头企业、大项目带动，培育出一批拳头产品、规模企业、主导产业。同时，充分发挥广西后发优势、区位优势、资源优势，结合当地实际情况，因地制宜地发展工业，以开放合作、创新发展的理念，从更高的层面做好对外开放、绿色共享的大文章。二是加快推进国家新型城镇化综合试点、产城融合发展试点、广西新型城镇化示范县等工程，及时总结试点经验并推广。加快推进经济强镇、特色名镇、特色小镇建设，因地制宜地发展工业、商业、科技、文化旅游、农业、会展、边贸、足球、航空等各类城镇，形成与周边农村和区域中心城市协同发展的城乡新格局。三是加快培育区域性城市群，以南宁为核心促进北海、钦州、辐射带动玉林、崇左快速发展；培育发展桂中（柳来河一体化城市群）、桂北（桂贺城镇群）、桂东（梧玉贵一体化城镇群）等城镇群。四是加大固定资产投资，不断完善基础设施建设，城镇公共服务设施，加快建成城镇综合体。

（4）由于工业化与城镇化对居民收入的影响并不完全一致，工业化、城镇化与城镇居民收入是正向效应、负向反馈的关系，工业化与农民收入是正向效应、负向反馈的关系，而城镇化对农村居民收入起着负向效应。城乡居民收入差距具有强化效应，农村劳动力流动将会进一步扩大城乡居民收入差距，人口城镇化对城乡居民收入差距的作用具有时间差异。因此，在制定工业化、城镇化、居民收入倍增相关政策时，需要分类调控、精准施策。一是把推进新型工业化、新型城镇化作为主攻方向，重点培育千亿元产业，推进传统产业转型升级、国企改革，加快发展新产业、新业态；培育发展城市群和城镇群，加快北部湾城市群、柳来河城市群的同城化，加快建设城际间的高铁、高速公路的交通网络体系，加快建成北部湾一小时经济圈以及加快城际、城镇间的基础设施建设一体化和网络化的发展，加快构建城镇功能互补、优势互补、分工协作、一体发展的格局。二是科学引导人口城镇化，破除户籍制度的约束，实现进城务工农民与市民的同等福利，加快农民市民化的转化。结合广西各地方的不同情况，桂西北地区可以实施异地搬迁，解决贫困山区生活困难的同时，提高人口城镇化，而南宁市、柳州市、桂林市等城市逐渐加大农业人口转移创业就业的相关扶持政策。同时，实行城镇常住居民公共服务全覆盖，加快农村劳动力融入城市。三是合理、有序地促进农村劳动力流动，建立农村劳动力进城务工服务平台、农民技能培训平台，给农村居民提供系统、广泛的用工信息，扩大劳务输出，常态化地组织开展农民技能培训班，实施订单式、定向培训，提高农村劳动力的素质，拓展就业渠道，提高就业待遇。四是加快农村精准扶贫工作，形成结对帮扶、产业扶持、金融扶贫、旅游扶贫、教育扶贫、卫生扶贫等多种方式助推精准脱贫，加大对农村基础设施投资和建设，扶持农村合作社发展现代农业和旅游业。同时，进一步盘活土地资源，加快农村土地流转，提高农民收入。重点加大扶持桂西北资源富集区农村力度，在政策、资金上给予倾斜，实现协调发展和全面建成小康社会。

（5）由于工业化与城镇化融合发展对社会福利有促进作用，但是，工业化、城镇化对社会福利水平均起着负向效应。因此，需要加快促进工业化与城镇化融合发展，并走资源消耗低、环境污染少、产城互动、生态宜居、节约集约的工业化与城镇化融合道路。一是重构工业结构，促进转型升级。加快实现"要素驱动"向"创新驱动"转变，通过制度创新和技术创新加速工业（产业）结构调整与转型升级。同时，制定科学的产业政策，加快高新技术特别是互联网技术与工业的深度融合，并且助推产业价值链的攀升，积极融入国际产业价值链，改善工业企业生态环境，加快传统工业升级改造和变革，激活工业发展活力，催生新业态。二是推动新型城镇化发展，强化城市规划的同时，推进节能、绿色、智慧、开放城市建设，完善城市公共服务，健全公共服务基础设施，推进城市社区网格化管理，构建城市立体化治安防控体系，切实保障城市安全。三是在推进工业合理化与高度化的同时，加快工业化与城镇化的深度融合，加强产城融合发展，搭建要素流动平台，促进生产要素有效合理地流动，特别是人口和资本、土地的空间集聚；调整政府与市场的关系，转变政府职能，科学制定政府干预规范机制，确保制定的制度和政策适用于工业发展和城市建设。四是加快构建共享改革成果长效机制，推进城乡要素平等交换、公共资源均等化，加大财政转移支付力度，对中小城镇建设、新农村发展给予政策倾斜，推进城乡就业、教育、卫生和社会保障一体化。

（6）工业结构调整和优化升级涉及内生动力（包括技术进步、能源消费结构）和外生动力（包括市场化水平、对外开放度）共同作用驱动。由于工业结构调整和优化升级有利于工业化与城镇化融合发展，因此，加快工业结构调整，从去产能、去库存、去杠杆、降成本、补短板等方面增强工业化与城镇化融合的内部动能。

一是需加快科技进步步伐,大力扶持高技术产业发展,坚持以企业为主体、政府为牵引、市场为导向、产学研相结合的科技研发体系。具体来说,一方面,加大区域间的技术交流和引进,加强对引进技术的消化吸收能力,克服重引进、轻消化吸收的现象,以此来增强广西企业的自主创新能力。另外,重点扶持和培养广西的高技术产业,如广西医药较为有名的桂林三金药业股份有限公司和广西金嗓子有限责任公司等特色优秀企业;另一方面,建立融合型产业体系。高技术产业具有高创新性和高渗透性,而传统产业是高技术产业的基础,因此,加快产业间的结构调整实现产业融合,推动工业柔性化趋势,提升高技术产业与传统产业的共同优化升级以提升各产业的技术进步。同时,为传统产业的转型提供原料和技术上的支持,改善产品质量、节能减排和提高劳动生产率,从而加速工业内部的优化升级。

二是政府制定相关政策措施促进工业企业能源消费结构优化升级,适当降低煤炭消费比重,减量化用能,降低产品单位能耗,提高能源以及资源的利用效率,优化能源消费结构。大力推进企业的清洁生产,开发和推广煤炭净化技术,减少直接使用煤炭的燃烧使用,改善能源的二次用能结构。控制高耗能、高污染行业过快增长,加快促进高技术产业和服务业的发展,特别是生产性服务业的发展。

三是加大非国有企业在市场中的主体地位。

建立现代企业管理制度、明晰的产权制度,为非国有企业提供融资渠道和法律保护。

四是建立和完善生产要素供给市场,促使生产要素(劳动力、资本、技术信息)、服务和货物在市场上的自由合理流动。

五是优化外贸结构,引导外贸企业结构调整、兼并重组、转型发展，提升区内外贸企业的产业价值链，提高企业产品附加值和出口商品的技术含量，出台跨境电子商务贸易便利化措施。同时，优化进口结构，扩大先进技术、稀缺资源、高新技术产品、节能环保产品进口，适度扩大消费品进口，优化贸易收支结构。鼓励和引导外资企业到广西壮族自治区投资设厂，利用中国—东盟自由贸易区、"一带一路"的重要契机，进一步加快中国的广西壮族自治区与东盟各国的经贸合作。

（7）由于广西推动力影响因素对工业化与城镇化融合发展的推动效应并不理想，存在内部要素制约，生产要素、技术创新和基础设施三个影响因子起着抑制作用。因此，在制定工业化、城镇化及其融合发展的政策举措时，需要充分考虑优化内部要素结构。一方面，加快优化要素禀赋结构，加快建立现代市场制度确保要素的相对价格能够充分反映要素的稀缺与丰裕，企业能够依据要素价格的导向，选择正确的路径实现技术创新和产业转型升级；另一方面，建立健全市场监管与信息披露机制，协调工业企业的投资合理化，防止产能过剩和要素市场扭曲，提高资源要素的配置效率。同时，进一步加快建设城镇基础设施和公共服务基础设施，完善城镇功能，提高城镇承载能力。加快完善城市路网、地下管廊、边境基础设施以及教育、卫生、文化、体育等设施，建成各具区域特色、功能具备的中心城市。

（8）由于广西拉动力影响因素对工业化与城镇化融合发展起着较好的拉动效应，产业结构、供需结构和人口结构起着促进作用，产业组织结构对工业化与城镇化融合发展起着抑制作用，但抑制作用并不显著。因此，结构调整与优化升级是各级政府的重要任务，是加快工业化与城镇化融合发展的重要"抓手"。具体来说，一是贯彻落实广西壮族自治区关于工业结构、农业产业结构等相关政策文件，并加快制定出台广西产业结构调整和优化升级实施方案，以便指导各地市制定具体工作方案，深化结构调整，加快产业转型升级。二是加快传统产业、高能耗产业、高污染产业进行技术改造、转型升级，适应现代化、工业化、城镇化、信息化的需求变化趋势，加快发展战略性新兴产业、高新技术产业，促进产业间相互融合，催生新业态，增添发展新动能。三是推动供给结构和需求结构升级。推行供给结构升级工程，以龙头企业、大项目为核心，带动企业针对市场消费热点，适时推出新产品，丰富市场内容；支持创新创业，鼓励企业自主创新核心技术，创新产品设计，优化工艺流程，攀升企业价值链，打造一批制造业精品，促进工业转型升级。同时，推行需求结构升级工程，统筹现有资源，建立产品质量信息公布平台、企业信用信息公示系统，为消费者提供消费参考，提振消费；支持电商、商业企业、农村合作社共同打造城乡一体的商贸物流体系，鼓励企业产品下乡，释放农村潜在的消费需求；鼓励家电、家具、汽车、电子等耐用消费品更新换代，适应绿色环保、方便快捷的生活需求；鼓励文化产业、冰雪产业、数字出版业、健康服务业、旅游产业等产业的快速发展，满足各类消费者不同的消费需求，持续扩大城镇消费。四是结合实施西江—珠江经济带、中国—东盟自由贸易区和"一带一路"倡议，通过区域合作、国际合作，将新技术"引进来"，将优势产能"走出去"。五是在全面放开户籍政策的同时，加快推进城乡医疗、教育等公共服务均等化，引导农村剩余劳动力有序向城镇转移，提高劳动者素质、优化人才结构。六是优化产业组织结构，深化国有企业改制，加大对非国有企业的扶持力度，做大做强做优企业，提高企业的组织能力；构建统一开放、竞争有序的现代市场体系，促进商品、生产要素自由流动，破除地方壁垒；制定科学、合理的产业组织政策，实施大公司、大集团战略和扶持中小微企业发展战略。

（9）由于制度变迁、政府干预和外部环境对工业化与城镇化融合发展的催化作用较为显著，因此，充分发挥政府在工业化与城镇化融合发展中的作用至关重要，直接影响着融合发展的时效。一是在保持政策制度的延续性的同时，适时适度调整制度以适应新形势、新变化。二是各级政府在正确处理政府与市场关系的同时，更好地发挥政府作用，创新财政投入和管理方式，积极运用 PPP 模式建设公共基础设施，设立产业发展基金，吸引企业资金、社会资本投入产业发展，充分发挥财政资金的杠杆效应。三是积极应对外部环境变化，着力构建扩大内需的长效机制，促进经济增长向依靠消费投资出口协调拉动转变，继续保持经济平稳较快发展的势头；立足自主创新推动产业转型升级，实现经济增长由要素驱动向创新驱动转变；着力构建资源节约型和环境友好型社会，提高生态文明建设，实现经济可持续发展；培育开放型企业，不断提高开放型经济发展水平。

（10）由因子分析模型 L 得出，1978～1999 年，推动因子、拉动因子和催化因子均是降升波动，对工业化与城镇化融合的推动作用、拉动作用、催化作用并不稳定，2000 年之后，基本上呈上升趋势。因此，各级政府在制定相关制度、政策的时候需要因城施策，根据工业化、城镇化所处的不同阶段制定符合实际情况的政策措施。一是深入学习工业化与城镇化融合发展的基本理论，了解融合发展的重要特征和模式。二是对当地工业化、城镇化所处的阶段、融合发展的阶段进行判断。三是在总结工业化、城镇化发展经验的基础上，发挥优势，补齐短板。四是继续保持生产集聚、产业规模、生产要素、基础设施完善、技术创新、市场规模、外部环境变化、政府干预、制度变迁、人口结构、产业组织结构、供需结构、产业结构持续上升的优势以及找出持续上升的原因和办法，进一步加快促进生产要素和生产集聚，扩大产业和市场规模，不断提升企业技术创新能力和完善城市基础设施。同时，加快政策输出和财政投入、开放合作，加速催化影响因子对工业化与城镇化融合的推动作用和拉动作用。

第二节 研究的局限与展望

一、研究存在的局限

工业化与城镇化的融合发展包含了融合与发展两个方面，体现为系统（及子系统）内部各要素之间的相互影响、相互分裂与融合的演进过程以及系统内部要素结构不断优化升级。这是一个复杂的经济系统，涉及经济社会的方方面面，涉及多学科领域，由于本人的知识背景、研究水平、能力和精力的约束，本书的研究还存在一些局限。本书研究所存在的局限在于：

（1）本书主要集中分析了工业化与城镇化融合发展的基本理论、工业化与城镇化融合发展的测算与比较、工业化与城镇化融合发展的经济效应、工业化与城镇化融合发展动力机制、工业化与城镇化融合发展的制约因素，对新型工业化、新型城镇化、工业园区、区域城镇体系规划的其他问题涉及较少或尚未涉及。这些问题包括：研究广西如何发展生态工业以及承接东、中部地区的产业转移；研究工业企业公司治理、工业细分行业的转型升级；研究城市工业园区建设；研究新型城镇化背景下房地产市场、特色小镇、农民劳动力转移和农民市民化；研究基于"一带一路"背景下广西工业化与城镇化融合发展的布局；研究泛北部湾城市群协同发展、经贸合作；构建政策诊断、反馈、调整的政策纠错机制，为工业化与城镇化融合发展过程中的制度变迁和政策调整提供依据；等等。

（2）本书对广西的 14 个地级市、广西壮族自治区的南宁市与上海市、湖南省的长沙市进行比较，分析了广西工业化与城镇化融合发展的区域差异以及对南宁市与上海市（东部城市）、长沙市（中部城市）进行了横向比较。但是，南宁市并不是典型工业城市，且工业发展一直是南宁市的短板，在研究结论和政策依据上有待进一步验证。

（3）本书从理论层面分析工业化与城镇化融合发展的动力机制，并实证考察了各影响因子对工业化与城镇化的影响。但是，没有深入探讨工业能耗、工业内部的产业关联及其对城市污染、社会福利等方面的影响；没有深入探讨如何制定人口结构与工业化、城镇化的预警机制；没有探讨企业自主创新以及低碳工业化自主创新模式；没有深入探讨产业组织结构、产业结构、供需结构和人口结构的结构判断及其优化。

二、进一步研究展望

走工业化与城镇化深度融合、互动发展之路，需要不断深入系统地研究工业化与城镇化，初步计划从以下几个方面展开：

（1）研究广西工业企业内部组织结构，从微观层面深入探讨工业企业对工业化、城镇化的影响机理和环境机制以及工业企业改革对工业化、城镇化的影响及其路径研究。

（2）研究"一带一路"、中国—东盟自由贸易区、北部湾城市群、西江—珠江经济带背景下的广西工业化、城镇化发展路径及其融合发展机理。

（3）探讨广西特色小镇建设，研究新型城镇化道路下的产城融合模式，拓展城镇化增长内生空间。

（4）探讨国内典型工业城市的工业化与城镇化融合发展的融合路径、动力机制、影响机理等，并归纳出工业化与城镇化融合发展类型以及促进融合发展的政策启示。

（5）探讨工业能耗、工业内部的产业关联及其对城市污染、社会福利等方面的影响，探讨企业自主创新以及低碳工业化自主创新模式，并建立一个诊断、反馈、调整的政策纠错机制，为广西工业化与城镇化融合发展的制度变迁和政策调整提供依据。

参 考 文 献

[1] [英] K. J. 巴顿. 城市经济学理论和政策. 上海社会科学院部门经济研究所城市经济研究室译, 商务印书馆, 1986.

[2] 陈斌开, 林毅夫. 发展战略、城市化与中国城乡收入差距. 中国社会科学, 2013 (4): 81 – 102.

[3] 陈昌兵, 张平, 刘霞辉等. 城市化、产业效率与经济增长. 经济研究, 2009 (10): 4 – 21.

[4] 陈丹丹, 任保平. 制度变迁与经济增长质量: 理论分析与计量检验. 当代财经, 2010 (1): 17 – 23.

[5] 陈柳钦. 产业发展的相互渗透: 产业融合化. 贵州财经学院学报, 2006 (3): 31 – 35.

[6] 陈鸿宇, 周立彩. 珠江三角洲地区城市化发展模式分析. 中国特色城镇化研究中心. http: //rurc. suda. edu. cn/ar. aspx? AID = 382.

[7] 陈佳贵. 中国工业现代化问题研究. 中国社会科学出版社, 2004.

[8] 程开明, 李金昌. 城市偏向、城市化与城乡收入差距的作用机制及动态分析. 数量经济技术经济研究, 2007 (7): 116 – 125.

[9] 程莉, 周宗社. 结构偏差、滞后城市化与城乡收入差距. 经济经纬, 2014, 31 (1): 20 – 26.

[10] 陈平, 李广众. 中国的结构转型与经济增长. 世界经

济，2001（3）：20.

[11] 崔武德，彭虹. 国内外农村城镇化与工业化模式综述及经验借鉴. 中共铜仁市委党校学报，2012（6）：67-69.

[12] 陈迅，童华建. 城市化与城乡收入差距变动的实证研究——基于1985-2003年的中国数据. 生产力研究，2007（10）：64-65，106.

[13] 陈晓毅. 城市化、工业化与城乡收入差距. 经济经纬，2010（6）：21-24.

[14] 查新毅. 新疆城镇化与工业化发展关系测度. 对外经贸，2012（2）：118-120.

[15] 产业和城市在融合中发展——来自淇县推进产城互动的报道. 鹤壁日报，2012-08-24.

[16] 戴魁早. 基于新型工业化的广西工业结构优化升级研究. 广西师范大学出版社，2012.

[17] 戴魁早. 我国高新技术产业增长影响因素的实证分析. 湖南科技大学学报（社会科学版），2006，9（1）：72.

[18] 戴魁早. 中国自主创新与经济增长关系的实证研究——基于技术吸收能力的视角. 科学学研究，2008，26（3）：630.

[19]［美］丹尼尔·贝尔. 后工业社会的来临——对社会预测的一种探索. 高铦，王宏图，魏章玲译，商务印书馆，1984.

[20] 邓群. 广西工业发展的历程及思考. 广西党史，2005（6）：17-19.

[21] 邓宇鹏. 中国的隐性超城市. 当代财经，1999（6）：20-23.

[22] 付保宗."工业化""城镇化"：讲述互动成长的故事. 中国经济导报，2010-5-26.

［23］付恒杰．日本城市化模式及其对中国的启示．日本问题研究，2003（4）：18-21.

［24］傅鸿源，钟小伟，洪志伟．城市化水平与经济增长的中外对比研究．重庆建筑大学学报（社科版），2000（3）：19-24.

［25］范林，朱其现．改革开放以来广西区域发展策略与工农业发展的历史考察．学术论坛，2009（3）：127-131.

［26］冯尚春．中国特色城镇化道路与产业结构升级．吉林大学社会科学学报，2005，45（5）：128-132.

［27］冯云廷．城市聚集经济．东北财经大学出版社，2001.

［28］冯海发．农村城镇化发展探索．新华出版社，2004.

［29］改革杂志社专题研究部．工业化与城镇化融合发展：重庆例证．重庆社会科学，2012（12）：12-19.

［30］郭军华．中国城市化对城乡收入差距的影响——基于东、中、西部面板数据的实证研究．经济问题探索，2009（12）：1-7.

［31］郭克莎，周叔莲．工业化与城市化关系的经济学分析．中国社会科学，2002（2）：44-55.

［32］高佩义．中外城市化比较研究．南开大学出版社，1991.

［33］辜胜阻，刘传江．人口流动与农村城镇化战略管理．华中理工大学出版社，2000.

［34］辜胜阻，易善策，郑凌云．基于农民工特征的工业化与城镇化协调发展研究．人口研究，2006，30（5）：1-8.

［35］高铁梅．计量经济分析方法与建模：Eviews 应用及实例（第二版）．清华大学出版社，2009.

［36］国研网宏观经济研究部．新型城镇化之路——珠江三角洲城镇化发展特征与展望．国务院发展研究中心信息网，2013-04-09.

［37］河北省社会科学基金项目课题组. 工业化与城镇化协调发展的问题研究. 河北日报，2009 - 4 - 5.

［38］胡彬. 从工业化与城市化的关系探讨我国城市化问题. 财经研究，2000（8）：46 - 52.

［39］郝华勇. 中部六省新型工业化与城镇化协调发展评价与对策. 湖南行政学院学报，2012（1）：52 - 64.

［40］洪名勇. 城镇化与工业化协调发展研究. 贵州大学学报（社会科学版），2011，29（6）：64 - 71.

［41］黄群慧. 中国城市化与工业化的协调发展问题分析. 学习与探索，2006（2）：213 - 218.

［42］H. 钱纳里，S. 鲁宾逊，M. 赛尔奎因. 工业化和经济增长的比较研究. 吴奇泽，上海三联书店，1995.

［43］H. 钱纳里，M. 赛尔奎因. 发展的格局 1950 - 1970. 李小青等译，中国财政经济出版社，1989.

［44］葛新元，王大辉，袁强等. 中国经济结构变化对经济增长的贡献的计量分析. 北京师范大学学报（自然科学版），2000，36（1）：48.

［45］韩兆洲. 工业化进程统计测度及实证分析. 统计研究，2002（10）：6 - 8.

［46］姜爱林. 城镇化与工业化互动关系研究. 宁夏党校学报，2004，6（3）：78 - 83.

［47］景普秋，张复明. 工业化与城市化关系研究综述与评价. 中国人口·资源与环境，2003，13（3）：34 - 39.

［48］景普秋，张复明. 工业化与城镇化互动发展的理论模型初探. 经济学动态，2004（4）：63 - 66.

［49］景普秋. 中国工业化与城镇化互动发展研究. 经济科学出版社，2003.

［50］简新华，何志扬，黄锟. 中国城镇化与特色城镇化道

路．山东人民出版社，2010.

[51] 季小立．"苏南模式"的城市化及其演变．http：//su. people. com. cn/GB/channel3/20/200703/28/115. html.

[52] 李博．工业结构演变的动因和机制．湖北经济学院学报（人文社会科学版），2011，8（4）：31 - 32.

[53] 李博，曾宪初．工业结构变迁的动因和类型——新中国60年工业化历程回顾．经济评论，2010（1）：50 - 57.

[54] 史丹．结构变动是影响我国能源消费的主要因素．中国工业经济，1999（11）：39 - 40.

[55] [德] 鲁道夫·吕贝尔特．工业化史．戴鸣钟译，上海译文出版社，1983.

[56] 卢大公．城市化水平对地区经济增长计量分析．辽宁经济管理干部学院学报，2006（6）：37 - 38.

[57] 刘地久．农民收入：工业化的首选目标．陕西师范大学学报（哲学社会科学版），2005，34（1）：77 - 83.

[58] 李长亮．城镇化缩小城乡收入差距了吗?——基于全国31省区2004 -2013 年面板数据的实证分析．开发研究，2015（6）：121 - 125.

[59] 李国平．我国工业化与城镇化的协调关系分析与评估．地域研究与开发，2008（5）：6 - 12.

[60] 李国璋，周彩云，江金荣．区域全要素生产率的估算及其对地区差距的贡献．数量经济技术经济研究，2010（5）：49 - 61.

[61] 刘辉．贵州工业化与城镇化协调发展研究．商业文化，2012（11）：397 - 398.

[62] 苏海棠．贯彻落实十八大精神　推进柳州工业化和城镇化深度融合．柳州日版，2013 - 02 - 04.

[63] 李辉．韩国工业化过程中人口城市化过程的研究．东北亚论坛，2005，14（2）：54 - 58.

[64] 李辉，刘春艳．日本与韩国城市化及发展模式分析．现代日本经济，2008（4）：46-50.

[65] 李静．城市化对城乡收入差距影响实证分析．合作经济与科技，2007（2）：54-55.

[66] 逯进，周惠民．中国省域人力资本与经济增长耦合关系的实证分析．数量经济技术经济研究，2013（9）：1-19.

[67] 林海明．因子分析模型的改进与应用．数理统计与管理，2009，28（6）：998-1012.

[68] 林海明．因子分析模型L的优良性和应用．数量经济技术经济研究，2013（3）：96-113.

[69] 刘吉超．工业化与城镇化融合发展是中国县域经济的新引擎．未来与发展，2012（10）：11-14.

[70] 李建忠．广西工业化的回顾与思考．广西教育学院学报，2002（2）：93-97.

[71] 陆铭，陈钊．城市化、城市倾向的经济政策与城乡收入差距．经济研究，2004（4）：50-58.

[72] 李美洲，韩兆洲．新型工业化进程统计测度及实证分析．经济问题探索，2007（6）：10-14.

[73] 刘奇葆．以新型工业化与城镇化为动力　加快转变经济发展方式．求是，2012（5）：15-18.

[74] 刘盛和，陈田，蔡建明．中国非农化与城市化关系的省际差异．地理学报，2003，58（6）：937-946.

[75] 林善炜．中国经济结构调整战略．中国社会科学出版社，2003.

[76] 刘涛，曹广忠，边雪等．城镇化与工业化及经济社会发展的协调性评价及规律性探讨．人文地理，2010（6）：47-52.

[77] 刘伟，李绍荣．产业结构与经济增长．中国工业经济，2002（5）：14-21.

[78] 李霞,朱艳婷.城乡二元体制下工业化与城镇化协调发展研究.四川大学学报(哲学社会科学版),2012(3):1090-115.

[79] 龙晓柏.科学把握城镇化发展理论前沿 推进广西城镇化与工业化互动发展.广西经济,2010(9):57-60.

[80] 吕炜,高飞.城镇化、市民化与城乡收入差距——双重二元结构下市民化措施的比较与选择.财贸经济,2013(12):38-46.

[81] 刘玮,童光荣.环境视角下我国工业行业能源效率特征及影响因素.中国地质大学学报(社会科学版),2010,10(3):33-37.

[82] 李勋力,李国平.农村劳动力转移模型及实证分析.财经研究,2005(6):79-85.

[83] 刘耀彬,王启仿.改革开放以来中国工业化与城市化协调发展分析.经济地理,2004(9):600-603.

[84] 卢毓俊.工业化与城镇化对农业现代化的影响研究——基于"十二五"期间江西的发展规划.农业经济,2012(1):6-8.

[85] 兰宜生.对外开放度与地区经济增长的实证分析.统计研究,2002,V19(2):19-22.

[86] 吕政.工业结构调整任务的变化.经济理论与经济管理,2000(1):15-16.

[87] 李志德.中国户籍制度变迁的路径选择:城市户籍的供需均衡与实现.经济体制改革,2010(4):25-29.

[88] 李芝倩.中国农村劳动力流动的经济增长效应分析.江苏省外国经济学说研究会2007年学术年会.

[89] 马立平.统计数据标准化——无量纲化方法.北京统计,2000(3):34-35.

［90］毛其淋 . 经济开放、城市化水平与城乡收入差距——基于中国省际面板数据的经验研究 . 浙江社会科学，2011（1）：11－22.

［91］马永红 . 工业结构调整与结构优化升级研究 . 哈尔滨金融高等专科学校学报，2002（2）：29－30.

［92］欧阳金琼，王雅鹏 . 城镇化对缩小城乡收入差距的影响 . 城市问题，2014（6）：94－101.

［93］彭新永，昌盛，张卫华 . 广西经济区情 . 桂经网，2010－10－21. www. gxi. gov. cn.

［94］庞智强，李云发 . 中国西部地区产业结构的调整 . 重庆工商大学学报（西部论坛），2007，17（3）：92－95.

［95］戚红艳，吴寿平 . 广西能源消费结构与工业增长的关系实证研究 . 绿色科技，2010（10）：116.

［96］任海亮，双峰瑞，王建英 . 河北省城镇化水平评价研究 . 中国城市经济，2010（5）：206－207.

［97］罗肇鸿 . 高科技与产业结构优化升级 . 上海远东出版社，1998.

［98］［美］斯蒂芬·马丁 . 高级产业经济学 . 史东辉译，上海财经大学出版社，2007.

［99］宋娟 . 城市化滞后于工业化问题剖析——一个新兴古典经济学的解释 . 云南财经大学学报，2004，20（3）：50－51.

［100］孙敬水，黄秋虹 . 中国城乡居民收入差距主要影响因素及其贡献率研究 . 经济理论与经济管理，2013（6）：5－16.

［101］沈可，章元 . 中国的城市化为什么长期滞后于工业化——资本密集型投资倾向视角的解释 . 金融研究，2013（1）：53－65.

［102］苏南模式：在创新中演进 . 新华网江苏频道，http：//www. js. xinhuanet. com/xin_wen_zhong_xin/2009－08/28/content_

17718584. htm.

[103] 苏素, 宋云河. 中国城乡收入差距问题研究. 经济问题探索, 2011 (5): 1-7.

[104] [美] 斯坦利·L. 布鲁等. 经济思想史. 邸晓燕等译. 北京大学出版社, 2008.

[105] 邵宜航, 汪宇娟, 刘雅南. 劳动力流动与收入差距演变: 基于我国城市的理论与实证. 经济学家, 2016 (1): 33-42.

[106] 史延杰. 广西新型工业化与社会福利关联的实证研究. 广西大学, 2011.

[107] 宋元梁, 肖卫东. 中国城镇化发展与农民收入增长关系的动态计量经济分析. 数量经济技术经济研究, 2005, 22 (9): 30-39.

[108] 单叶涛, 罗娜, 段进军. 苏南农村经济发展模式研究. 运城学院学报, 2012, 30 (6): 71-74.

[109] 腾培积. 广西城镇化发展刍议. 广西大学学报 (哲学社会科学版), 2003, 25 (增刊): 38-40.

[110] 童有好. 信息化与工业化融合的内涵、层次和方向. 中国经济时报, 2009-08-17.

[111] 魏楚, 沈满洪. 能源效率及其影响因素: 基于 DEA 的实证分析. 管理世界, 2007, 167 (8): 66-76.

[112] 吴福象, 刘志彪. 城市化群落驱动经济增长的机制研究——来自 "长三角" 16 个城市的经验证据. 经济研究, 2008 (11): 126-136.

[113] 伍海华, 金志国, 胡燕京. 产业发展论. 经济科学出版社, 2004.

[114] 汪红丽. 经济结构变迁对经济增长的贡献——以上海为例的研究 1980-2000. 上海经济研究, 2002 (8): 10-15.

[115] 万红先, 戴翔. 安徽新型工业化水平测度研究. 安徽

广播电视大学学报，2008（2）：28-32．

[116] 吴磊．现代化、工业化与城镇化的互动模式研究．商场现代化，2006：307-309．

[117] 温来成．政府公共服务与城镇化进程中的财政政策选择．财政研究，2005（10）：7-9．

[118] 吴力子．长江三角洲地区的工业化为何不导致城市化——江苏省城市化滞后原因实证分析．南京社会科学，2001（7）：64-71．

[119] 王宁，赵凯．陕西省城镇化与工业化关系测度与分析．湖北农业科学，2012，51（15）：3394-3397．

[120] 王秋彬．工业行业能源效率与工业结构优化升级——基于2000-2006年省级面板数据的实证研究．数量经济技术经济研究，2010（10）：60．

[121] 吴巧生．中国工业化进程中的能源消耗强度变动及影响因素——基于费雪（Fisher）指数分解方法的实证分析．经济理论与经济管理，2010（5）：44-50．

[122] 吴寿平．新型工业化是实现跨越式发展之路．中国国情国力，2011（8）：11-13．

[123] 吴寿平．广西工业结构变化及其影响因素．广西师范大学硕士学位论文，2012．

[124] 吴寿平．城市化与工业化融合发展的实证分析——基于上海市的实证检验．石家庄经济学院学报，2015（12）：6-14．

[125] 吴寿平．城市化与工业化融合发展的测算与比较——基于耦合理论的视角．开发研究，2016（2）：50-59．

[126] 吴寿平．工业化与城镇化融合发展研究——基于广西数据的实证检验．鸡西大学学报，2015，15（11）：72-78．

[127] 吴寿平．市场制度、高技术产业发展与工业结构关系——基于VAR模型的广西实证检验．四川理工学院学报（社

会科学版），2011，26（5）：101 - 104.

[128] 吴寿平，戚红艳. 经济全球化与中国工业结构变化. 财经科学，2012（3）：93 - 101.

[129] 王少平，欧阳志刚. 我国城乡收入差距的度量及其经济增长的效应. 经济研究，2007（10）：44 - 55.

[130] 王伟同. 城镇化进程与社会福利水平——基于中国城镇化道路的认知与反思. 经济社会体制比较，2011（3）：169 - 176.

[131] 吴先华. 城镇化、市民化与城乡收入差距关系的实证研究——基于山东省时间序列数据及面板数据的实证分析. 地理科学，2011，31（1）：68 - 74.

[132] 王小鲁. 城市化与经济增长. 经济社会体制比较，2002（1）：23 - 32.

[133] 吴跃明，郎东锋. 环境—经济系统协调度模型及其指标体系. 中国人口·资源与环境，1996（2）：47 - 50.

[134] 王云平. 工业结构升级的制度分析. 中国社会科学院研究生院博士学位论文，2002.

[135] 王岳森. 技术发展与产业结构的互动关系. 北京交通大学学报（社会科学版），2004，3（1）：42.

[136] 王子敏. 我国城市化与城乡收入差距关系再检验. 经济地理，2011，31（8）：1289 - 1294.

[137] [美] 西蒙·库兹涅茨. 现代经济增长. 戴睿，易诚译，北京经济学院出版社，1989.

[138] 许剑毅. 新中国五十年——工业化进程. 中国统计出版社，1999.

[139] 许崴. 试论服务业发展的社会福利效应. 岭南学刊，2013（1）：86 - 89.

[140] 徐维祥，唐根年，陈秀君. 产业集群与工业化、城镇

化互动发展模式研究.经济地理,2005(6):868-872.

[141] 许学强,李郇.珠江三角洲城镇化研究三十年.人文地理,2009(1):1-6.

[142] 杨国安,徐勇.中国西部城乡收入差距与城镇化的关系检验——以青海省为例.地理科学进展,2010,29(8):961-967.

[143] 杨公朴,夏大慰.产业经济学教程.上海财经大学出版社,2006.

[144] 尹继东,张文.论我国工业化与城市化的双重演进——基于劳动力转移理论的实证分析.南昌大学学报(人文社会科学版),2007(1):90-95.

[145] 阳立高,廖进中,柒江艺.城镇化拉动农业产业化发展研究——基于湖南省部分地区的数据分析.湖南大学学报(社会科学版),2008(6):46-51.

[146] 岳书敬,刘富华.环境约束下的经济增长效率及其影响因素.数量经济技术经济研究,2009(5):99.

[147] 杨天宇.城市化对我国城市居民收入差距的影响.中国人民大学学报,2005(4):71-76.

[148] 叶一剑.城镇化的中国现象.21世纪经济报道,2012-10-27.http://www.21cbh.com/HTML/2012-10-27/wNNjUxXzU0OTMwNg.html.

[149] 姚耀军.金融发展、城市化与城乡收入差距——协整分析及其Granger因果检验.中国农村观察,2005(2):2-8.

[150] 叶裕民.中国城镇化滞后的经济根源及对策思想.中国人民大学学报,1999,23(5):1-6.

[151] 叶裕民,黄壬侠.中国新型工业化与城市化互动机制研究.西南民族大学学报(人文社科版),2004,25(6):1-10.

[152] 叶宗裕.关于多指标综合评价中指标正向化和无量纲

化方法的选择．浙江统计，2003（4）：24 – 25．

[153] 甄峰，欧向军，王春慧等．江苏省城市化战略调整研究．长江流域资源与环境，2011（7）：813 – 818．

[154] 曾国安．论工业化过程中导致城乡居民收入差距扩大的自然因素与制度因素．经济评论，2007（3）：41 – 47．

[155]《中国大百科全书》编辑部．中国大百科全书·社会学卷．中国大百科全书出版社，1995．

[156] 中国经济体制改革研究会日韩都市圈考察团．日本都市圈启示录．中国改革，2005（2）：69 – 71．

[157] 中国社会科学院工业经济研究所课题组．"十二五"时期工业结构调整和优化升级研究．中国工业经济，2010（1）：5 – 23．

[158] 朱红根，康兰媛，谢元态等．江西新型工业化与城镇化协调发展研究．江苏商论，2007（10）：160 – 161．

[159] 朱红根，刘小春，赵刚．和谐社会背景下江西新型工业化与城镇化关系定量测评研究．江西农业大学学报（社会科学版），2007，6（3）：99 – 103．

[160] 赵红军，孙楚仁．二元结构、经济转轨与城乡收入差距分化．财经研究，2008，34（3）：121 – 130．

[161] 朱海玲，龚曙明．中国工业化与城镇化联动和互动的研究．统计与决策，2010（13）：112 – 114．

[162] 周怀龙．挖掘新型城市化的"内动力"——郑州市郑东区创新国土资源管理助推新型城镇化的探索．中国国土资源报网，2012 – 11 – 13．http：//www. gtzyb. com/yaowen/20121113_23320. shtml．

[163] 张军，吴桂英，张吉彭．中国省级物质资本存量估算：1952 – 2000．经济研究，2004（10）：35 – 44．

[164] 赵凯，王宁．陕西城镇化水平的区域差异及其变化趋

势探析．西北农林科技大学学报（社会科学版），2012，12
(1)：61 - 65.

[165] 张锦玲．福建省县域城镇化与工业化关系量化测度与
分析．武汉职业技术学院学报，2007，6 (1)：34 - 37.

[166] 张培刚．农业与工业化．华中科技大学出版社，
1984.

[167] 张培刚，张建华，罗勇等．新型工业化道路的工业结
构优化升级研究．华中科技大学学报（社会科学版），2007
(2)：82 - 88.

[168] 周瑞明，蔡敏．中国城乡收入差距研究评述．中国农
村观察，2008 (3)：66 - 73.

[169] 赵玉林，张钟方．高技术产业发展对产业结构优化升
级作用的实证分析．科研管理，2008，29 (3)：35 - 42.

[170] 赵人伟，李实．中国居民收入分配再研究．中国财政
经济出版社，1999.

[171] 周少甫，亓寿伟，卢忠宝．地区差异、城市化与城乡
收入差距．中国人口·资源与环境，2010，20 (18)：115 - 120.

[172] 周天勇．新发展经济学．经济科学出版社，2001.

[173] 张文华．论城市化与中国农民收入问题的相互关
系——兼论农村剩余劳动力的转移．山东农业大学学报（社会科
学版），2003，5 (1)：46 - 49.

[174] 张卫华，赵铭军．指标无量纲化方法对综合评价结
果可靠性的影响及其实证分析．统计与信息论坛，2005 (3)：
33 - 36.

[175] 周伟林，郝前进等．城市社会问题经济学．复旦大学
出版社，2009.

[176] 朱信凯．农民市民化的国际经验及对我国农民工问题
的启示．中国软科学，2005 (1)：28 - 34.

[177] 张晓阳. 构建贵州工业化与城镇化协调发展的联动机制. 贵州社会科学, 2012 (12): 95 - 98.

[178] 曾艳. 政府主导城市化与城乡收入差距的实证. 求索, 2015 (12): 64 - 68.

[179] 张颖, 赵民. 论城市化与经济发展的相关性——对钱纳里研究成果的辨析与延伸. 城市规划汇刊, 2003 (4): 10 - 18.

[180] 周振华. 产业融合: 产业发展及经济增长的新动力. 中国工业经济, 2003 (4): 46 - 52.

[181] 周振华. 增长轴心转移: 中国进入城市化推动型经济增长阶段. 经济研究, 1995 (1): 3 - 10.

[182] 张志勇, 李连庆. 城镇化水平与经济增长互动效应的动态分析. 山东财政学院学报, 2012 (5): 64 - 70.